国内外车用天然气
市场展望

杨浔英 武 旭 郭焦锋 主编

石油工业出版社

内 容 提 要

本书对世界范围内天然气和车用天然气供需、贸易、价格形成机制和政策，以及天然气行业消费结构变化、基础设施现状、终端市场价格承受能力等十几个方面进行了详细的阐述，展望了天然气未来发展前景和行业发展走向，提出了车用天然气未来发展的机遇和挑战。

本书可为政府、企业、研究机构、石油天然气生产经营者和车用天然气经营者等把握行业发展趋势、制定行业政策、把握经营机遇等提供参考。

图书在版编目（CIP）数据

国内外车用天然气市场展望／杨浔英，武旭，郭焦锋主编．— 北京：石油工业出版社，2017.5
　ISBN 978-7-5183-1889-6

Ⅰ.①国… Ⅱ.①杨… ②武… ③郭… Ⅲ.①天然气工业-市场经济-研究-世界 Ⅳ.①F416.22

中国版本图书馆 CIP 数据核字（2017）第 085929 号

出版发行：石油工业出版社
　　　　　（北京安定门外安华里2区1号　100011）
　　网　　址：www.petropub.com
　　编辑部：（010）64523738
　　图书营销中心：（010）64523633
经　　销：全国新华书店
印　　刷：北京中石油彩色印刷有限责任公司

2017年5月第1版　2017年5月第1次印刷
787×1092毫米　开本：1/16　印张：9.75
字数：235千字

定价：98.00元
（如出现印装质量问题，我社图书营销中心负责调换）
版权所有，翻印必究

《国内外车用天然气市场展望》
编委会

主　　任：左兴凯
副 主 任：郭焦锋
主　　编：杨浔英　武　旭　郭焦锋
编写人员：王　靓　华　垠　张成晓　李凌子　唐广宇
　　　　　周金广　路宇歆　吕　伟　李　霜　白彦锋
　　　　　许睿谦　葛　岩　徐晓芳　郭　瑱　凌　芸
　　　　　李新科　袁林明

序

2015年是值得记住的一年。全球天然气市场消费增长趋缓，供应充裕，开始出现供过于求的局面。2016年延续了上年的走势，供过于求的局面加剧。而天然气作为清洁的化石燃料，将在能源领域继续扮演重要的角色。充分利用和定位好这一资源，将大大有益于环境保护和生态平衡。我们相信，随着环境治理深化、经济增长持续和城镇化水平提升，中国将迎来天然气市场化大发展的美好前景。

《国内外车用天然气市场展望》一书融合了最新的世界天然气发展和国际贸易形势，覆盖了中国天然气发展的全产业链，并综合权威专家和部门的研究结果开展了自己的研究，科学判断了"十三五"及中长期中国天然气发展的趋势。该书的编者注重基础调研，从重点环节、典型地区、重点企业、相关专家的角度，设计调研计划和问卷，梳理实践层面影响我国车用天然气发展的政策性、技术性和经济性问题。针对产业发展的政策掣肘，从体制机制、法律法规、政策工具、监管及竞争等多个方面提出针对性的政策建议。该书对世界和中国天然气情况进行了系统详尽的分析，在国内尚属首次。

该书的所述内容如果能对天然气政策研究、市场开发和经营人员有所启发、有所帮助，并促使管理者出台推进天然气行业健康发展的政策，给生产和经营者带来良好的效益，对大气环境清洁化做出一点贡献，也就不枉项目研究的初心。

2017年1月18日

前言

自2014年中开始，原油价格经过了20个月的下滑，于2016年1季度才开始走稳。原油价格的走低，直逼天然气价格下滑。从供给侧看，国内天然气生产经营企业面临市场需求大幅增长的难得发展机遇。从需求侧看，国家大力支持电动车等新能源汽车的发展，电动汽车的发展极其迅速。但目前电池、整车技术等方面还不成熟，在电动车因利用成本较高而难以大规模使用的情况下，清洁的天然气汽车就成为绿色交通发展战略的必然选择。

本书对世界和中国车用天然气情况进行了系统详尽的分析，在国内尚属首次。在能源资源和环境容量的双重约束下，世界主要国家和地区天然气汽车市场快速发展并已初具规模，车用发动机技术也在日趋成熟中。天然气汽车市场在中国起步较晚，虽然发展迅速，但仍存在天然气基础设施落后、发动机生产和改装技术尚需完善等方面的问题。

本书围绕车用天然气的发展和环境变化，就世界范围内天然气供需、发展条件，天然气贸易和价格形成机制，国内外车用天然气发展现状和发展经验，中国天然气供应需求增长、行业发展、价格政策、终端用户价格承受能力、基础设施发展以及相关政策等方面进行了详细的阐述，指出车用天然气的发展机遇和挑战并存。

本书成书耗时两年多，开展了多次讨论、调研，几易其稿。其间得到了中国石化销售有限公司夏世祥、张毅、王顺江、江宁、王维民、吴阳等领导的大力支持，还有吴康博士的帮助，在此表示衷心的感谢！

由于天然气市场仍处在发展变化中，本书受编者水平所限，难免有不足之处，恳请专家和读者提出宝贵意见，以便进一步完善对车用天然气领域的研究。

目录

第一章	国外天然气供应、消费现状与条件	1
第一节	世界及主要国家天然气供应总量及结构	1
第二节	世界及主要国家天然气消费总量及结构	16
第三节	世界主要国家天然气消费进入快速发展期条件及政策措施	21
第二章	国外天然气贸易与价格形成机制	33
第一节	世界及主要国家天然气贸易量及结构	33
第二节	国际天然气价格形成机制与发展趋势	39
第三节	世界三大天然气市场价格水平发展趋势	44
第三章	国外车用天然气发展现状与经验	50
第一节	国外车用天然气消费量及保有量情况	50
第二节	国外车用天然气基础设施情况	54
第三节	国外支持车用天然气发展的政策及经验	65
第四章	中国天然气需求增长驱动因素	77
第一节	经济持续较高速度增长及产业结构调整	77
第二节	城乡用能差距缩小及城镇化进程深化	78
第三节	资源与环境约束持续增强	79
第四节	天然气基础设施水平不断提高	81
第五节	天然气利用领域广阔，气代煤潜力尤为巨大	82
第五章	中国天然气需求行业结构变化	84
第一节	天然气需求总量及特征	84
第二节	城镇燃气需求总量及特征	86
第三节	交通用气需求总量及特征	87
第四节	工业燃料用气需求总量及特征	88
第五节	发电用气需求总量及特征	93
第六节	化工用气需求总量及特征	94

第六章 中国天然气价格政策与终端用户的价格承受能力	95
第一节 中国天然气价格形成机制	95
第二节 城镇燃气的价格承受能力	99
第三节 交通用气的价格承受能力	102
第四节 工业燃料用气的价格承受能力	106
第五节 发电用气的价格承受能力	107
第六节 化工用气的价格承受能力	110
第七章 中国天然气供应、需求、基础设施现状和前景	112
第一节 中国天然气的供给现状及前景	112
第二节 中国天然气的需求前景	117
第三节 中国天然气基础设施匹配程度	129
第八章 中国天然气发展战略定位	132
第一节 中国天然气在能源系统中的定位	132
第二节 中国天然气产业发展的目标	133
第三节 中国天然气产业发展的保障措施	134
第九章 中国车用天然气发展机遇和挑战	138
第一节 中国车用天然气发展的基本形势	138
第二节 中国车用天然气发展面临的机遇	139
第三节 中国车用天然气发展面临的挑战	140
第十章 中国车用天然气发展相关政策	143
第一节 形成较为完整的宏观政策体系	143
第二节 明确行业管理体制	144
第三节 建立行业标准体系	145
第四节 形成地方配套措施	147
参考文献	148

第一章 国外天然气供应、消费现状与条件

全球天然气资源量和可采储量是未来天然气保持持续供应的基础。以现行产量计算，全球天然气资源可支撑开采200年以上，中东和原苏联地区储量丰富。随着技术的进步，非常规天然气开采前景广阔。全球天然气消费量不断提高，占一次能源消费总量20%以上，主要集中在欧洲、原苏联、北美和亚太地区。天然气消费发展的三个阶段（启动期、快速发展期和成熟期）需要国家的政策支持、环保的促进和基础设施的保障。

第一节 世界及主要国家天然气供应总量及结构

一、全球天然气开采潜力巨大

近些年来，非常规天然气市场发展迅猛，其巨大的能源潜力受到越来越多的关注（图1-1）。据2010年休斯敦研讨会资料估算，全球非常规天然气资源量约为2338万亿立方米，是常规天然气资源量的4倍多。根据BP统计数据，2015年世界常规天然气探明可采储量为186.9万亿立方米。根据国际能源署（IEA）数据，计入非常规天然气的全球天然气技术可采资源量达781万亿立方米，常规气技术可采资源量为437万亿立方米，非常规气技术可采资源量为344万亿立方米，其中页岩气技术可采资源量为213万亿立方米。按照现行产量计算，全球天然气资源可支撑开采200年以上。

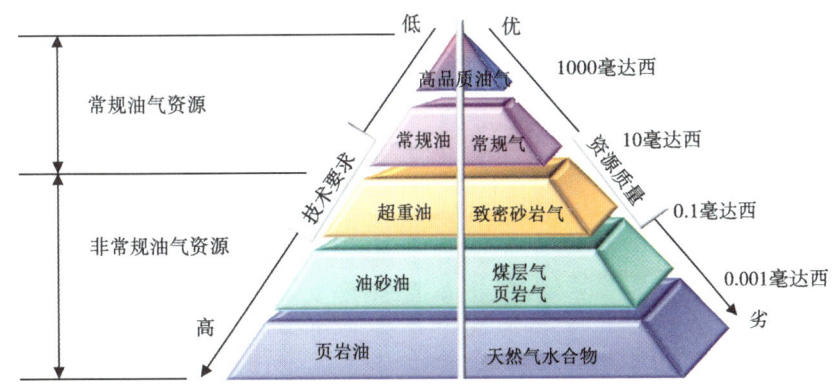

图1-1 油气理论革命使可采资源量和储量增长
资料来源：本书课题组根据相关资料整理

根据美国地质调查局研究结果，全球已发现或推测发育致密气的盆地大约有70个，资源量大约为210万亿立方米，亚太、北美、拉丁美洲、原苏联、中东—北非等地区均有

分布。其中,亚太、北美、拉丁美洲的致密气资源量分别为 51 万亿立方米、38.8 万亿立方米和 36.6 万亿立方米。

根据美国能源信息署(EIA)统计数据,世界页岩气的资源量为 636.1 万亿立方米,相当于煤层气和致密气的总和。目前技术条件下可开采的页岩气资源主要分布在北美、中亚、中国、中东、北非、拉丁美洲和原苏联等地区。

根据 IEA 统计数据,全球煤层气资源量为 270 万亿立方米,世界上共有 74 个国家蕴藏着煤层气资源,其中俄罗斯、加拿大、中国和美国煤层气资源之和占全球总量的 90%以上。

可燃冰勘查在世界上已有近 50 年的历史。经过数十年的探索,在可燃冰资源特征、环境效应、海底安全及稳定性、开采技术等方面取得了很大进展。研究结果表明,全球可燃冰资源量约为 20 万亿吨油当量(约为常规天然气地质资源量的 50 倍)。其中,美国和中国分别约为 5000 亿吨油当量和 1000 亿吨油当量,日本的可燃冰资源量介于二者之间。目前,世界上有 100 多个国家发现了可燃冰存在的样本,基本上覆盖了全球 90%的海洋与 30%的陆地。

二、全球常规天然气可采储量不断增长

自 1995 年以来,世界常规天然气可采储量不断增长。1995 年天然气可采储量为 119.86 万亿立方米,2015 年全球可采储量达 186.87 万亿立方米。其中,经济合作与发展组织(OECD)国家的储量增长趋势不及全球总水平,从 1995 年的 14.49 万亿立方米提高到 2015 年的 19.56 万亿立方米,2015 年 OECD 国家储量占全球总储量的 10.47%(图 1-2)。从增速看,1995—2005 年天然气可采储量年均增长率为 2.76%,2005—2015 年年均增长率为 1.74%,2010—2015 年年均增长率为 1.19%,从长期趋势看,增速呈下降趋势。

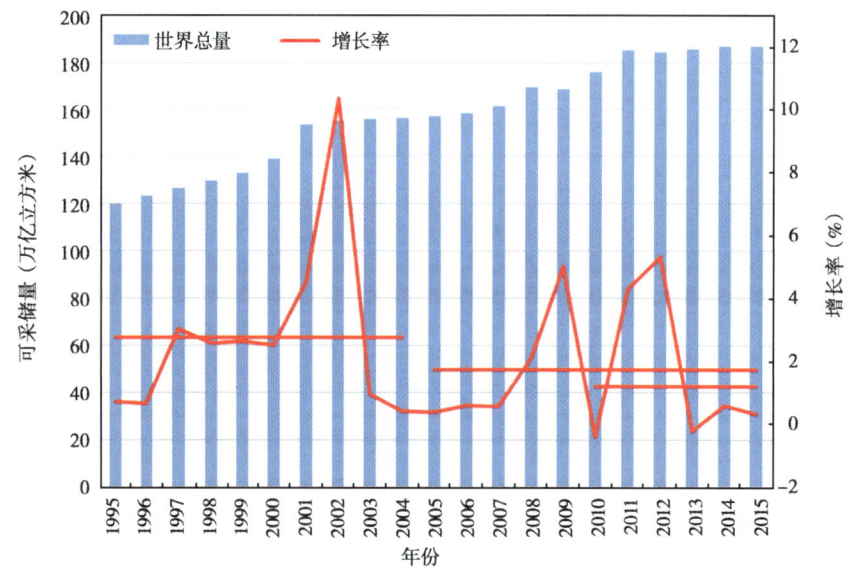

图 1-2 1995—2015 年全球天然气可采储量及增长率

资料来源:《BP 世界能源统计年鉴 2016》

从全球常规天然气可采储量的分布情况（图1-3）看，已探明资源主要分布在中东及原苏联地区。从各地区分布的变化趋势看，中东地区占比先升后降，而原苏联地区则呈U形趋势。截至2015年，中东地区储量占全球总量的42.83%，原苏联地区占比28.64%，亚太地区占比8.37%，非洲占比7.53%，北美地区占比6.82%，中美、南美地区占比4.06%。

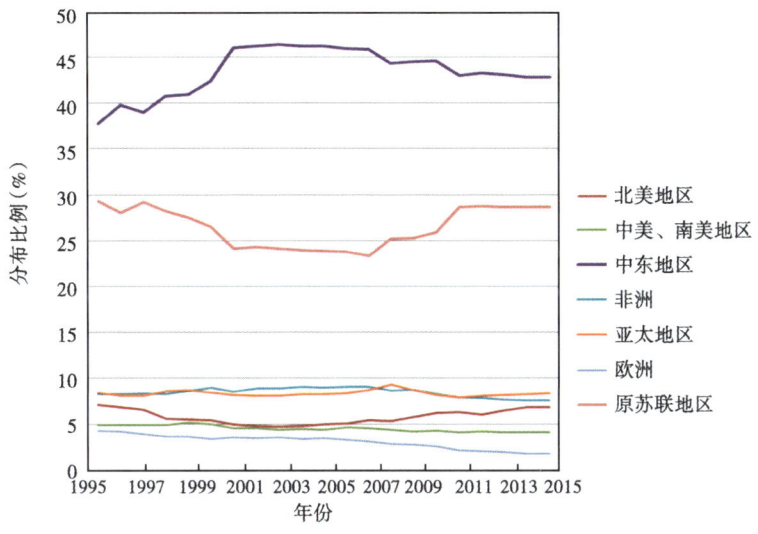

图1-3 各地区天然气储量分布比例

资料来源：《BP世界能源统计年鉴2016》

分国别统计常规天然气储量分布情况（图1-4），1995年天然气储量前十名国家占全球总储量的74.78%，俄罗斯居首，伊朗次之；2005年天然气储量前十名国家占全球总储量的76.44%，储量前三名排序未发生变动，但差距缩小；2015年天然气储量前十名国家占全球总储量的79.40%；从储量排名看，伊朗居首，俄罗斯次之，土库曼斯坦与美国的排名也有所提升，美国位居第5名，中国位居第11名。

自1995年以来，北美地区天然气可采储量呈先降后升的趋势。1995年天然气可采储量为8.52万亿立方米，2015年可采储量达12.75万亿立方米。从增速看，1995—2005年年均增长率为-0.85%，2005—2015年年均增长率为5.00%，2010—2015年年均增长率为3.08%（图1-5）。

自1995年以来，中东地区天然气可采储量不断上升。1995年天然气可采储量为45.27万亿立方米，2015年可采储量达80.04万亿立方米。从增速看，1995—2005年天然气可采储量年均增长率为4.84%，2005—2015年年均增长率为0.97%，2010—2015年年均增长率为0.36%（图1-6）。

自1995年以来，原苏联地区天然气可采储量加速上升。1995年天然气可采储量为35.06万亿立方米，2015年可采储量达53.52万亿立方米。从增速看，1995—2005年天然气可采储量年均增长率为0.68%，2005—2015年年均增长率为3.61%，2010—2015年年均增长率为3.24%（图1-7）。

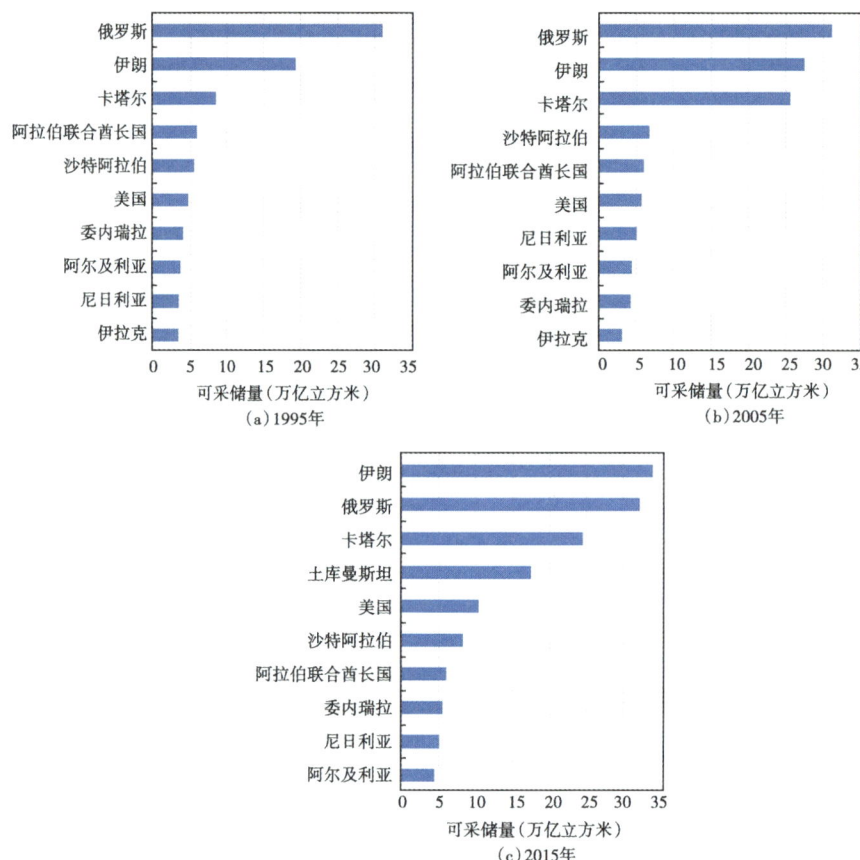

图 1-4　1995 年、2005 年和 2015 年全球天然气可采储量前十名国家
资料来源：《BP 世界能源统计年鉴 2016》

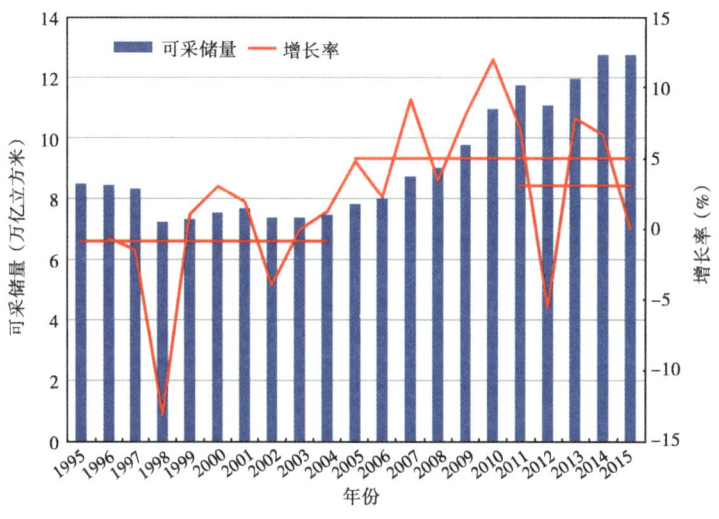

图 1-5　1995—2015 年北美地区天然气可采储量及增长率
资料来源：《BP 世界能源统计年鉴 2016》

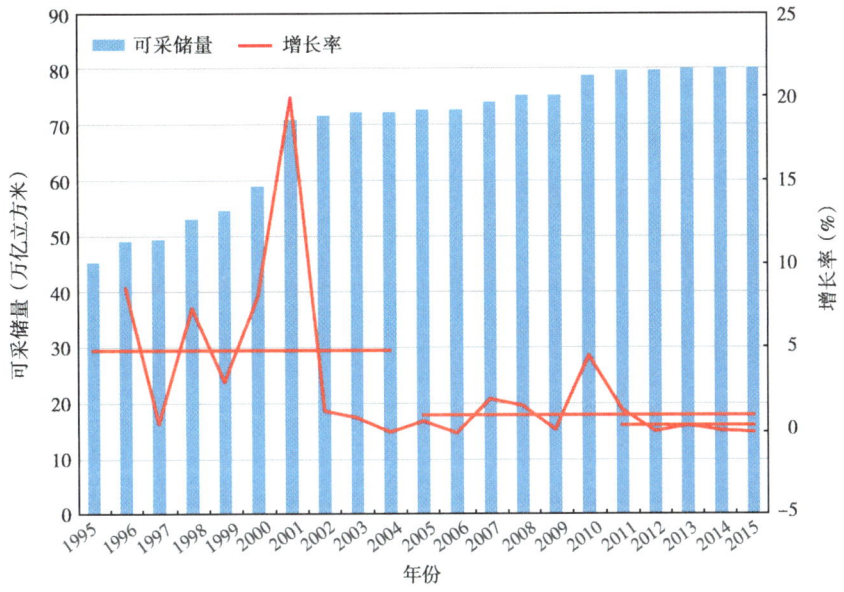

图 1-6 1995—2015 年中东地区天然气可采储量及增长率
资料来源：《BP 世界能源统计年鉴 2016》

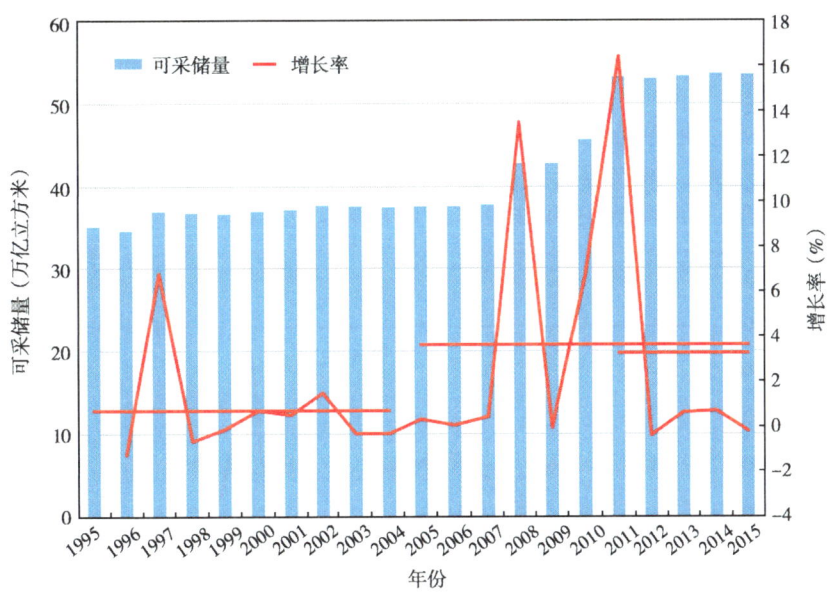

图 1-7 1995—2015 年原苏联地区天然气可采储量及增长率
资料来源：《BP 世界能源统计年鉴 2016》

自 1995 年以来，亚太地区天然气可采储量不断上升，但增速有下降趋势。1995 年天然气可采储量为 10.09 万亿立方米，2015 年可采储量达 15.64 万亿立方米。从增速看，1995—2005 年天然气可采储量年均增长率为 2.53%，2005—2015 年年均增长率为 1.90%，2010—2015 年年均增长率为 1.69%（图 1-8）。

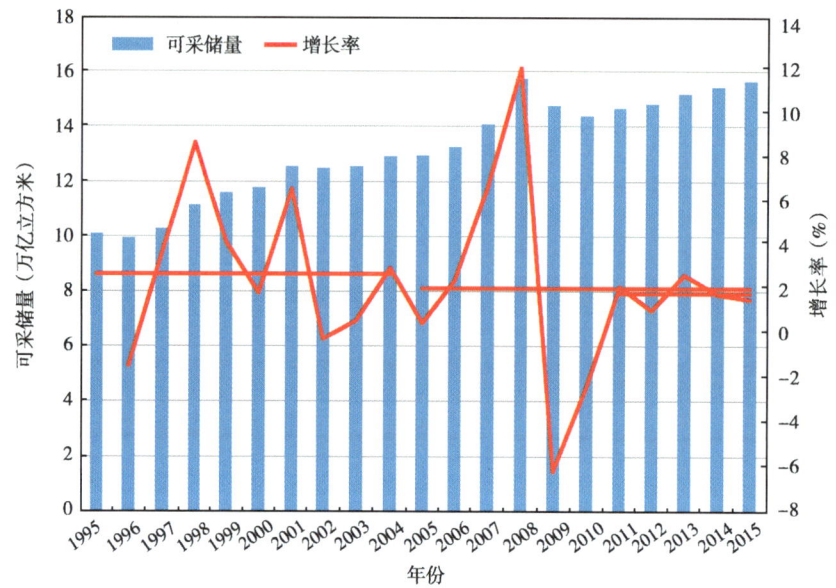

图 1-8　1995—2015 年亚太地区天然气可采储量及增长率

资料来源：《BP 世界能源统计年鉴 2016》

三、全球天然气产量长期呈增长态势，原苏联地区与北美地区为主要产气区

自 1995 年以来，世界天然气产量一直保持着较快的增长速度。1995 年世界天然气产量为 2.11 万亿立方米，2005 年产量为 2.79 万亿立方米，2015 年产量达到 3.54 万亿立方米。从产量增速看，1995—2005 年产量年均增长率为 2.84%，2005—2015 年年均增长率为 2.40%，2010—2015 年年均增长率为 1.98%（图 1-9）。受到亚太地区需求增长的驱

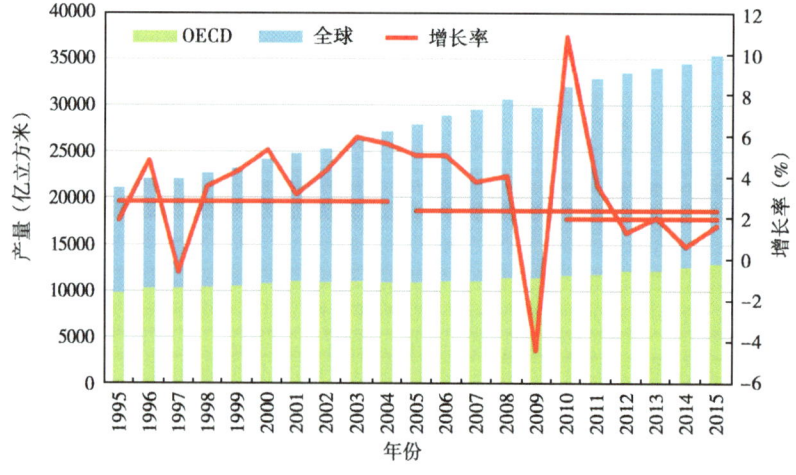

图 1-9　1995—2015 年全球天然气产量及增长率

资料来源：《BP 世界能源统计年鉴 2016》

动，全球天然气产量继续保持增长态势。

从全球天然气产量分布情况的变化趋势（图1-10）看，1995—2015年，世界天然气生产主要集中在北美地区和原苏联地区，但其占全球总产量的比例则呈下降趋势，受美国页岩气革命的影响，北美地区的占比近年有所抬升。中东地区与亚太地区的产量增长迅速，占比逐渐提高，至2015年其占比均在15%以上。2015年，北美地区天然气产量为9840亿立方米，占全球总产量的27.81%，所产气量主要满足自身需求，受到供需形势好转的影响，北美地区2015年后半年价格大幅下降，全年天然气产量同比增加363.65亿立方米。2015年，原苏联地区天然气产量为7513.81亿立方米，占比21.23%，受到全球经济形势及本地市场需求量减少的影响，2014年后产量有所回落。中东地区2015年产量为6179.04亿立方米，同比增加187.94亿立方米，占比17.46%。亚太地区2015年产量为5566.57亿立方米，占比15.73%。其中，原苏联地区、中东地区生产的天然气除满足自身需要外，部分天然气出口到欧洲、远东等地区，因此两地区的产量受国际经济能源需求形势影响较大。

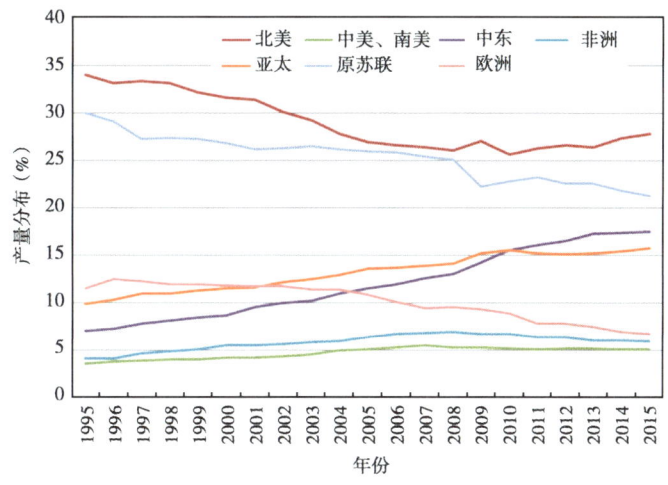

图1-10　1995—2015年世界各地区天然气产量分布
资料来源：《BP世界能源统计年鉴2016》

分国别统计天然气产量情况，随着各国加强对天然气的开发利用，传统的以美国、俄罗斯为主要气源的供应格局在逐渐松动。如图1-11所示1995年，天然气产量前十名国家占全球总产量的75.72%，其中俄罗斯、美国两国产量占全球总产量的50.2%。2005年，前十名国家产量占比66.4%，俄罗斯、美国两国产量占全球总产量的39.1%。2015年，天然气产量前十名国家产量占全球总产量的67.75%，俄罗斯、美国两国产量占比37.88%。当前世界主要天然气生产国中，美国为世界最大的产气国，所生产的天然气资源基本被本国利用；俄罗斯为世界第二大产气国，所产气量一部分用于本国，另一部分用于出口欧洲和部分原苏联地区；中国天然气产量为1350亿立方米，位居全球第6位。

从常规天然气储采比情况看，全球天然气储采比在50~60之间波动（图1-12）。近年

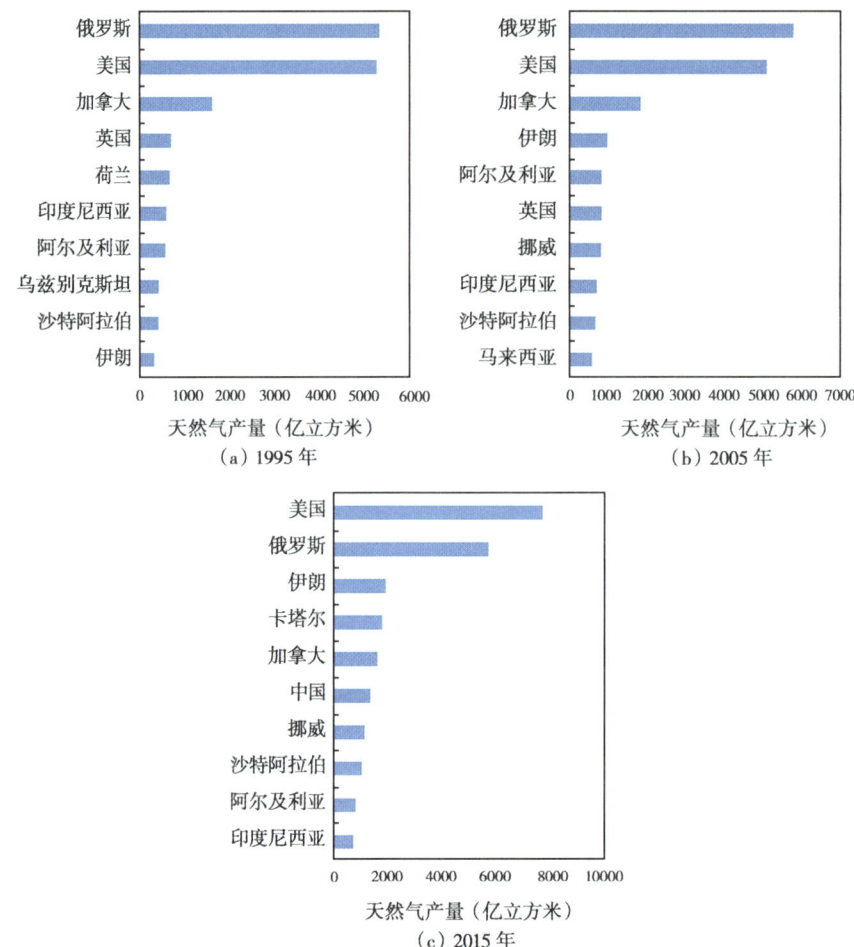

图1-11 1995年、2005年和2015年全球天然气产量前十名国家

资料来源：《BP世界能源统计年鉴2016》

来，随着天然气利用逐渐广泛，天然气资源逐渐受到重视，产量相应提高，储采比略有下降，趋势平稳。截至2015年，全球天然气储采比为52.8。分地区来看，原苏联地区、北美地区储采比近年呈上升趋势，其他地区呈下降趋势。其中，原苏联地区近年来储采比提高，主要是由于土库曼斯坦2008年后可采储量取得突破，提高了该地区的天然气储量。北美地区主要是由于美国页岩气可采储量取得突破。

四、主要产气区及生产国情况

1. 北美地区产量加速上升，尤以美国为代表

自1995年以来，北美地区天然气产量加速上升。1995年天然气产量为7164.3亿立方米，2015年产量达9840.2亿立方米（图1-13）。从增速看，1995—2005年天然气产量年均增长率为0.47%，2005—2015年年均增长率为2.75%，2010—2015年年均增长率为3.69%。

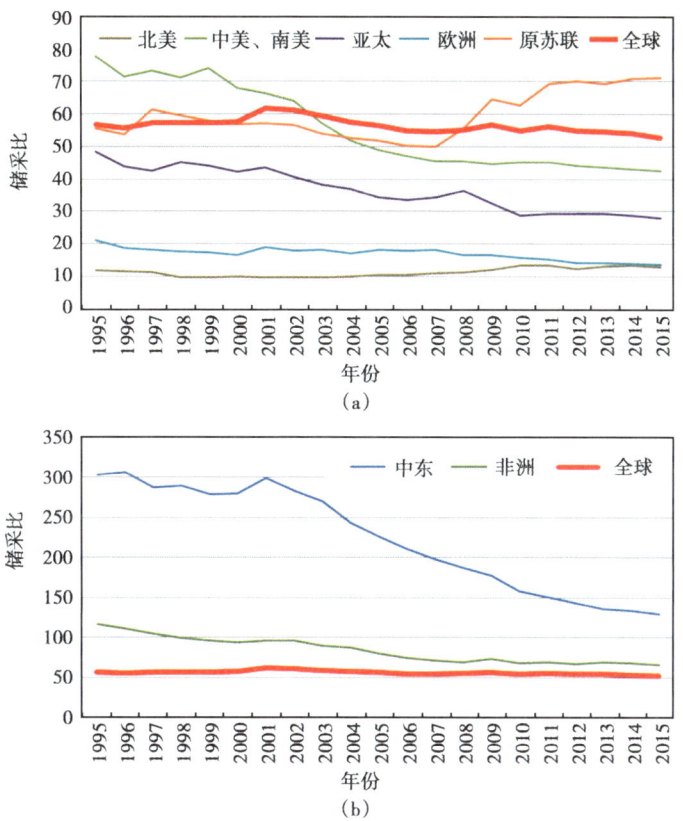

图 1-12　1995—2015 年全球及主要地区天然气储采比情况
资料来源：《BP 世界能源统计年鉴 2016》

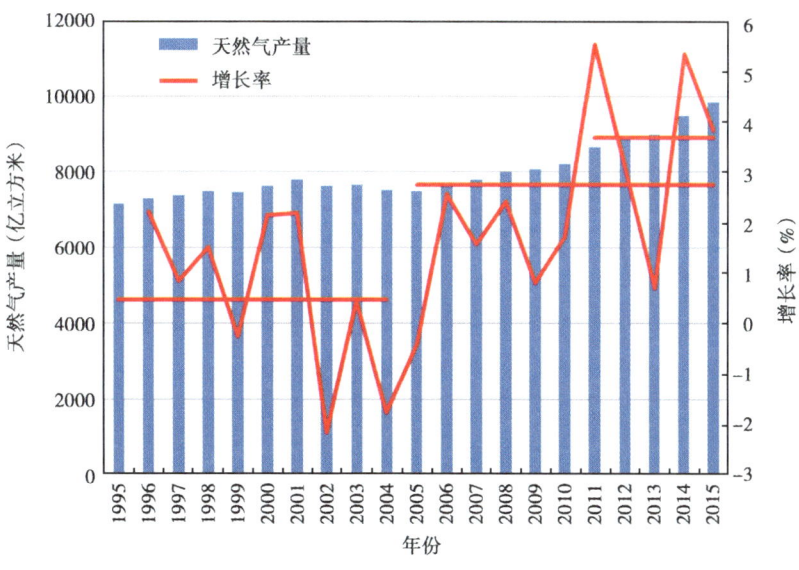

图 1-13　1995—2015 年北美地区天然气产量及增长率
资料来源：《BP 世界能源统计年鉴 2016》

美国在2003年水平井开采技术突破后，页岩气革命效果凸显。1995—2015年，美国天然气产量与储采比都呈现上升态势（图1-14）。1995年美国天然气产量为5266.6亿立方米，2005年产量为5111.4亿立方米，2015年美国天然气产量达7672.8亿立方米，储采比为13.6。从增速看，1995—2005年天然气产量年均增长率为-0.30%，2005—2015年年均增长率为4.15%，2010—2015年年均增长率为4.92%。

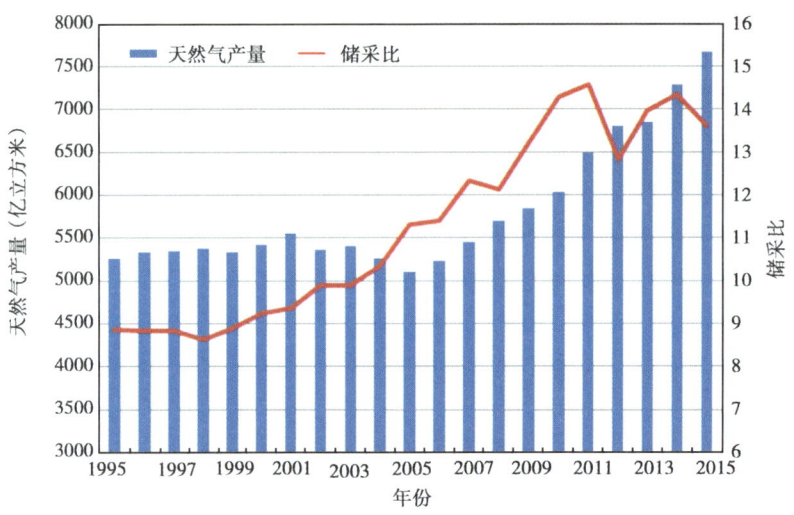

图1-14 1995—2015年美国天然气产量及储采比

资料来源：《BP世界能源统计年鉴2016》

2. 原苏联地区产量稳定

自1995年以来，原苏联地区天然气产量稳定上升（图1-15）。1995年天然气产量为

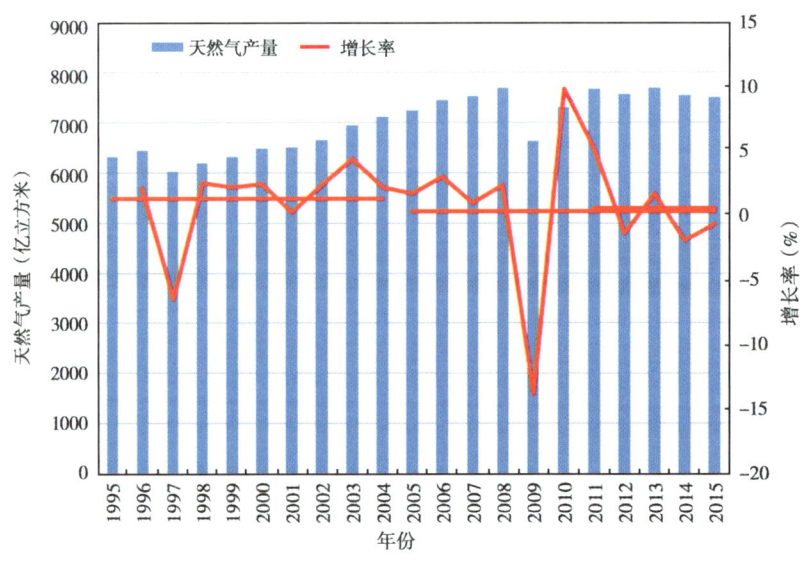

图1-15 1995—2015年原苏联地区天然气产量及增长率

资料来源：《BP世界能源统计年鉴2016》

6320.1亿立方米，2015年产量达7513.8亿立方米。从增速看，1995—2005年天然气产量年均增长率为1.37%，2005—2015年年均增长率为0.37%，2010—2015年年均增长率为0.59%。

俄罗斯是传统的天然气生产大国，1995年天然气产量达5325.8亿立方米，2005年产量达5801亿立方米，2009年后被美国超过而成为全球第二大天然气生产国。不同于美国2003年后天然气产量的大幅上涨，俄罗斯的天然气产量相对稳定，储采比也在50～60之间波动（图1-16）。截至2015年，俄罗斯天然气产量达5733亿立方米，储采比为56.29。从增速看，1995—2005年天然气产量年均增长率为0.86%，2005—2015年年均增长率为-0.12%，2010—2015年年均增长率为-0.53%。

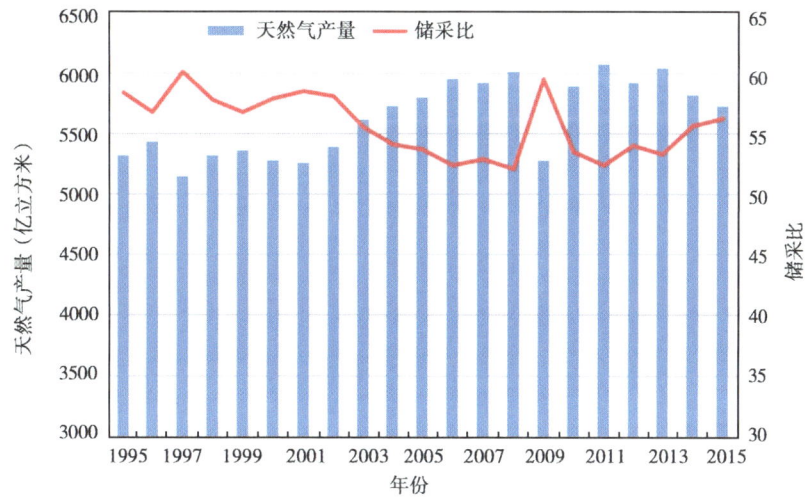

图1-16　1995—2015年俄罗斯天然气产量及储采比情况
资料来源：《BP世界能源统计年鉴2016》

3. 中东地区天然气开发力度加大，资源优势明显

自1995年以来，中东地区天然气产量快速增长，但呈减速趋势（图1-17）。1995年天然气产量为1490.5亿立方米，2015年产量达6179亿立方米。从增速看，1995—2005年天然气产量年均增长率为7.97%，2005—2015年年均增长率为6.77%，2010—2015年年均增长率为4.51%。

伊朗是当前世界天然气储量第一大国，资源优势明显。丰富的资源优势是该国产量的保障。受限于国际经济政治环境，伊朗天然气产量主要用于本国消费。1995年伊朗天然气产量为337.4亿立方米，2005年产量为1022.9亿立方米，2015年产量达1924.6亿立方米，储采比为176.76（图1-18）。从增速看，1995—2005年天然气产量年均增长率为11.73%，2005—2015年年均增长率为6.52%，2010—2015年年均增长率为4.78%。

4. 亚太地区产量快速增长

自1995年以来，亚太地区天然气产量快速增长，但呈减速趋势（图1-19）。1995年天然气产量为2082.1亿立方米，2015年产量达5566.6亿立方米。从增速看，1995—2005

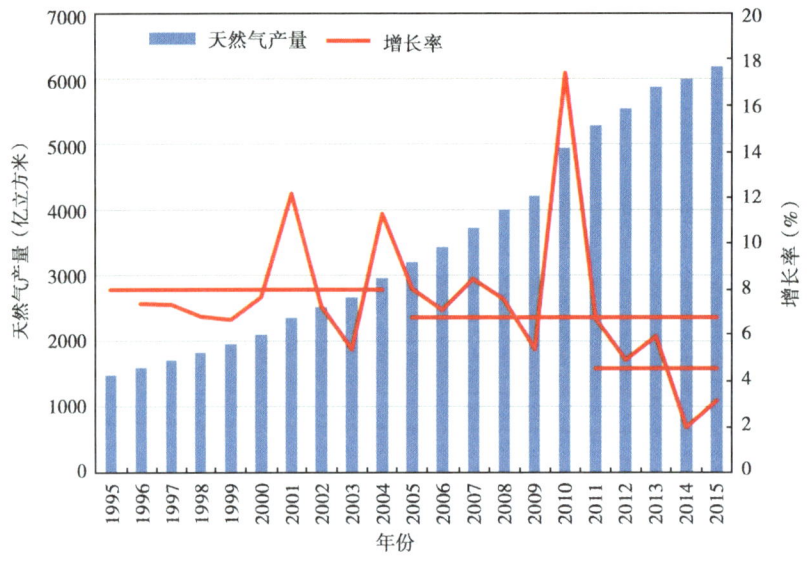

图 1-17 1995—2015 年中东地区天然气产量及增长率

资料来源:《BP 世界能源统计年鉴 2016》

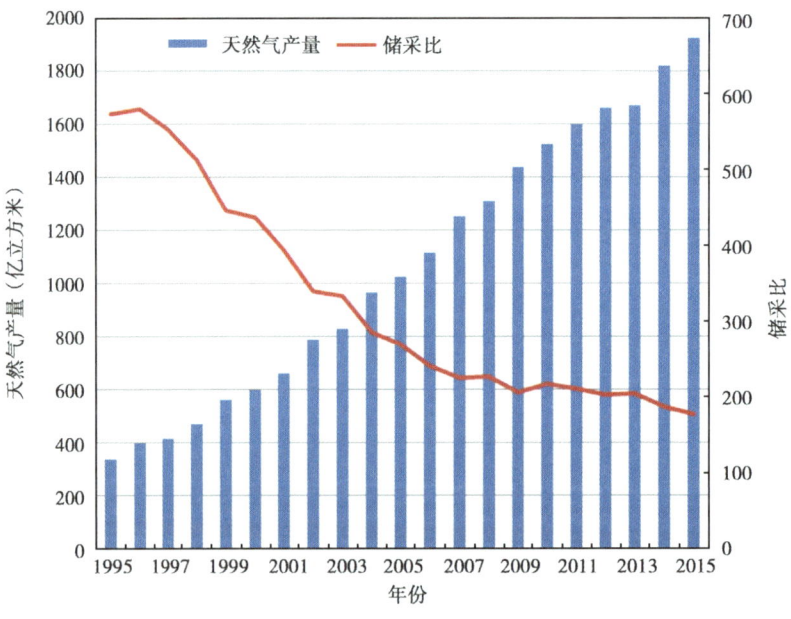

图 1-18 1995—2015 年伊朗天然气产量及储采比

资料来源:《BP 世界能源统计年鉴 2016》

年天然气产量年均增长率为 6.12%,2005—2015 年年均增长率为 3.97%,2010—2015 年年均增长率为 2.26%。

近年来,中国天然气产量不断提高,且增长迅速。1995 年中国天然气产量为 185.4 亿立方米,2005 年产量为 510.2 亿立方米,2015 年产量达 1350 亿立方米,储采比为 27.84

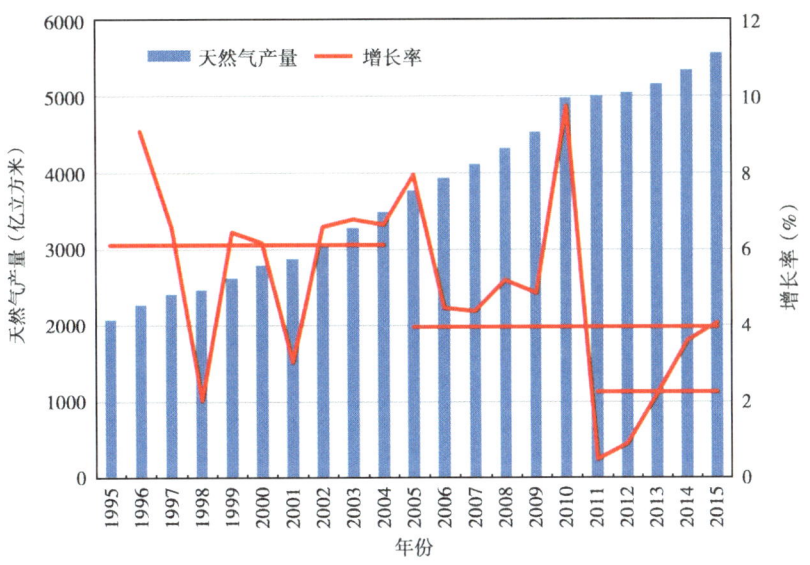

图 1-19　1995—2015 年亚太地区天然气产量及增长率

资料来源:《BP 世界能源统计年鉴 2016》

(图 1-20)。从增速看,1995—2005 年天然气产量年均增长率为 10.65%,2005—2015 年年均增长率为 10.46%,2010—2015 年年均增长率为 6.84%。

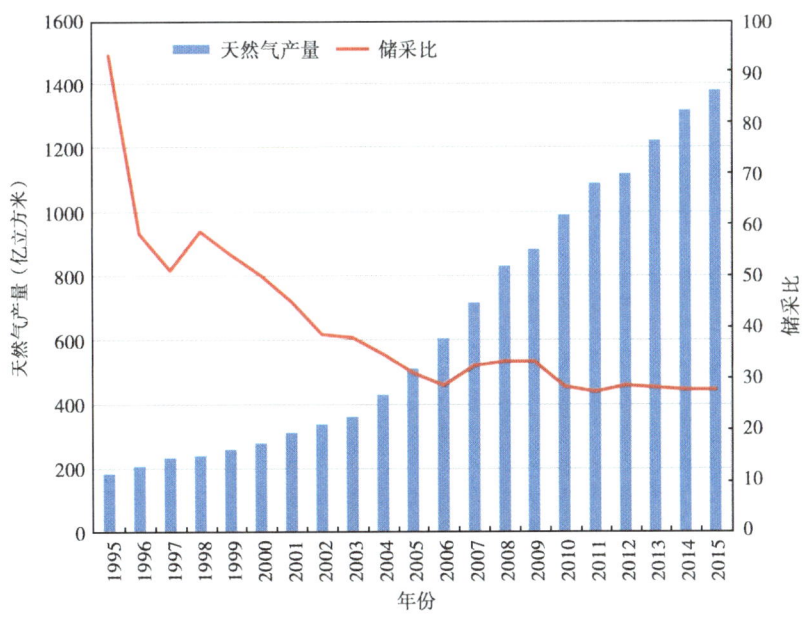

图 1-20　1995—2015 年中国天然气产量及储采比

资料来源:《BP 世界能源统计年鉴 2016》

五、非常规天然气储量丰富，具有开采前景

1. 美国页岩气革命缓解了资源供需压力

从 1982 年开始探索性开采到 2003 年实现水平井开采突破，经过 20 多年的努力，美国"页岩气革命"终于获得了成功。从资源储量看，截至 2014 年，美国页岩气可采储量达 5.66 万亿立方米，2007—2014 年储量年复合增长率为 35.92%（图 1-21）。从产量看，2000 年美国页岩气产量为 110 亿立方米，在天然气总产量中占比为 1.6%；2008 年美国页岩气产量突破 500 亿立方米，达到 599 亿立方米，占比超过 10%；2008 年以后美国页岩气产量迅速增长，2010 年突破 1000 亿立方米，2013 年突破 3000 亿立方米，2014 年达到 3400 亿立方米，占总产量的 46.7%。2007—2014 年，美国页岩气产量年均增长率为 39.73%（图 1-22）。在页岩气产量增加的推动下，美国于 2009 年超过俄罗斯成为世界第一大天然气生产国。

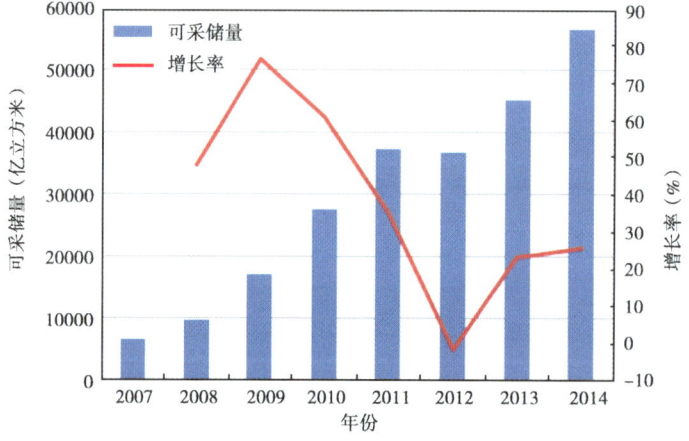

图 1-21　2007—2014 年美国页岩气可采储量及增长率

资料来源：美国能源信息署

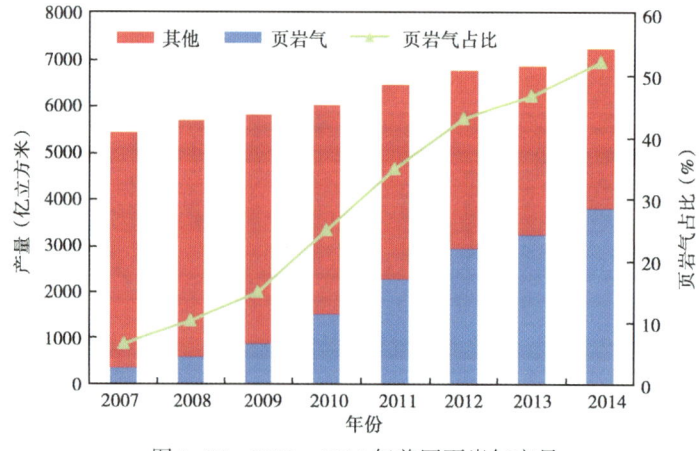

图 1-22　2007—2014 年美国页岩气产量

资料来源：美国能源信息署

与常规天然气开发相比,因页岩气是超低渗透岩层中的非常规天然气,故其开发所需成本高于常规天然气的开采。美国页岩气革命的成功不是一蹴而就的,而是进行了长期的技术储备和管理理念的变革。其中,水平井、压裂、工厂化作业是页岩气高效开发的三项核心技术体系。通过长期持续的科技研发投入,美国从20世纪90年代起就在全球率先掌握并应用包括水平钻井、水力压裂、随钻测井、地质导向钻井、微地震检测等页岩气开采的关键技术,完成了从气藏分析、数据收集、地层评价、钻井、压裂、完井和开发生产的系统技术集成,探索出了一套先进的、低成本的页岩气开采技术,形成了一套成熟的勘探、评价和开发体系。这些先进技术的规模化应用提高了页岩气井产量,降低了开采成本,使学习曲线不断加速,推动页岩气生产进入工厂化、规模化开发阶段。

2. 可燃冰开发前景可观

可燃冰资源丰富,是高效、清洁、低碳的优质能源,具备成为未来中国主流清洁能源的发展潜力。

可燃冰勘查在世界上已有近50年的历史,最早可追溯至20世纪60年代。经过数十年的探索,在可燃冰资源特征、环境效应、海底安全及稳定性、开采技术等方面取得了很大进展。研究结果表明,全球可燃冰资源量约为20万亿吨油当量,是常规天然气地质资源量的50倍,煤炭及石油和天然气总含碳量的2倍。已有发现显示,海洋可燃冰资源主要分布在北半球,且太平洋边缘海域资源最为丰富,其次是大西洋(图1-23)。其中,勘查程度较高的美国布莱克海域资源量约为350亿吨油当量,日本四国海槽资源量约为27亿吨油当量,中国南海海域资源量约为780亿吨油当量。

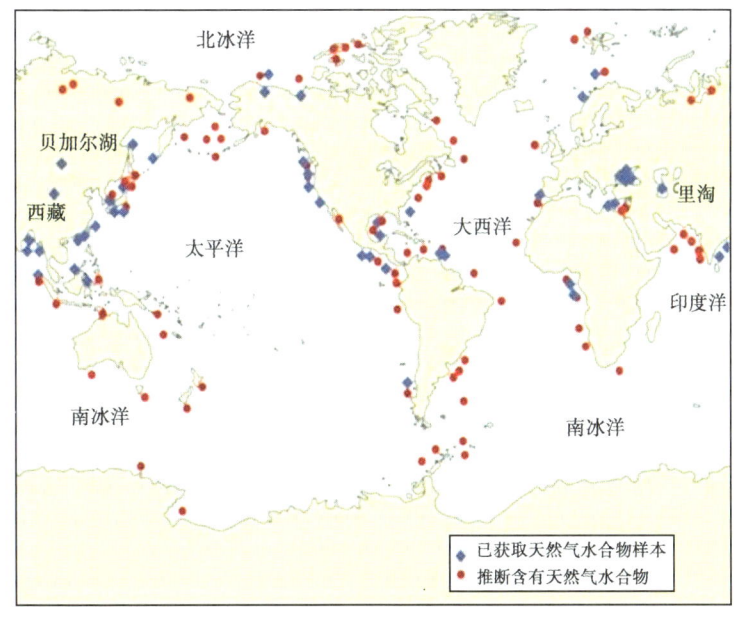

图1-23 可燃冰资源分布

资料来源:美国地质调查局

丰富的可燃冰资源具有巨大的经济价值和重要的战略意义，引起了世界各主要资源国的高度关注。自 20 世纪 80 年代初起，世界各主要资源国都将推动可燃冰开发列入国家重点发展战略，美国、日本、俄罗斯、加拿大、英国、德国等国均相继投入资金进行可燃冰资源调查和开采技术研究。目前，全球可燃冰资源调查已取得重要成果，可燃冰开采模拟技术也逐步完善，继苏联在 1969 年开发麦索亚哈油气田时实现可燃冰开采以来，加拿大、美国等国也在陆地冻土带成功实施了可燃冰试采工程。美国 2012 年在阿拉斯加北部陆坡利用二氧化碳置换甲烷进行可燃冰试开采取得成功：共注入二氧化碳和氮气混合气 21 万立方英尺❶，依靠井底压力自回流开采，采气 30 天，累计产气约 2.8 万立方米，最高日产量达 5000 立方米。日本在 2013 年成功实现海底可燃冰试采，并在 6 天内试采出 12 万立方米的天然气，初步具备了在近海海底开采可燃冰的关键技术，计划在 2018 年前后将海底可燃冰试采技术投入实际应用。

第二节　世界及主要国家天然气消费总量及结构

一、全球天然气消费总量不断提高，占一次能源消费总量 20% 以上

自 1995 年以来，世界天然气消费总量不断增长。1995 年全球消费量 2.13 万亿立方米，2005 年消费量提高到 2.77 万亿立方米，至 2015 年，全球天然气消费量达到 3.47 万亿立方米，占全球一次能源消费总量的 23.74%（图 1-24）。当年消费量较 3.54 万亿立方米的天然气产量相比，供需基本平衡。从增速看，1995—2005 年全球天然气消费量年均增长率为 2.67%，2005—2015 年年均增长率为 2.26%，2010—2015 年年均增长率为 1.62%。

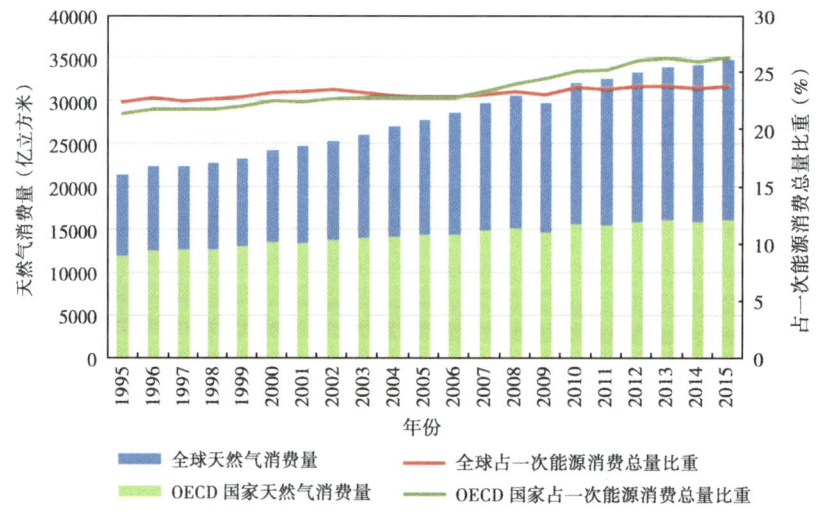

图 1-24　1995—2015 年全球天然气消费量及占一次能源消费总量比重

资料来源：《BP 世界能源统计年鉴 2016》

---

❶　1 立方英尺 = 28.31685 升。

其中，OECD 国家消费量占全球的消费比重呈下降趋势。1995 年天然气消费量为 1.19 万亿立方米，占比 55.63%；2005 年天然气消费量为 1.43 万亿立方米，占比 51.72%；截至 2015 年，OECD 国家天然气消费量达 1.61 万亿立方米，占比 46.30%。相比全球天然气消费占一次能源比重水平稳定提升，OECD 国家天然气消费占一次能源比重的水平提高幅度较大，从 1995 年占比 21.32% 提高到 2015 年的 26.27%。

二、全球天然气消费区域主要集中在欧洲及原苏联、北美和亚太地区

从各地区天然气消费量分布情况看，天然气消费区域主要集中在欧洲及原苏联、北美和亚太地区。从变化趋势看，亚太、中东地区消费量增长迅速，占比逐年提高，北美、原苏联地区的增速相对较缓，占比呈下降趋势。截至 2015 年，北美地区占比 27.78%，亚太地区占比 20.21%，原苏联地区占比 16.65%，欧洲占比 13.28%，中东地区占比 14.13%（图 1-25）。

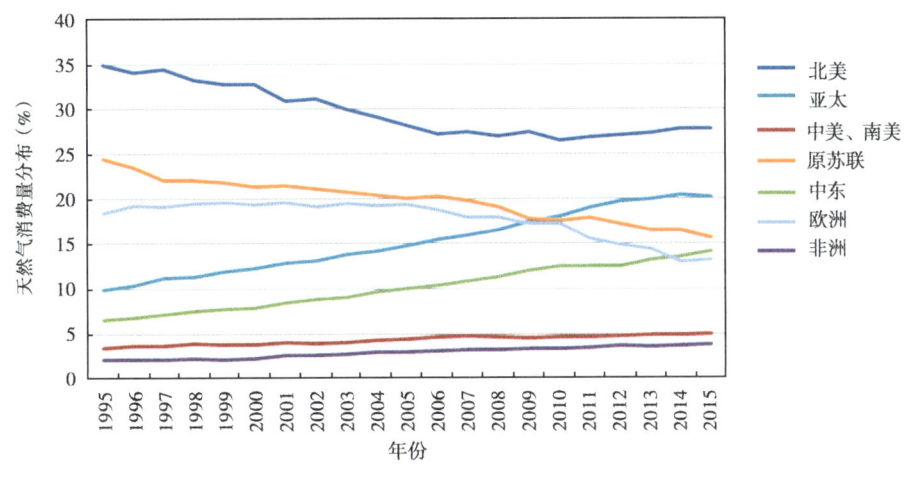

图 1-25　1995—2015 年世界各地区天然气消费量分布
资料来源：《BP 世界能源统计年鉴 2016》

分国别统计天然气消费量情况，如图 1-26 所示，1995 年天然气消费量前十名国家占全球总消费量的 69.82%，2005 年前十名消费量占比 61.17%，2015 年天然气消费量前十名国家占全球总消费量的 60.75%。2015 年，天然气消费量超过 1000 亿立方米的国家有美国、俄罗斯、中国、伊朗、日本、沙特阿拉伯和加拿大，但各国之间天然气消费差别较大。其中，美国、俄罗斯天然气消费量分别为 7779.7 亿立方米、3914.8 亿立方米，是最主要的天然气消费国，远超其他国家和地区。2015 年，中国天然气消费量达到 1931 亿立方米，为世界第三大天然气消费国。

三、主要天然气消费区情况

世界天然气消费主要分为北美地区、欧洲、原苏联地区、亚太地区等几个市场，其发展特征各异。

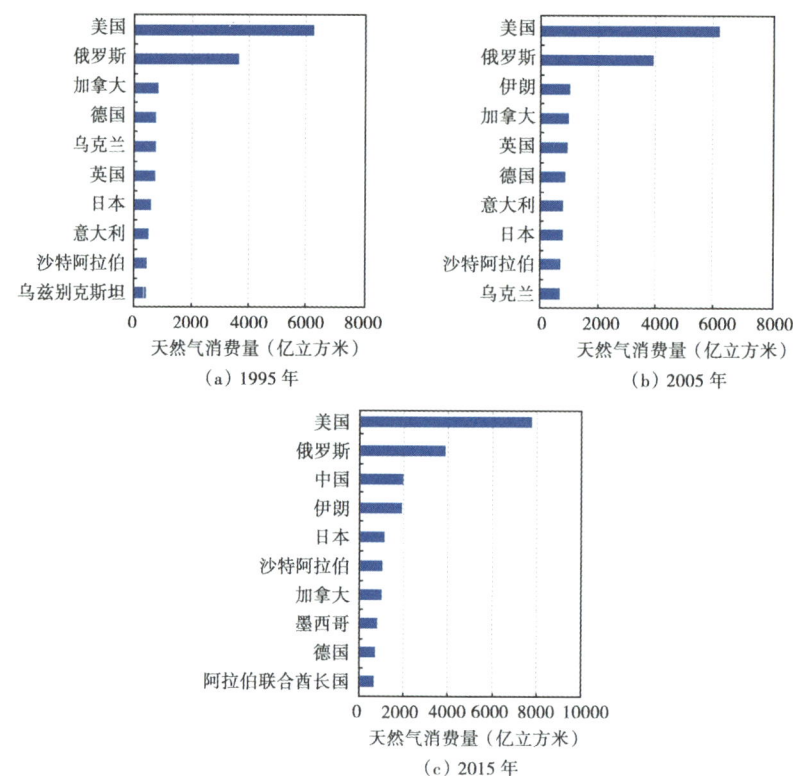

图 1-26 1995 年、2005 年和 2015 年天然气消费量前十名国家
资料来源：《BP 世界能源统计年鉴 2016》

1. 页岩气革命缓解了北美地区天然气供需压力

北美地区天然气消费量近年加速增长，占一次能源消费总量比重不断提高。如图 1-27 所示，1995 年天然气消费量为 7427.3 亿立方米，一次能源消费总量占比 26.54%；2005 年天然气消费量为 7820.8 亿立方米，占一次能源消费总量 24.77%。受页岩气产量大幅增长影响，2015 年美国天然气消费量继续高位增长，拉动北美地区整体增长。北美消费量达到 9636.2 亿立方米，同比增长 165.63 亿立方米，涨幅 1.75%，占一次能源消费总量 31.02%。从增速看，1995—2005 年天然气消费量年均增长率为 0.52%，2005—2015 年年均增长率为 2.11%，2010—2015 年年均增长率为 2.55%。

随着页岩气革命的成功，北美天然气供应主要由本土生产，2015 年北美天然气产量为 9840 亿立方米，存在一定缺口，除使用区域内储气设施进行调节外，仍有 204 亿立方米依赖于天然气国际贸易。2015 年，北美天然气消费量中增量最大的为美国，同比增加 219.7 亿立方米，增幅 2.91%。天然气定价目前已经形成了"气—气"竞争的定价模式，定价主要依据美国 Henry Hub 价格和加拿大艾伯塔价格，随着天然气供应量的持续增长，价格总体上呈下降趋势，2015 年上述两交易所价格分别为 2.60 美元/百万英热单位❶（−40.23%）

---

❶ 1 百万英热单位 = 1055.056 兆焦。

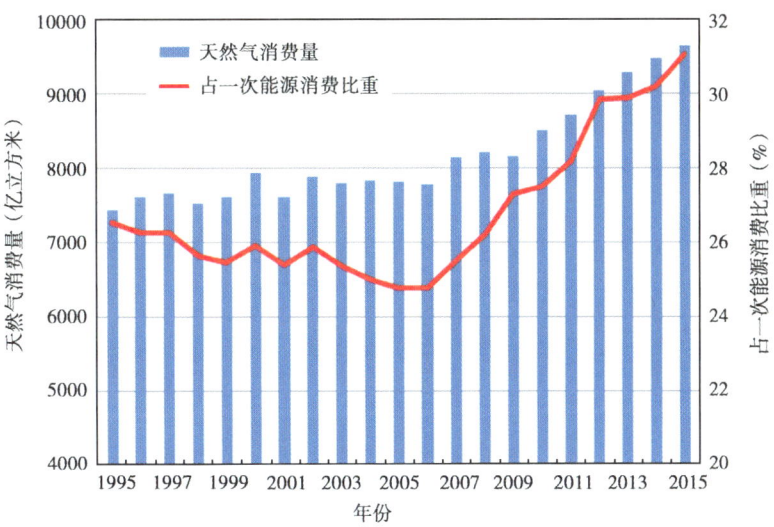

图 1-27 1995—2015 年北美地区天然气消费量及占一次能源消费总量比重
资料来源：《BP 世界能源统计年鉴 2016》

和 2.01 美元/百万英热单位（-48.06%）。

2. 原苏联地区天然气消费占一次能源消费总量比重水平较高

原苏联地区天然气消费量总体变化趋势在波动中增长，占一次能源比重水平较高。如图 1-28 所示，1995 年天然气消费量为 5218 亿立方米，占一次能源消费总量 48.95%；2005 年天然气消费量为 5569.4 亿立方米，占一次能源消费总量 53.42%。2015 年，原苏联地区天然气消费量降为 5428 亿立方米，占一次能源消费总量 52.07%。从增速看，1995—2005 年天然气消费量年均增长率为 0.65%，2005—2015 年年均增长率为-0.26%，

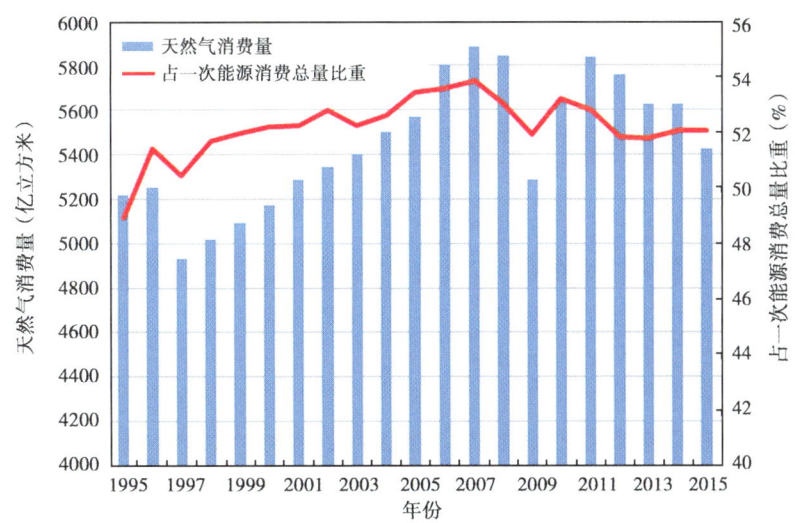

图 1-28 1995—2015 年原苏联地区天然气消费量及占一次能源消费总量比重
资料来源：《BP 世界能源统计年鉴 2016》

2010—2015 年年均增长率为 -0.77%。

3. 欧洲近年受经济及气候因素影响消费下降

欧洲天然气消费量与占一次能源消费总量比重在 1995—2015 年呈先增后减趋势。如图 1-29 所示，1995 年天然气消费量为 3925 亿立方米，占一次能源消费总量 19.36%；2005 年天然气消费量为 5366 亿立方米，占一次能源消费总量 23.83%。近年来欧洲天然气消费量有下降态势，2015 年欧洲天然气消费量为 4606.5 亿立方米，占一次能源消费总量比重降为 21.87%。从增速看，1995—2005 年天然气消费量年均增长率为 3.18%，2005—2015 年年均增长率为 -1.51%，2010—2015 年年均增长率为 -3.55%。

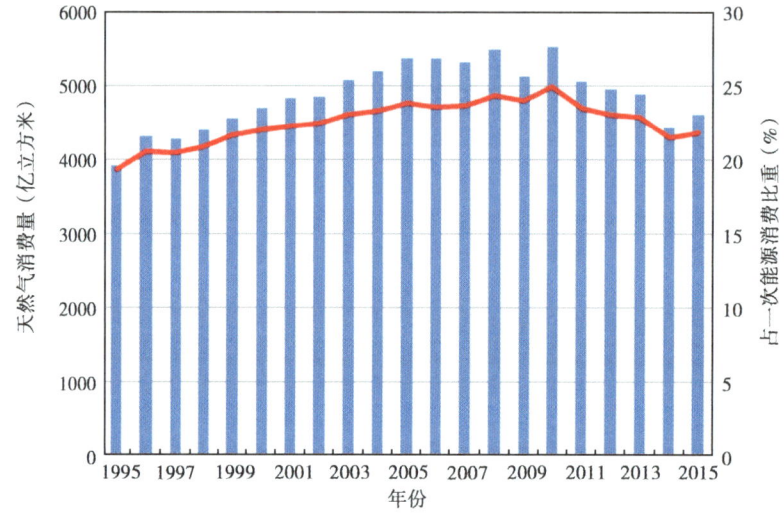

图 1-29　1995—2015 年欧洲天然气消费量及占一次能源消费总量比重
资料来源：《BP 世界能源统计年鉴 2016》

欧洲受总体经济形势恢复缓慢、气温等因素影响，近年市场消费水平有所回落。该区天然气消费中近半数需求依靠天然气贸易供应，天然气定价主要依据英国 NBP 价格和欧盟 CIF 价格，随着国际油价的变化而变化，2014 年上述两交易所价格分别为 6.53 美元/百万英热单位（-20.85%）和 6.61 美元/百万英热单位（-27.44%）。

4. 亚太地区消费增长显著，天然气进口需求量大

亚太地区加大了对天然气的利用，消费量快速增长，占一次能源消费总量比重提高。如图 1-30 所示，1995 年天然气消费量为 2109.9 亿立方米，一次能源消费总量占比 8.31%；2005 年天然气消费量为 4108.4 亿立方米，占一次能源消费总量 9.98%。2015 年亚太地区天然气消费量达到 7011.4 亿立方米，占一次能源消费总量 11.48%。从增速看，1995—2005 年天然气消费量年均增长率为 6.89%，2005—2015 年年均增长率为 5.49%，2010—2015 年年均增长率为 3.92%。

亚太地区天然气总体消费量增长态势可观。消费增量主要来自于中国和印度尼西亚，受到价格、资源量等问题影响，日本消费量出现小幅下降，韩国天然气消费量降幅最大。2015 年亚太地区天然气产量为 5566.6 亿立方米，市场缺口 1444.8 亿立方米，主要依赖于国际天然气贸易和区域内贸易满足,2015年亚太地区净进口1530.51亿立方米天然气以满足市场需求缺口。天然气贸易方式主要为液化天然气(LNG),净进口1234.04亿立方米(占比80.6%);管道贸易相对较小,净进口296.47亿立方米(占比19.4%)。天然气参考价格主要依据日本的CIF价格,2015年日本CIF价格为10.31美元/百万英热单位(-36.86%)。

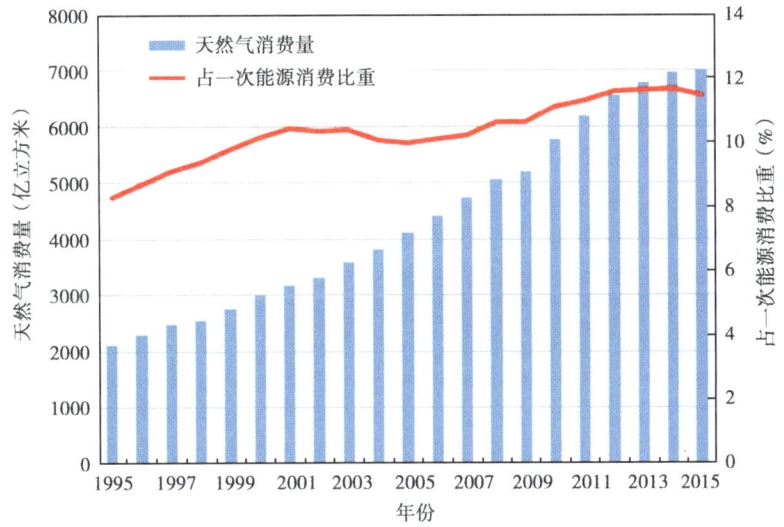

图1-30　1995—2015年亚太地区天然气消费量及占一次能源消费总量比重
资料来源:《BP世界能源统计年鉴2016》

第三节　世界主要国家天然气消费进入快速发展期条件及政策措施

一、天然气工业发展呈明显的三阶段,且各阶段特征各异

随着全球经济社会的发展进步,能源消费总量在保持增长的同时,受技术、环保和灵活性等因素的影响,消费结构也在不断地发生更迭。第一次工业革命过程中煤炭取代了薪柴,第二次工业革命中石油取代了煤炭,同时自20世纪中叶,天然气、核能和可再生能源奋起直追,其中天然气脱颖而出,消费量绝对值和比重都不断上升。截至目前,已经形成石油、煤炭、天然气三足鼎立的局面,其中天然气比重已达23.7%。

资源国和发达国家的现代天然气工业起步较早,引领了世界天然气工业的发展。综合已有研究成果可以看出,世界主要发达国家天然气市场的发展基本上经历了启动期、快速发展期和成熟期三个阶段[1]。在不同的发展阶段,其生产、消费、市场结构和政府管理都存在很大的差异。

1. 启动期

(1) 天然气作为石油工业的副产品,不是勘探开发的重点。天然气工业刚刚起步,在国民经济和一次能源结构中处于次要地位。

（2）天然气基础设施薄弱，无跨越地区的长输天然气管道。

（3）天然气消费市场容量有限，主要用于油田生产和周边一些工业用户，而在城市配气方面，配气网络逐步搭建，但主要为本地煤气提供配气服务，城市民用和商业用户仍以煤气或者其他燃料为主。

（4）天然气市场行为欠规范，没有全国统一的天然气行业法律，只有一些法规或地方法律。

（5）政府监管水平低下，没有专门的主管部门对天然气工业进行统筹管理或者管理力度不够。

2. 快速发展期

（1）天然气市场由启动期进入快速发展期的显著特点是以发现大气田或大量进口天然气资源以及建设区域管道等标志性工程为转折点。

（2）天然气工业逐步得到重视，在国民经济和一次能源结构中的地位显著提高。

（3）基础设施建设速度加快，区域之间管道和输配网络建成。

（4）天然气消费量迅速增长，一般年均增速为5%以上，用途逐渐扩大。在城市民用和商用领域天然气逐渐取代煤气。一些国家不仅将天然气用于城市民用和商业领域，还大力发展天然气发电。市场向周边和全国延伸，但市场范围仍为区域市场。

（5）对不同用户采用不同价格。对于可中断及均衡用户实行优惠价，不均衡用户实行较高气价。

（6）制定全国统一的天然气法律。

（7）政府成立或者指定专门的部门来监管天然气工业。

3. 成熟期

（1）以建成多气源、多用户的全国性天然气管道网络为标志。

（2）天然气工业成为国家主要产业之一，特别是在一次能源结构中与石油、煤炭形成鼎足之势或者成为主要能源。

（3）基础设施高度发达，输气干线、配气管线形成网络，储气设施完善。

（4）形成一个相对稳定的天然气市场，天然气消费结构比较合理并趋于稳定，天然气在一些行业成为主要能源，特别是成为城市民用和商用的主要能源。

（5）天然气经营方式非常灵活，市场化程度越来越高。

（6）天然气价格机制形成，价格透明。

（7）天然气法规基本完善，市场运行有序。

（8）政府对天然气工业高度重视，实现合理、有效的监管。

二、美国、英国和日本均已完成工业化或处于工业化后期

综合考量各主要天然气国家的经济规模、发展水平以及天然气行业的情况，研究选取美国、英国和日本作为典型国家进行分析。美国和英国同属天然气生产和消费大国（图1-31、图1-32），并且为老牌资本主义强国，在产业、技术和政策上引领世界潮流。而日本虽然本土资源匮乏，却是经济和天然气消费的大国（图1-33），其每年大量进口的LNG

对世界天然气贸易格局和价格具有广泛的影响。三个国家的选取也考虑了北美、欧洲和亚太三个区域性天然气市场的定价机制和价格水平的差异。

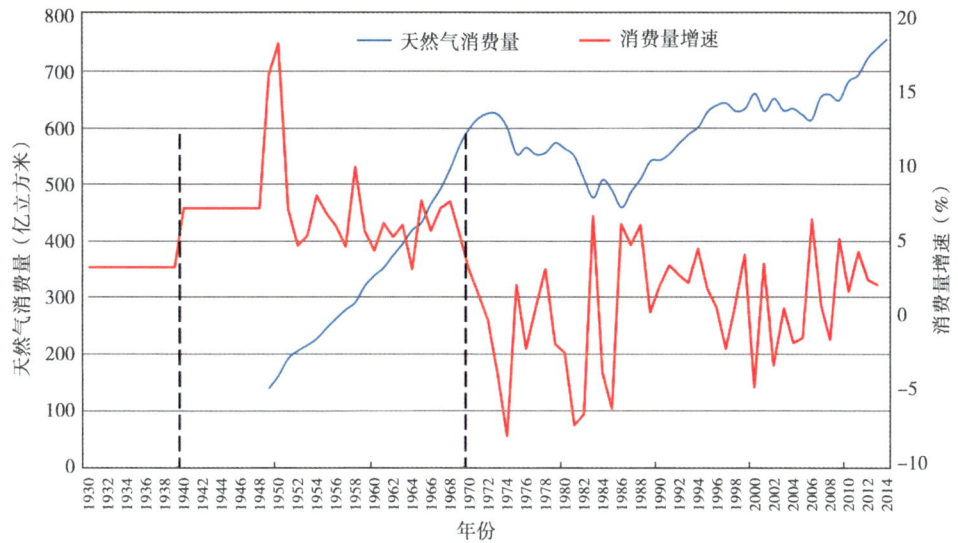

图1-31 美国天然气快速发展期
资料来源：本书课题组根据相关资料整理

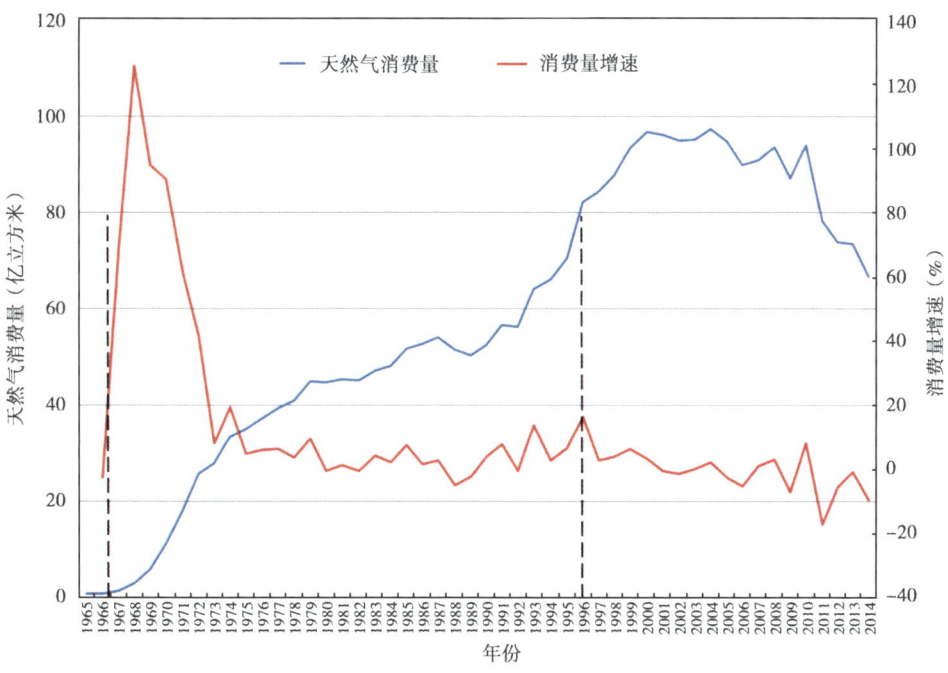

图1-32 英国天然气快速发展期
资料来源：本书课题组根据相关资料整理

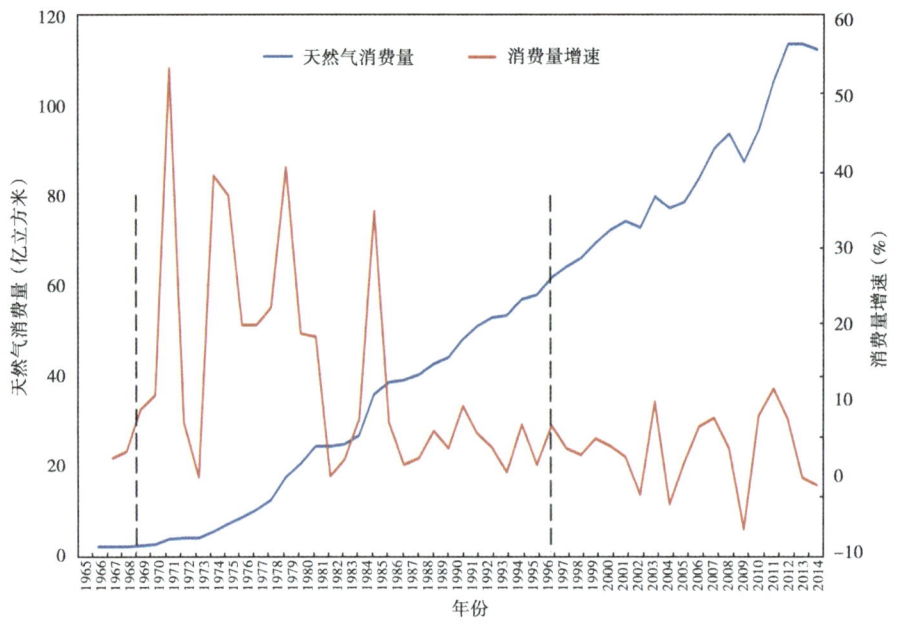

图 1-33 日本天然气快速发展期
资料来源：本书课题组根据相关资料整理

通过梳理三国长时间序列的天然气消费量数据[1]并计算消费增速，若以年均增速 5% 以上作为判断标准，美国天然气快速发展期是 1940—1970 年，英国的天然气快速发展期是 1966—1996 年，日本的天然气快速发展期是 1968—1996 年。三个国家的天然气快速发展均持续约 30 年。

从以上时段不难看出，英国和美国两个世界工业革命的先行国家经过百年以上时间的发展早已完成了工业化进程，工业比重和投资比重已经进入达峰后的下降阶段，经济增速也由高速转入低速增长期。而日本虽然曾在明治维新时期进行快速的赶超战略，但在第二次世界大战中遭遇重创，战后的经济在 1950 年后进入高速增长期，通过"政府主导型的市场经济"，实行出口导向型战略，并于 1970 年左右最终完成工业化，进入发达国家行列。因此，对于这三个国家来说，天然气的快速发展期都是在后工业化时期。也就是说，在推动天然气消费以高速增长的因素中，经济和工业增长并不是主要因素。

本研究通过该时期天然气消费增长的因素贡献率来进一步验证以上结论。利用以下恒等式：

$$\frac{天然气消费量}{GDP} \times \frac{GDP}{人口} \times 人口 = 天然气消费量 \qquad (1-1)$$

即

$$单位 GDP 天然气消费强度 \times 人均 GDP \times 人口 = 天然气消费量 \qquad (1-2)$$

---

[1] 美国 1949 年以后的数据是完整的，而 1949 年以前的数据仅有 1940 年和 1930 年两个点，故图 1-31 中 1930—1940 年和 1940—1949 年的美国天然气消费增速采用年均复合增长率。

对公式（1-2）两侧对时间求导，即可得到：

单位GDP天然气消费强度增速+人均GDP增速+人口增速=天然气消费量增速

(1-3)

因此，利用公式（1-3）可以测算三个因素对天然气消费增速的贡献率。

由此可见，美国、英国和日本天然气在快速发展期的高速增长主要是由于单位GDP天然气消费强度提高所致（图1-34至图1-36），少数年份是由于经济的增长，而人口因素始终贡献不大。因此，该时期天然气消费的高速增长应主要是经济、人口以外的其他因素所致。

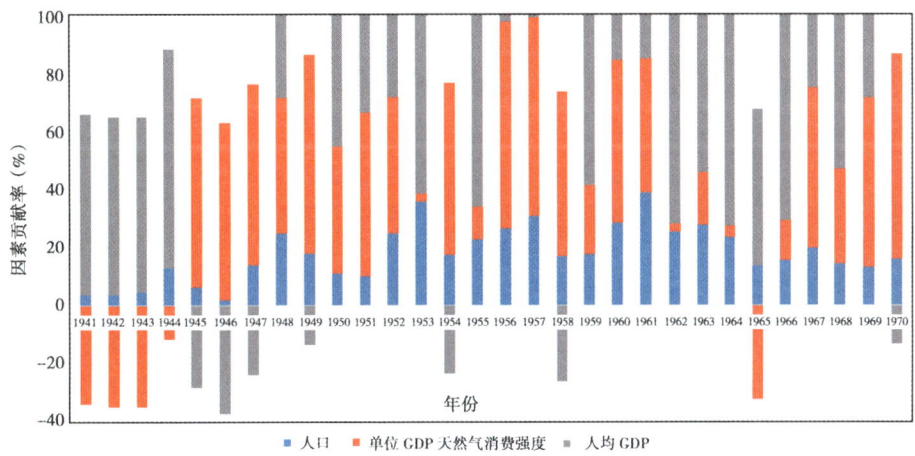

图1-34 美国天然气快速发展期因素贡献率

资料来源：本书课题组根据相关资料整理

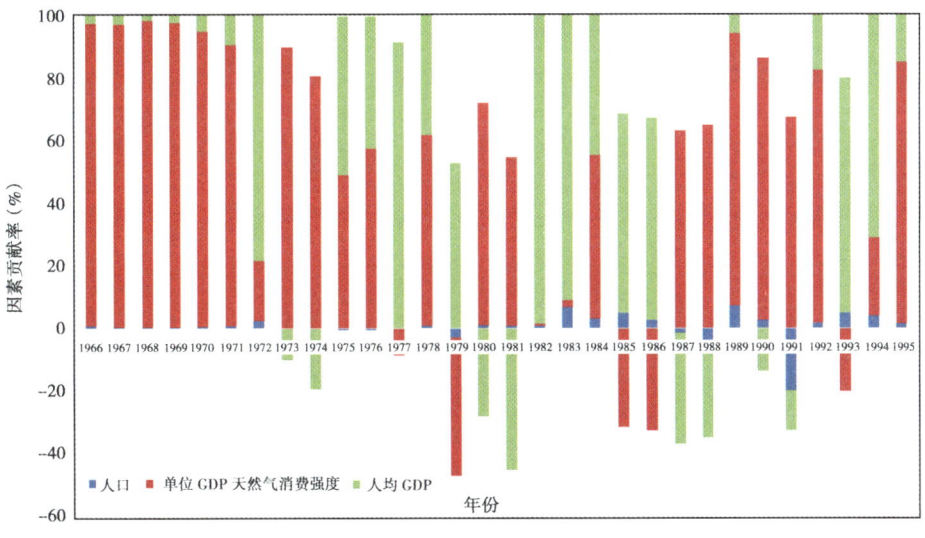

图1-35 英国天然气快速发展期因素贡献率

资料来源：本书课题组根据相关资料整理

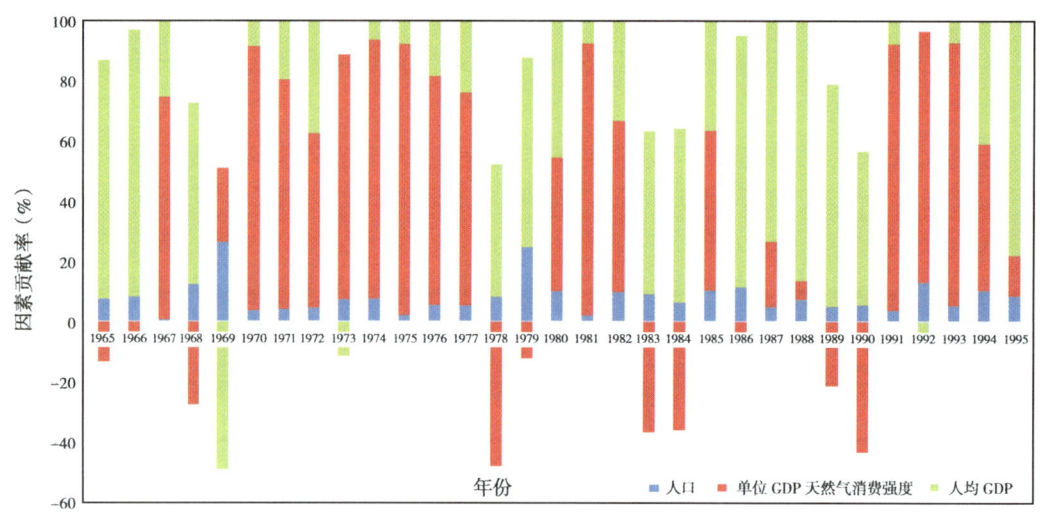

图1-36 日本天然气快速发展期因素贡献率
资料来源:本书课题组根据相关资料整理

三、美国、英国和日本驱动天然气消费快速发展的行业各异

对于美国来说,天然气快速发展期主要靠工业以及商业和居民消费推动,但发电用气总量和比重不断增长(图1-37)。而进入成熟期后,商业和居民用气占比趋于饱和,约占32%,工业用气占比不断下降,发电用气占比不断上升。

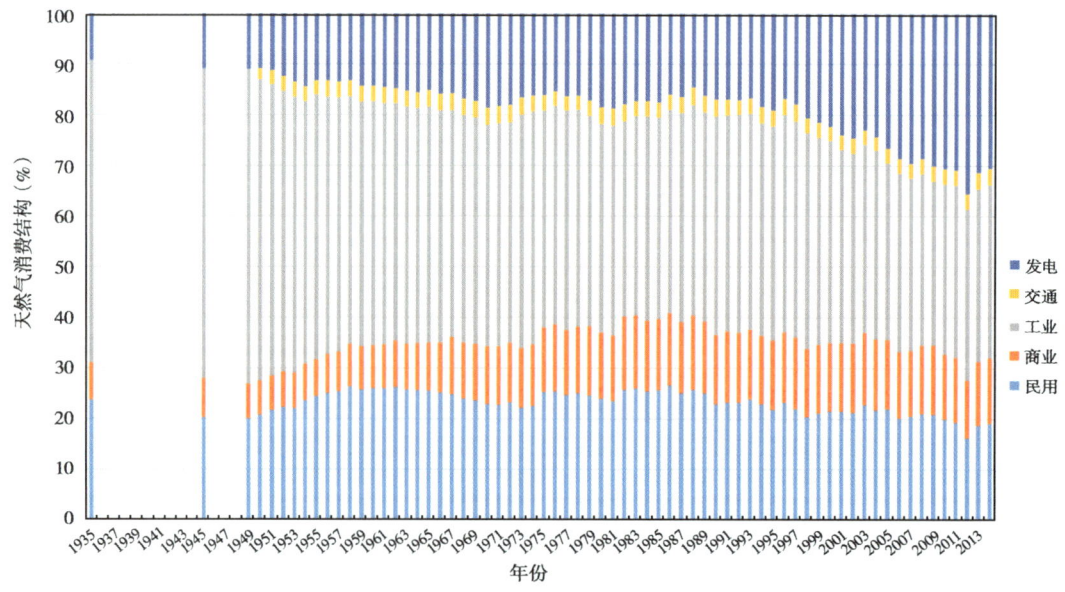

图1-37 美国天然气消费结构
资料来源:EIA

对于英国来说，天然气快速发展期也主要靠工商业和居民消费推动，但发电用气仅在快速发展后期才陆续形成较大规模，占比不断上升（图1-38）。而进入成熟期后，商业和居民用气占比不断上升并趋于饱和，约占40%，而工业用气占比则先降后升，发电用气占比先升后降，目前工业用气占比高于发电。

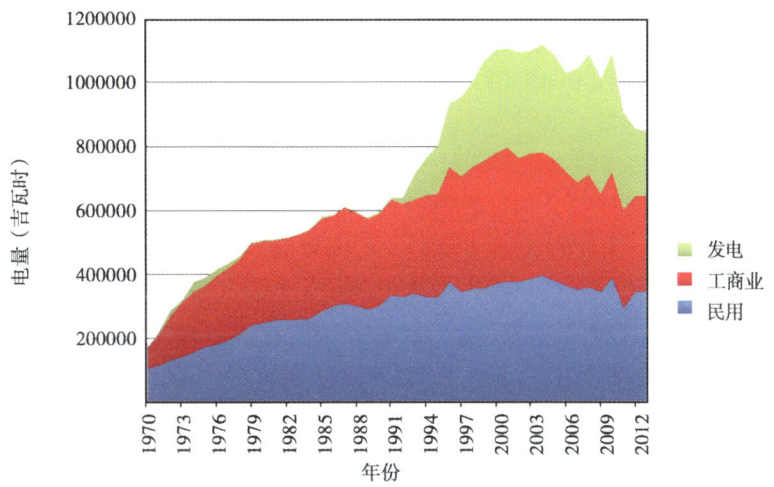

图1-38 英国天然气消费结构

资料来源：能源与气候变化部（DECC），Gas since 1882，https：//www.gov.uk/government/statistical-data-sets/historical-gas-data-gas-production-and-consumption-and-fuel-input-1882-to-2011

对于日本来说，天然气快速发展期主要是靠大量进口LNG，发展天然气发电所带动的。如图1-39所示，在启动期，天然气消费结构以工商业和居民为主，但进口快速发展后，天然气发电异军突起，占比快速上升，而工商业和居民用气占比则大大压缩。进入成

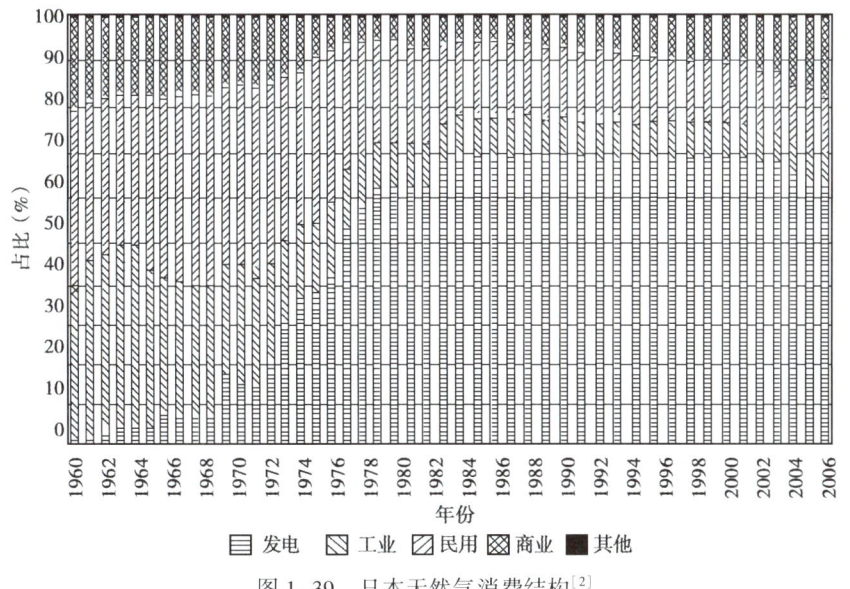

图1-39 日本天然气消费结构[2]

熟期后,仍是发电用气一枝独秀。

四、政策和环保在天然气快速发展中起决定性作用

三个国家天然气消费的快速发展离不开政策和环保因素的影响,从规律性来讲,大体有以下三点:

第一,在快速发展期前期,政府基本会采取天然气的低气价策略,鼓励天然气消费,不断开拓天然气市场。美国在1940—1970年,天然气的价格管制越发严格,尤其是自1954年通过《菲利普斯决议》以来,价格管制从自然垄断的输配环节延伸至天然气整个产业链,并且采用成本加成的方法,天然气管制价格整体低于天然气市场价值。英国则在1965—1980年通过英国天然气公司以长协方式垄断购买英国北海天然气,并经自身一体化输配系统进行垄断销售,为鼓励天然气消费,英国政府也采取低价销售的方式。日本也自20世纪70年代至90年代中期,由通产省确定气价,与进口原油挂钩,一般为原油平均到岸价的80%~90%,具有较好的经济性。

第二,日趋严格的环保要求是天然气消费的持续驱动力。天然气是相对煤炭和石油更为清洁和低碳的化石能源,政府通过立法设定严格的环保标准,限制使用高污染的能源,鼓励使用天然气。例如:美国1955年制定了第一部有关空气污染的联邦法规《空气污染控制法》,1963年出台了《清洁空气法》,1969年出台了《国家环境政策法》,1970年专门的环境政策制定和执行部门——美国国家环境保护局(EPA)成立,联邦政府在空气污染治理中的作用得到空前加强;英国正是在20世纪50年代伦敦"烟雾"事件后,开展了大规模的天然气置换煤炭工程,1968年政府对《清洁空气法》进行了修订和扩充,1974年颁布了《污染控制法》,最核心的措施就是大幅扩大了烟尘控制区的范围;日本则从20世纪60年代起制定严格的环保法规,而且地方政府比中央政府的环保法规更严格,同时自70年代世界石油危机以来,日本大力推进进口LNG和核电来替代石油,降低能源安全风险。

第三,发达国家推进天然气工业市场化竞争和规范监管的改革基本是在快速发展中后期或是成熟期展开的。美国的天然气价格放开、网运分离和城市配气的用户选择计划都是在1978年之后陆续开始的,直到20世纪末。英国是在1986—1996年通过立法先行的方式,先后完成了英国天然气公司的私有化、管网的第三方准入、建立独立的监管机构、网运分离、零售市场开放等重要的改革。日本就要更晚一些,其是自20世纪90年代以来,逐步放松对天然气市场的管制,主要通过1995年修改的《天然气利用法》,放松对大用户的管制,允许自由协商气价,并允许天然气公司向其服务范围以外的大用户供气。

五、管网等基础设施是天然气快速发展的基础

天然气产业发展高度依赖输配管网、储气库等基础设施,而发达国家一般在启动期就已经有了较完善的地区配气网络以及开始修建若干长距离主干管道系统,并且在快速发展期基础设施建设也保持较快的增长速度。以美国、英国为例说明。

美国在1930—1945年,平均每年建成管道逾7000千米。1940年输气干线总长度为13.7万千米,1950年为17.4万千米,1960年为28万千米,并在20世纪60年代形成连

接国内 48 个州的全国天然气管道网络，1970 年则达到 41 万千米。在 1960—1970 年，年均增长 1.3 万千米（图 1-40）。目前，美国的天然气基础设施高度发达，引入了管道间竞争的模式。

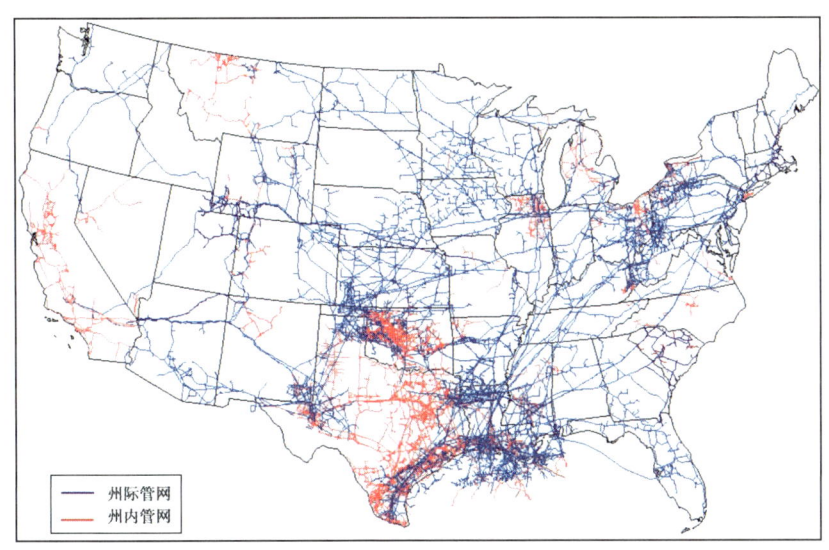

图 1-40　美国天然气主干管网
资料来源：EIA

英国在天然气行业出现以前，城市配送系统和民用燃气的形式主要是煤气，经过 19 世纪初至 20 世纪中叶的上百年时间的发展，城市配送网络和终端燃气设备已经非常成熟。而自 20 世纪 60 年代发现北海气田的巨大储量以来，英国本土的天然气产量不断上升，对天然气主干管网和终端消费的需求日益强烈。自 1966 年以来，英国政府开始一项为期十年的天然气转换项目，使民用燃气的每个设备转用天然气，并且授权英国天然气公司垄断天然气的购买和销售，鼓励英国天然气公司投资主管管网和燃气设施的转换。仅 1967—1979 年，英国的主干输气管网就从 515 千米延长到 4344 千米。进入天然气成熟期时，英国全国性主干管网约 6400 千米，区域性中压管线约 12.5 万千米，城市配气系统的低压管线也约有 12.5 万千米，基本覆盖了英国的所有地区（图 1-41）[3]。

六、中国仍处天然气快速发展期，未来潜力巨大

1. 中国未来仍有 10~15 年的快速发展期

中国现代天然气工业发展较晚，仅是在 2000 年以来，以"西气东输"输气管道工程为标志，天然气消费规模开始迅速增长，基本呈指数增长态势（2000—2014 年年均增速达 15.8%，由 235 亿立方米迅速增长到 1816 亿立方米，如图 1-42 所示），发展阶段由启动期进入快速发展期。虽然自 2013 年至今，受经济新常态和天然气定价机制的影响，天然气消费增速大幅放缓，但根据国际经验（天然气年均增速始终保持在 5% 以上），未来仍有 10~15 年的快速发展期。

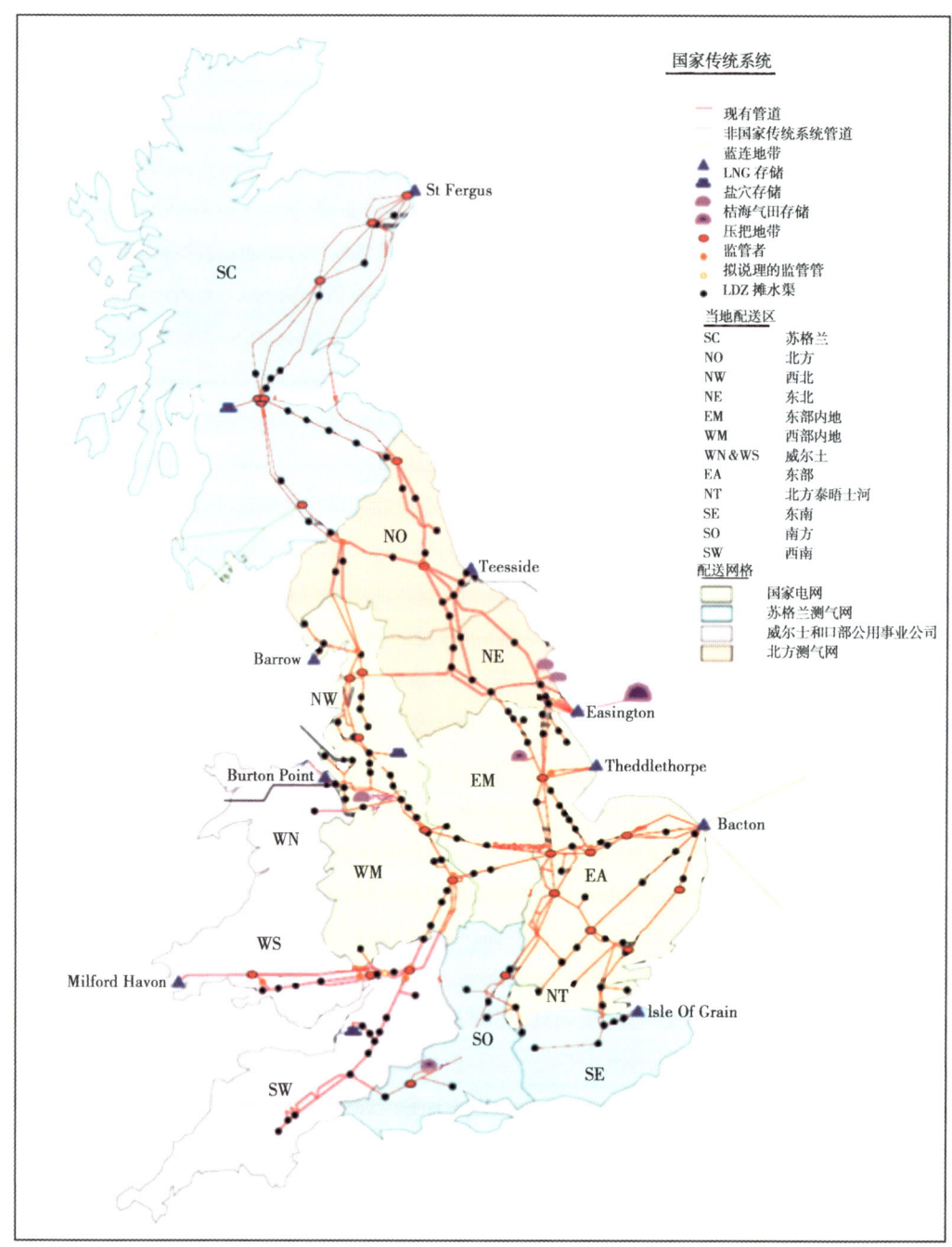

图 1-41　英国天然气基础设施

资料来源：睿博能源智库 ICF 国际咨询公司，《国际燃气市场改革经验》，2013 年，15 页

2. 中国人均天然气消费量和天然气未来增长空间巨大

2015 年中国人均天然气消费量为 140 立方米，天然气约占一次能源消费总量 5.9%；

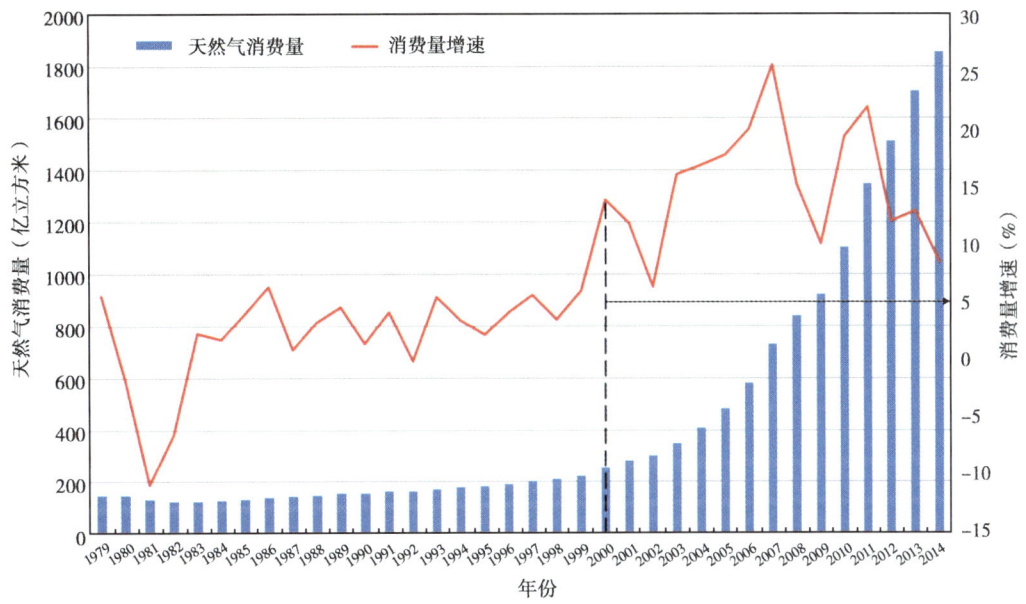

图 1-42 中国天然气消费量及其增速

资料来源：BP

而全球平均水平分别为 467 立方米和 23.7%（图 1-43、图 1-44）。对照发达国家的经验规律，中国未来仍有较大的发展潜力。一方面，按照世界人均消费水平估算，14 亿人口也能创造超过 6500 亿立方米的市场空间；另一方面，保守分析，按照 2030 年中国能源消费达 55 亿吨标准煤进行测算，天然气在一次能源消费总量中的占比达 15%（图 1-45）。即

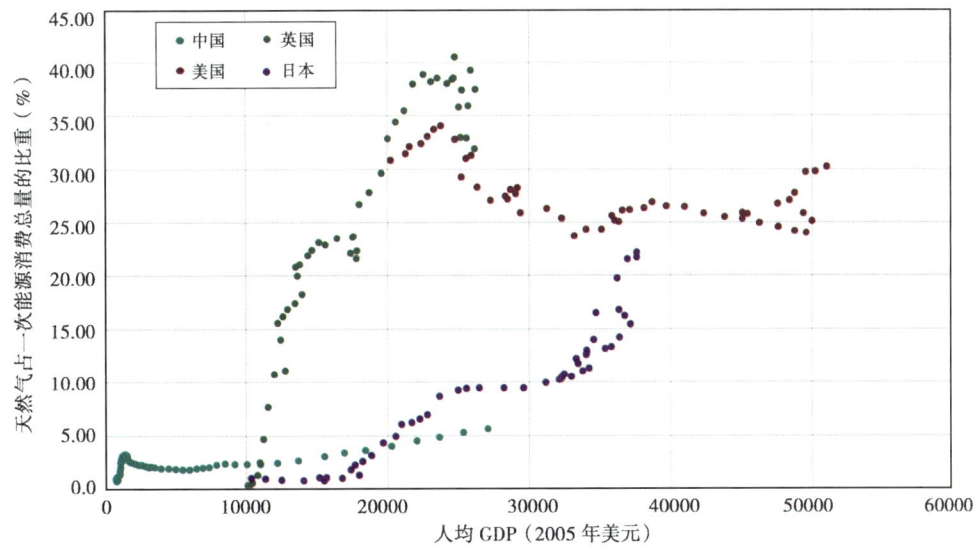

图 1-43 中国、美国、英国和日本人均 GDP 和天然气占一次能源消费总量比重的关系

资料来源：世界银行、BP

使按照 9300 千卡[1]/米³ 来测算，2030 年中国天然气消费量也会达 6200 亿立方米。

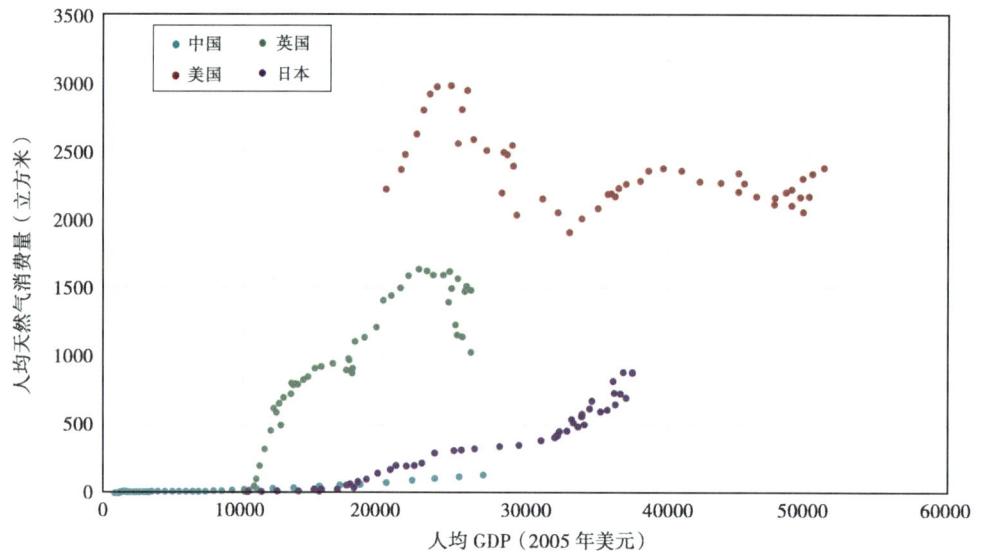

图 1-44　中国、美国、英国和日本人均 GDP 和人均天然气消费量的关系
资料来源：世界银行、BP

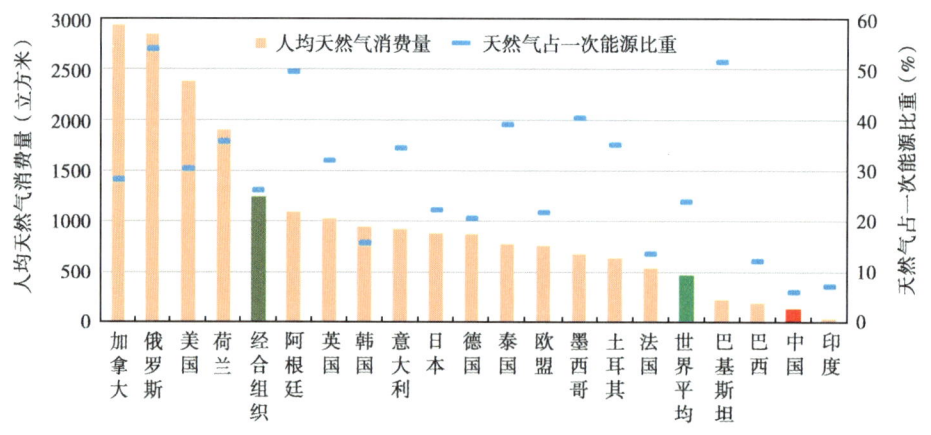

图 1-45　2014 年典型国家人均天然气消费量及天然气占一次能源比重
资料来源：世界银行、BP

---

❶　1 千卡 = 4184 焦耳。

第二章 国外天然气贸易与价格形成机制

天然气贸易强烈依赖基础设施的建设，贸易的增长推动了天然气的发展。近十几年LNG贸易量增长迅速，但管道天然气仍然是天然气贸易的主要形式。

垄断性定价和竞争性定价是当前世界天然气市场的两种定价方法。由于天然气对基础设施依赖的天然秉性，当前仅美国、英国等少数几个国家是竞争性定价，未来竞争性定价占交易量的比重会越来越高。从长远来看，天然气相对于原油的经济性将持续向好。

第一节 世界及主要国家天然气贸易量及结构

天然气贸易主要依靠管道运输和LNG，运输方式相对灵活，国际贸易流通活跃。世界天然气贸易市场主要分为北美、欧洲和亚太市场。近几年世界天然气贸易量在经历持续稳定增长之后，开始出现疲软态势，在天然气贸易量中，管道天然气仍然是天然气贸易的主要形式，世界管道天然气贸易受到欧洲市场需求减少的影响，近年来贸易量有所减少；LNG贸易量保持小幅增长态势，近年的增长幅度有所下降。

一、天然气贸易持续增长，推动全球天然气发展

1. 天然气贸易持续增长

自2001年以来，世界天然气总进口量稳定增长（图2-1），进口总量从2001年的5542.7亿立方米增长到2015年的10424亿立方米，增长了88.06%。2001—2015年，全球

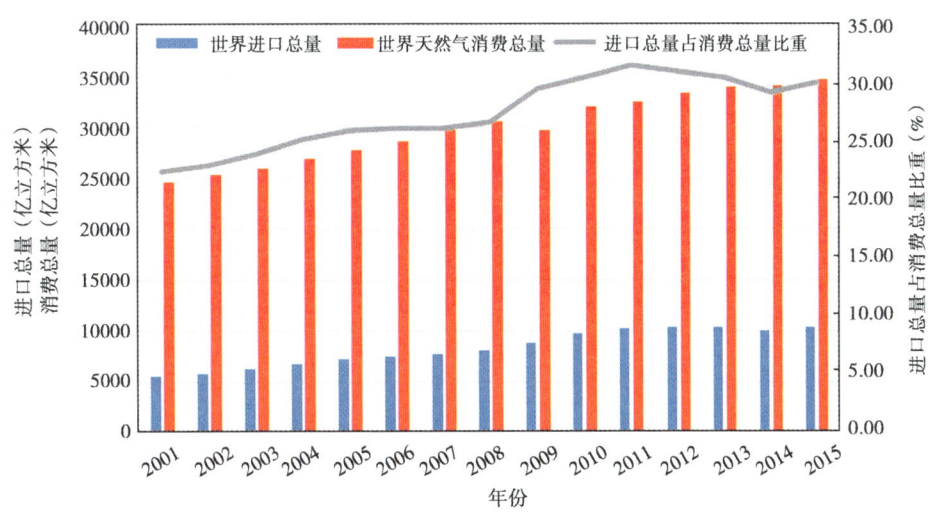

图2-1 2001—2015年世界天然气消费总量与进口总量

资料来源：2002—2016年《BP世界能源统计年鉴》

天然气进口量占消费量的比重波动增加，进口总量从2001年的22.53%增长到2015年的29.39%。2001—2011年，天然气进口量占消费量的比重一直保持增长，2011年达到31.4%。但是在2011年之后，天然气进口量占消费量的比重有所下降，保持在29%左右。2001—2008年，天然气进口量占消费量的比重缓慢增长；2008—2011年，天然气进口量占消费量的比重实现快速增长；2011年之后，进口占比和进口量均呈现出降低态势，但天然气贸易对全球天然气的发展起到的巨大推动作用没有改变。

2. 近年天然气贸易增速放缓

2002—2011年，天然气进口量一直保持较高的增长速度；2011—2014年，天然气进口量的增速降低迅速，增长速度低于天然气消费的增长速度，2014年甚至出现了负增长（图2-2）。增长放缓的原因主要是由于国际油价暴跌、气候异常、局部地区动乱等因素。2015年的天然气进口量相比2014年出现了反弹，增长了4.53%，全球天然气贸易逐渐回暖。

欧洲国家受到冬季气温异常暖和影响，天然气需求减少，天然气管道气进口量有所下降。亚太地区以LNG进口为主，近年增长迅速。其中，中国进口增长幅度最大；韩国LNG进口量有所降低；日本LNG进口量持续增长，近年增速有所放缓。美国页岩气持续增产，北美地区呈现出天然气资源逐渐自足的趋势，对于天然气进口贸易的依赖性进一步降低。

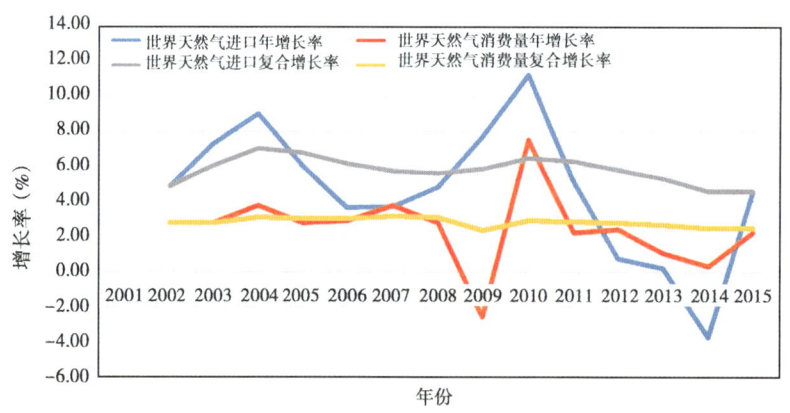

图2-2 2001—2015年天然气贸易量与消费量增长率

资料来源：2002—2016年《BP世界能源统计年鉴》

二、LNG贸易增长迅速，管道气贸易仍居主导地位

1. LNG贸易增长迅速

2001—2015年，管道气贸易与LNG贸易不断增加，从2001年的1429.5亿立方米增长到2015年的3383亿立方米。相对于管道气贸易，LNG贸易增长更为迅速，LNG贸易占总天然气贸易的比重从2001年的25.8%增长到2015年的32.45%（图2-3）。2001—2005年，LNG贸易占总贸易的比重维持在26%左右，到2007年增长到30%左右，2007—2009年下降到27.7%，之后又逐渐增长到31%左右，到2015年达到32.45%。从图2-3可以看

出,LNG 贸易的增长速度在 2009 年和 2010 年达到了峰值,2010 年的同比增长率为 22.6%,之后增速放慢,但是其增长速度基本保持在管道气贸易增长速度之上。LNG 的快速增长主要得益于 LNG 贸易受地域的限制性更小,LNG 运输成本的下降以及 LNG 贸易本身的灵活性。LNG 贸易逐渐得到国际天然气供需双方的认可。

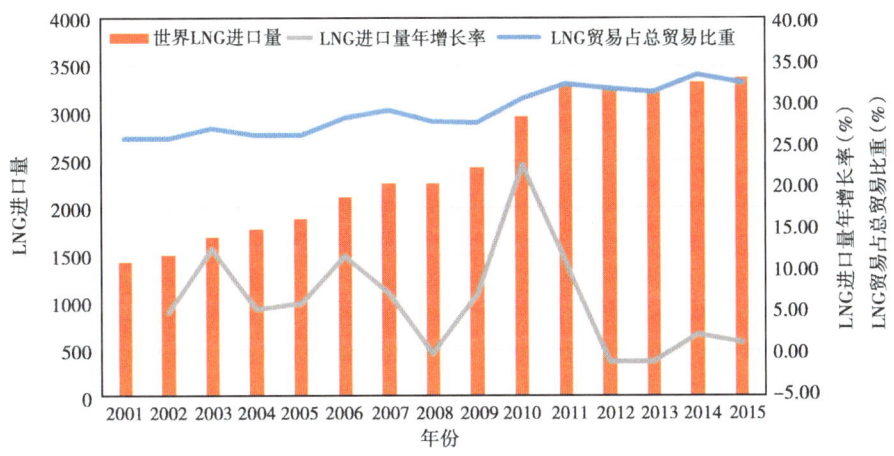

图 2-3 2001—2015 年 LNG 贸易量与增长率

资料来源:2002—2016 年《BP 世界能源统计年鉴》

2. 管道气贸易仍保持主导地位

2001—2015 年,管道气贸易量也不断增加,从 2001 年的 4113.2 亿立方米增加到 2015 年的 7041 亿立方米(图 2-4)。2011—2015 年,管道气贸易量的增长速度逐步放缓。2002—2010 年,管道气贸易量以 5% 左右的速度稳定增长,之后逐步降低。2014 年管道气贸易出现负增长,而 2015 年相比 2014 年实现反弹,增长了 6.06%。近年管道气

图 2-4 2001—2015 年管道气贸易量与增长率

资料来源:2002—2016 年《BP 世界能源统计年鉴》

贸易增速放缓的原因主要是由于暖冬导致天然气管道贸易最大的地区欧洲市场需求减少，管道气贸易量大幅降低。再者，由于全球天然气供需形势向供需宽松转变，LNG现货价格低于长贸协议，对管道气产生一定的冲击。虽然LNG贸易逐步受到全球的普遍接受，但从LNG占总贸易的比重来看，这一比重大多维持在30%以下，管道气贸易量仍是LNG贸易量的2倍，天然气管道贸易仍占主导地位。虽然近年LNG贸易发展迅速，但是管道气贸易作为天然气贸易主体的事实仍未改变，管道气贸易仍然是天然气贸易的主要方式。

三、全球天然气贸易地区差异化特征明显

1. 新兴进口国逐步涌现，贸易格局有所改变

世界天然气贸易主要有三大区域，以美国、加拿大为主的北美地区，以俄罗斯、欧盟为主的原苏联地区和欧洲，以中国、日本和韩国为主的亚太地区。LNG资源主要由中东的卡塔尔，非洲的阿尔及利亚，亚太地区的澳大利亚、印度尼西亚等国家流入日本、韩国、中国等国家。随着中亚—中国的天然气贸易管道建成，中国进口管道气量实现增加。从2010年与2015年天然气贸易的主要流向可以看出，新兴进口国逐步涌现，贸易格局有所改变（图2-5、图2-6）。

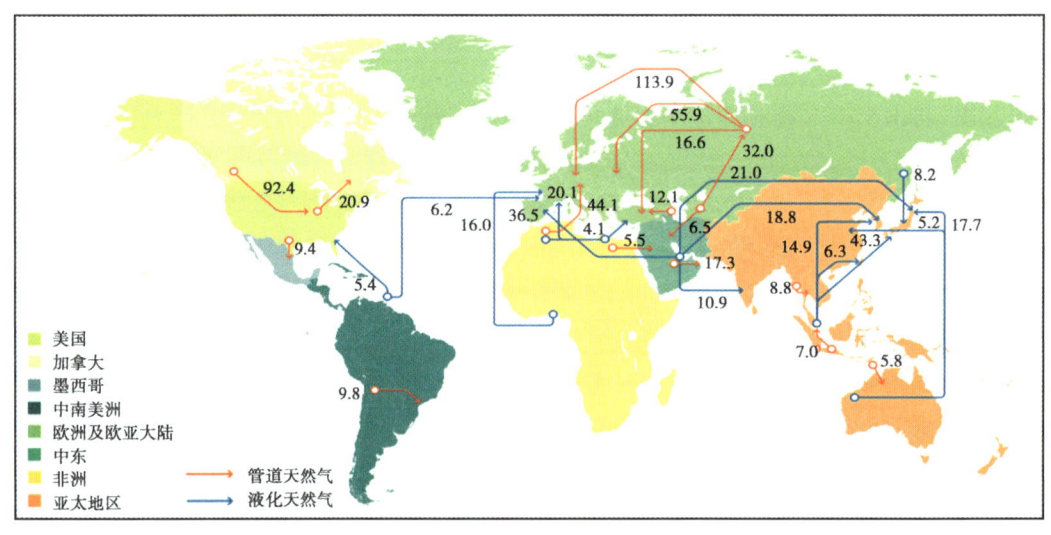

图2-5　2010年天然气贸易流向（单位：10亿立方米）

资料来源：《BP世界能源统计年鉴2011》

2. 管道气贸易集中在各大洲内部

全球管道气贸易量如图2-7所示。北美地区的天然气贸易主要以管道气为主，LNG进口只占较少部分，发展较慢，北美地区的管道气的进出口基本是在区域内进行。2015年北美地区管道气贸易量比2014年小幅增加了72亿立方米，美国和墨西哥的天然气进口量小幅增加，加拿大的天然气进口量小幅减少。与北美地区类似，欧洲贸易量以管道气为主，呈现上涨态势，并主要集中于德国和英国，荷兰、土耳其和西班牙等国家。中东地区LNG

第二章 国外天然气贸易与价格形成机制

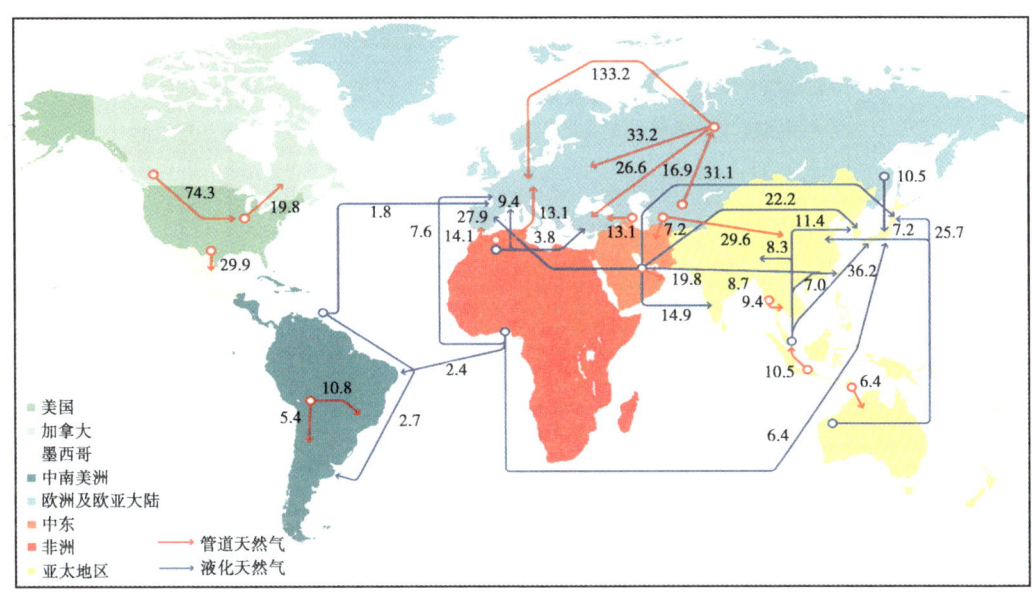

图 2-6 2015 年天然气贸易流向（单位：10 亿立方米）
资料来源：《BP 世界能源统计年鉴 2016》

进口贸易量整体较低，且以管道气进口为主，2009 年之后出现了少量的 LNG 进口，到 2015 年达到了 54 亿立方米。非洲与亚太地区管道气贸易量较少。

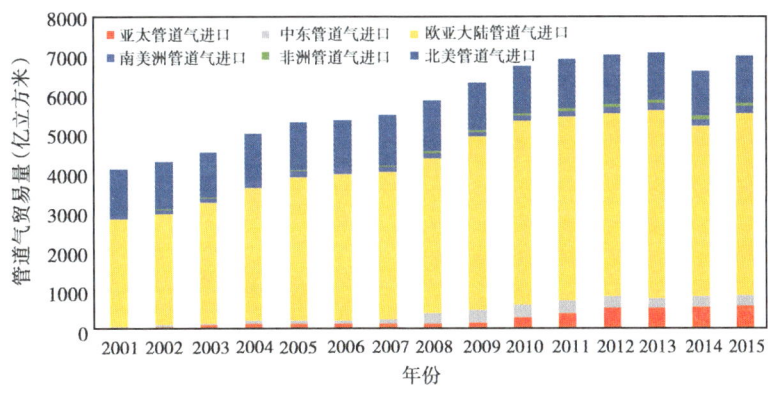

图 2-7 2001—2015 年分地区管道气贸易量
资料来源：2002—2016 年《BP 世界能源统计年鉴》

3. 亚太地区是 LNG 贸易的主力，全球贸易日趋紧密

全球 LNG 贸易量如图 2-8 所示。亚太是天然气进口的主要地区，且以 LNG 进口为主，自 2001 年以来，LNG 进口从 1022 亿立方米增长到了 2015 年的 2386 亿立方米。管道气发展相比 LNG 进口相对较弱，近年来亚太地区管道气贸易量整体有所上涨，但全部集中在中国的中亚、中缅管道进口气。2001—2009 年，南美地区以管道气进口为主，但是在 2010 年之后 LNG 发展迅速，2015 年 LNG 进口量为 200 亿立方米，比管道气进口量多 15

亿立方米,成为主要的进口方式之一。

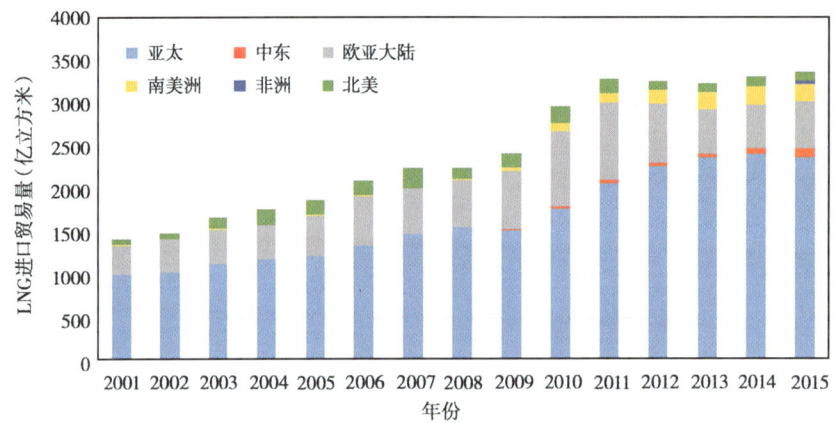

图 2-8　2001—2015 年分地区 LNG 进口贸易量

资料来源:2002—2016 年《BP 世界能源统计年鉴》

亚太地区是 LNG 的最大目的地,其在全球 LNG 需求中的比重仍将超过 70%。LNG 贸易比重的不断增长使全球天然气市场一体化程度渐强。

4. 世界天然气贸易主要流向继续向亚太转移

近年欧洲进口呈下降趋势,而亚洲总进口却持续增长,世界天然气贸易流向继续向亚洲转移(图 2-9)。2010—2015 年,欧洲的总进口量共减少了 384.8 亿立方米,2011 年、2014 年主要为管道气进口量减少,2012 年、2013 年主要为 LNG 进口量减少,2015 年管道气和 LNG 进口都有所回升。2010—2015 年,亚太地区贸易量共增加了 886.8 亿立方米,其间亚洲的管道气、LNG 的进口量连续达到新高;北美洲市场进口管道气贸易、进口 LNG 贸易基本保持平稳下降态势。

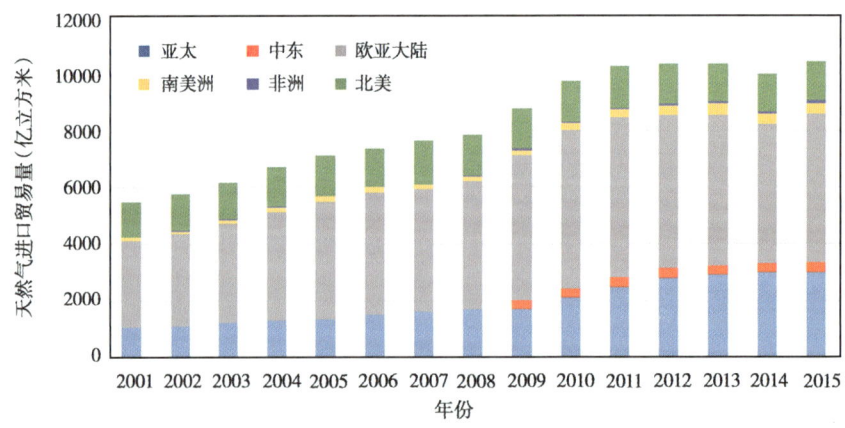

图 2-9　2001—2015 年全球各地区天然气进口贸易量

资料来源:2002—2016 年《BP 世界能源统计年鉴》

随着欧洲经济疲软，该区对天然气需求相对减小，天然气贸易热度逐渐减弱。同时，随着中国天然气市场日益活跃，对于天然气需求加大，导致亚太地区天然气进口量接连提升，市场趋于活跃。但是亚太地区天然气贸易相对于欧洲规模还具有较大差距，2015年亚太地区天然气进口量占欧洲的55.7%，较2014年减少了3.9个百分点，在未来一段时间里，欧洲作为世界主要天然气市场的地位不会改变，亚太地区的市场地位会逐渐加强。

第二节 国际天然气价格形成机制与发展趋势

一、价格机制逐步向竞争性转变

目前世界上的天然气定价方法主要有垄断性定价和竞争性定价两种。世界上大部分国家采用垄断性定价机制，只有美国、英国等少数几个国家采用竞争性定价机制。

1. 垄断性定价方法

垄断性定价又分为成本加成定价法和市场净回值定价法。其中，成本加成定价法是指以天然气各阶段的成本加上一定的合理利润确定天然气价格的方法。成本加成法存在很多缺陷：

第一，由于天然气的勘探开采过程比较复杂，涉及的成本项目较多，无法清楚地进行计算，因此成本的确定存在很大的主观性，不能准确地反映天然气开采的实际成本。而且政府在审核开发商报出的成本时也存在很大的困难。

第二，由于这种方法对生产商的成本进行了弥补，使得生产商认为一切开发成本都可以由价格得到补偿，就不会注重选择成本较低的开发项目，在开发过程中也不注重成本的节约，造成很多不必要的浪费。这都有碍厂商提高生产的积极性，不利于天然气开采设备、方法的创新，甚至使得天然气的最终价格过高而降低其市场竞争力，从而不利于天然气产业的健康发展。

第三，成本加成定价的起点是开发商对成本的确定，然后在各个环节加上成本和一定的利润形成市场上最终的价格，这并不能反映市场的信息，不能和市场的动态联系起来，使得天然气市场脱离了整个能源市场，无法和其他替代能源进行比较，也就无法提高其市场竞争力。

市场净回值法是指根据市场上替代能源的加权价格逐层减掉各个环节的成本，最终倒推得到天然气的井口价格即出厂价的方法。

市场净回值法与成本加成法相比，可以克服上述三个缺陷，更加合理。

市场净回值法确定天然气价格主要有以下几步：首先，根据市场上替代能源的加权价格确定终端市场价格，然后以这个价格减去配气成本得到管道运输价格，最后，由管输价格减去运输成本得到出厂价。当然，天然气价格确定的过程并非如此简单，还要考虑到其他各种相关成本因素。

天然气定价采用垄断性定价，具有一定的优势：垄断性价格有利于提高企业积极性，激励企业投资于天然气的开发和基础设施的建设，促进天然气市场的发展和培育，因此这种定价适用于天然气工业发展的初期。

2. 竞争性定价方法

竞争性定价下的天然气价格由市场供需决定，适用于天然气市场的成熟期，主要应用于英国、美国、加拿大和澳大利亚等国家。目前，天然气市场竞争主要分为两种形式，即气与气的竞争和管道与管道的竞争，实质就是"第三方准入机制"，即工业大用户、发电厂、地方配气公司等第三方，可以直接向生产商购买天然气，并有平等的权利利用管输公司的相关服务运输天然气。管道之间的竞争是指允许同一个区域市场内有两家以上的天然气管输公司运送天然气，他们利用自己的管道争夺地方配气公司以及发电厂、工业用户等大用户；气与气的竞争则是指天然气生产商争夺用户的竞争。

竞争性定价方法的优越性主要表现在三个方面：一是缩短了合同的期限，更加灵活化；二是不但促进了天然气现货市场的发展，更有利于期货市场的完善；三是竞争性的天然气价格能有效地反映市场的情况，有利于资源配置。首先，某些大用户的燃料转换能力较强，短期合同使得这些用户可以在市场变化时迅速转向选择廉价的燃料，以确保自己的利益，而小型公司则可以在用长期合同保证气源的同时，通过附加短期合同来调峰；其次，天然气现货市场增加了天然气的买卖，利于价格信息共享，而期货市场的发展有效地规避了天然气价格波动的风险；最后，竞争性天然气价格能有效地反映市场的供求变化，更好地反映出天然气商品的实际价值，使得资源配置更加有效。

随着天然气竞争性市场的建立，天然气定价方法正由成本加成、市场净回值逐步向竞争性市场定价法演变。

二、价格形成机制分类及其发展

1. 天然气价格形成机制分类

根据国际天然气联盟（International Gas Union，IGU）对国际通行的天然气定价方法进行划分，主要可以分为与油价挂钩、气与气竞争、双向垄断、市场净回值、管制定价和无价格六大类（表2-1）。

表2-1 世界天然气价格形成机制

序号	定价方法	简称	说明
1	与油价挂钩	OPE	采用与油价挂钩的气价长期合同（日本和欧洲大陆，占全球17%）
2	气与气的竞争	GOC	天然气参照商品市场交易价格定价（美国和英国等，占全球44%）
3	双向垄断	BIM	一个国家只存在一个主要的供应商，同时也只存在一个或两个主要的买方（独联体国家、卡塔尔、澳大利亚、新西兰）
4	最终产品净回值定价	NET	卖方天然气销售价格反映买方销售其产品的价格
5	管制价格（服务成本）	RCS	政府根据供气商的成本和合理利润制定气价（中国、法国）
5	管制价格（社会和政治因素）	RSP	政府根据卖方可能的成本、买方愿支付的气价、政府收益需要等因素不定期调整气价
5	管制价格（低于成本）	RBC	政府故意将气价保持在低于成本的水平，以补贴国内用户，同时政府通过财政补贴供气商（独联体和中东国家）
6	无价格	NP	生产是突发的或免费提供给用户

与油价挂钩的油价指数定价法（Oil Price Indexation），是指在天然气价格与反映外部市场环境变化的经济指标（燃料油或原油国际市场价格）之间建立正式联系，当外部市场环境发生变化时，天然气的价格也随之自动进行调整。最初的油价指数定价法比较简单，其公式表现为：

$$P = P_0 \times \frac{\text{WPI}}{\text{WPI}_0}$$

式中　P——天然气现行价格；

　　　P_0——天然气基期价格；

　　　WPI——调整期的油价指数；

　　　WPI_0——基期油价指数。

这种定价方法在20世纪70年代以前使用得比较普遍，但后来随着能源价格的剧烈波动和通货膨胀的不断变化，油价指数定价公式越来越复杂，表现为引入经济指标的复杂化和加入指数权重。目前大概17%的天然气消费采用油价指数定价法。

气与气竞争（Gas-on-gas Competition），是指在竞争性市场中，由于实行"第三方准入"，在天然气生产者和消费者之间建立直接的买卖关系，从而形成开放性的市场，天然气供应之间形成高效率的良性竞争。最早实行气与气竞争定价方式的国家包括美国、加拿大和英国，此后墨西哥、阿根廷、澳大利亚和新西兰、欧盟等国家和地区也先后通过第三方准入开始实行气与气竞争的定价方式。在世界天然气消费总量中，通过气对气竞争定价的天然气比例为44%。

双向垄断（Bilateral Monopoly）定价同样存在于垄断市场中，由于买卖双方同时具有较强的市场垄断能力，因此主要通过谈判的方式确定天然气的市场价格。以上游供气价格为例，买卖双方先确定各自的谈判底价，上游生产商的底价是供气价格不能低于其按成本加成定价法确定的供气价格；管道公司的谈判底价是供气价格不能高于按其售价去除利润倒推的价格。上游供气价格被确定在双方底价之间，最终的价格确定取决于双方的谈判力量。

市场净回值法（Netback from Final Product）是以天然气的市场价值为基础确定终端销售价、门站批发价和上游供气价格的方法。在这种方法下，首先要用等热值法确定天然气的市场价值，即终端销售价；再通过终端销售价的加权平均值减去地方配气公司的平均配气成本得到门站批发价；最终以门站批发价减去长输管道的运输价格，得到天然气的净回值。

管制定价（Regulation，Cost of Service or below Cost）普遍存在于垄断市场中，包括成本加成定价法和低于成本价的定价方法，目前管制定价占世界天然气消费总量的35%左右。成本加成定价法，是指天然气价格由卖方的成本加上合理利润构成。这里的成本包括卖方在天然气生产、运输、储存、配送所需要的全部成本，同时还包括上游生产商、管道运输公司、地方配气公司由于面临特定风险而必需的风险成本。合理利润的确定一般由政府监管进行，避免市场垄断一方获得不合理的超额利润。成本加成定价法比较典型的国家包括中国大陆和印度。同时在某些资源特别丰富的国家，或者是天然气发展的初级阶段，为了鼓励本国天然气产业的发展，政府将管制定价定在成本线以下，从而激发本国消费者利用天然气资源的积极性，代表国家为俄罗斯。

无价格（No Price）是指政府对天然气价格进行完全管制，以免费的方式提供给本国消费者。这种情况目前并不多见。

天然气市场及其适用的定价机制源自于各个国家的政治经济状况、资源状况和市场发育状况等。国内资源状况、进口依赖度、市场发育状况（处于初始增长阶段，还是快速增长阶段或稳定增长阶段）、天然气基础设施状况以及该国的政治体制（单一政府或联邦政府）、经济性质（市场型还是控制型）、人民生活水平及期望值等，都会对天然气价格形成机制产生重要影响。

一般说来，管制定价通常是资源国、发展中的消费国在天然气市场发展初级阶段采用（图2-10）；与油价挂钩方式形成价格主要是天然气进口国以及天然气市场进入快速增长阶段采用；当天然气市场发育成熟、市场化程度较高后，通常采用气与气竞争方式形成天然气价格。

2. 竞争性定价机制下的天然气交易量比重越来越高

2014年，全球天然气消费量为3.39万亿立方米。其中，44%的天然气定价采用气对气竞争方式（图2-11），主要集中在北美、欧洲和原苏联的46个国家；17%采用与油价挂钩方式，主要集中在亚太、欧洲、亚洲的60个国家；35%的天然气直接采用管制价格方式定价，主要集中在原苏联、亚洲和中东地区的55个国家。

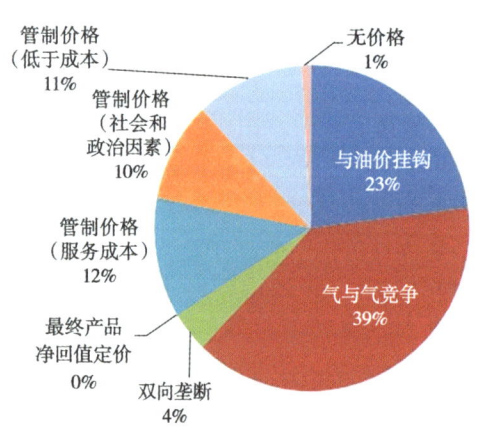

图2-10　2010年世界天然气价格形成机制

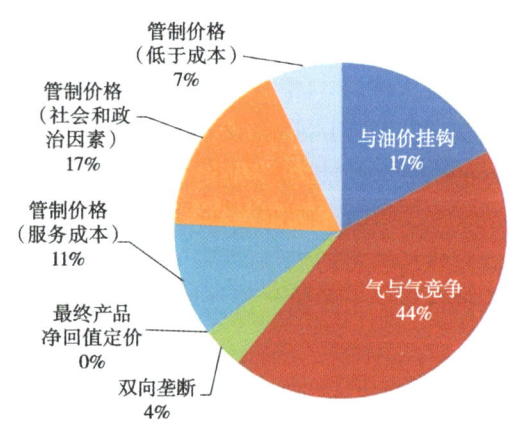

图2-11　2014年世界天然气价格形成机制

资料来源：IGU "Wholesale Gas Price Survey-2015"

从近10年天然气价格形成机制变化情况来（图2-12）看，气与气竞争定价增长最快，从2005年的30%增加到2014年的44%；与油价挂钩定价从2005年的24%下降到2014年的17%；三种管制价格的比例从2005年开始大幅下滑，到2014年只占35%；关键的变化是俄罗斯RBC价格改变贡献了7%。

从欧洲来看，与油价挂钩比例大幅下降，气与气竞争比例将增加较快（图2-13）。从原苏联地区来看，随着俄罗斯天然气价格机制改革，政府管制（低于成本）定价比例大幅下降（图2-14）。亚太地区天然气定价以与油价挂钩为主，保持相对稳定（图2-15）。

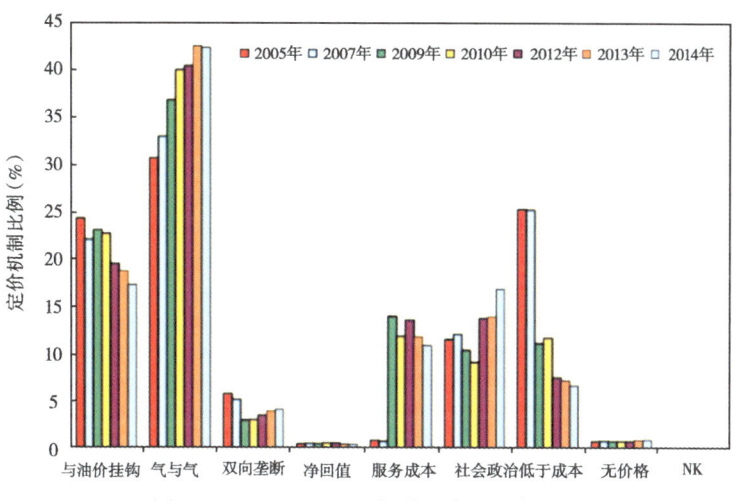

图 2-12　2005—2014 年世界定价机制比例

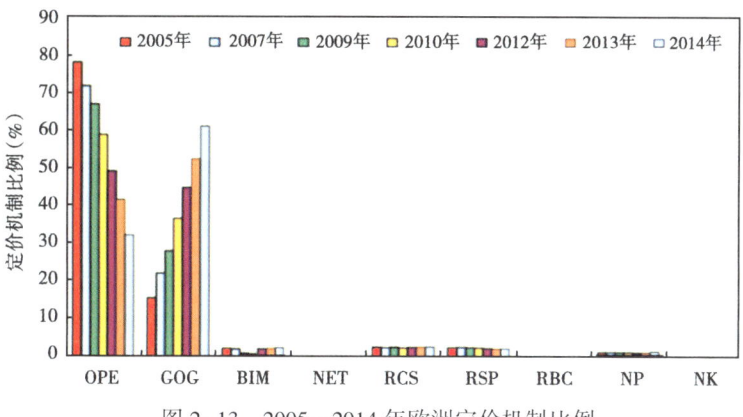

图 2-13　2005—2014 年欧洲定价机制比例

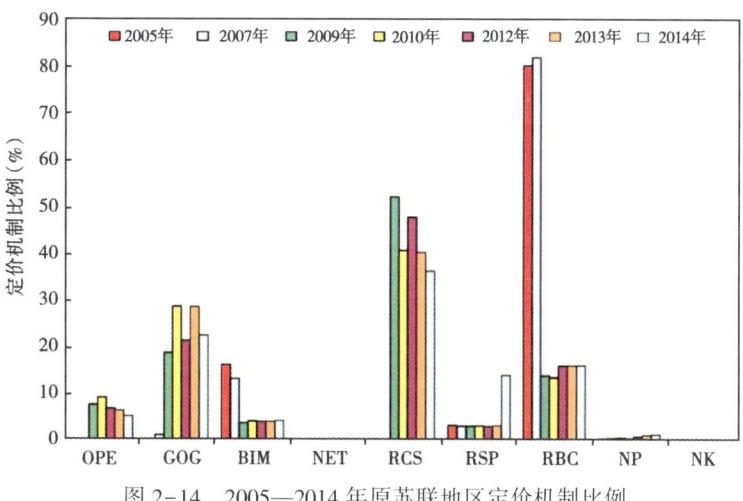

图 2-14　2005—2014 年原苏联地区定价机制比例

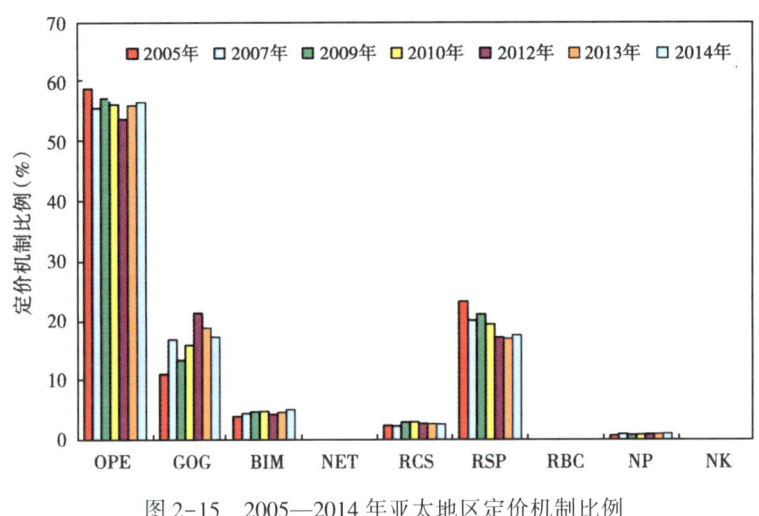

图 2-15 2005—2014 年亚太地区定价机制比例

第三节 世界三大天然气市场价格水平发展趋势

一、世界三大天然气市场价格机制不同，价格水平差异显著

由于天然气管道设施建设相对不足、LNG 运输成本仍较高，长期以来天然气市场一直没有形成像原油一样的世界性市场，而是始终表现出明显的区域性。目前，全球主要有欧洲、北美、亚太三大天然气市场，不同区域市场由于天然气生产成本、需求结构不同，其市场竞争形态有很大区别，价格水平也有较大的差异。

亚太市场与石油挂钩的"长协价"占据显著的主导地位，是因区域内的典型 LNG 进口大国日本通过进口 LNG 替代燃油发电。亚太天然气市场的典型价格日本 CIF 的 LNG 进口价格基本随国际油价联动，其价格水平远高于其他天然气市场价格，"溢价水平"较石油市场价格领域更甚。

与亚太市场形成鲜明对比，北美天然气市场则主要采取竞争性的市场定价，主要价格基准为美国 Henry Hub 价格，其天然气价格不与油价挂钩，基本由市场供需决定，管道气和 LNG 之间的气与气竞争是天然气定价的主要决定因素之一。近年来，随着美国页岩气革命的成功，本土的页岩气资源大量开发，天然气供应量迅速扩大，使北美地区的天然气价格保持低位。目前，美国 Henry Hub 的天然气价格远低于其他天然气市场的价格。

而欧洲市场则混合采取与石油挂钩的"长协价"和枢纽定价两种机制，其中"长协价"一般与燃料油和轻柴油挂钩，枢纽定价以英国 NBP 价格为主。以英国 NBP 价格为代表的欧洲天然气市场价格在三大天然气市场价格水平中居中。

世界三大天然气市场价格差异明显。自 2011 年以来，价格水平最高的日本进口 LNG 价格始终保持在价格水平最低的美国 Henry Hub 价格的 3 倍以上（图 2-16）。

第二章 国外天然气贸易与价格形成机制

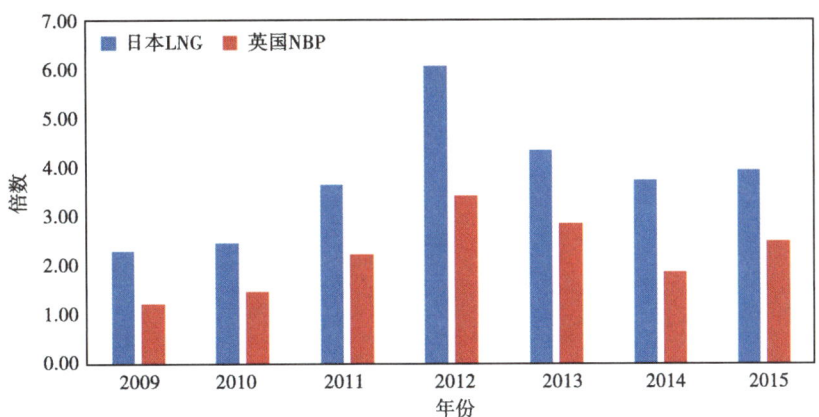

图 2-16 2009—2015 年亚太地区和欧洲天然气价格水平相对于北美的倍数
资料来源：本书课题组根据相关资料整理

二、世界三大天然气市场价格水平走势迥异

如前所述，受制于运输手段和运输成本的限制，天然气至今未能形成全球统一的市场和价格体系，却在长期发展中形成了亚太、北美和欧洲三个比较大的区域性市场和各自的价格体系，这三个市场价格更多地反映本区域市场的能源供需结构和竞争状况。

21 世纪以来，三大天然气市场价格的演变趋势大体可以分为三个阶段（图 2-17、图 2-18）。

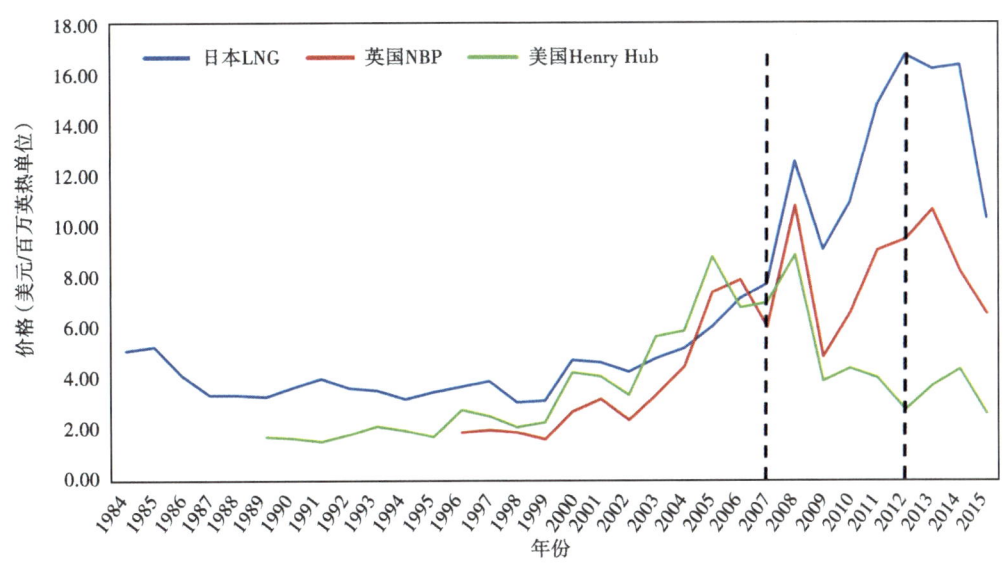

图 2-17 1984—2015 年世界三大天然气市场价格年度数值
资料来源：BP

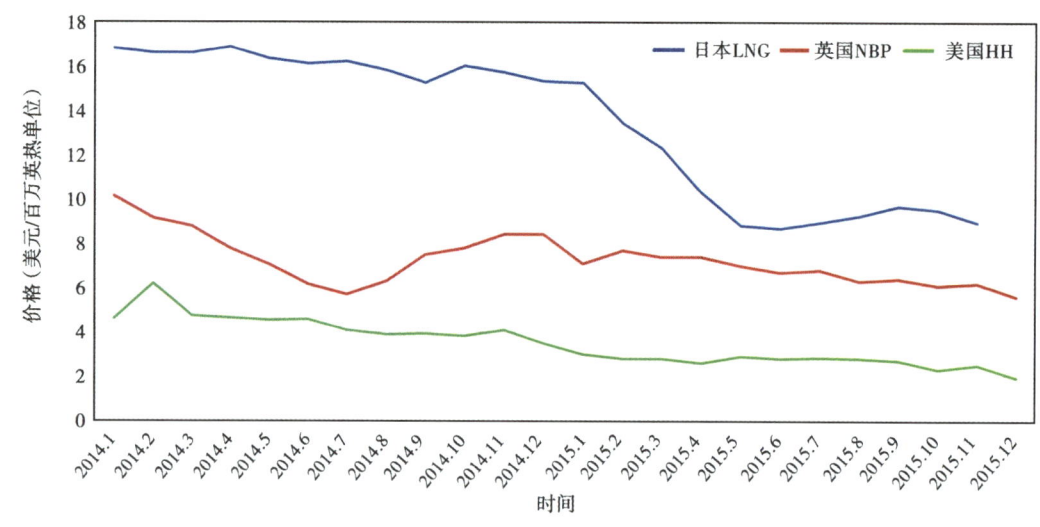

图 2-18 世界三大天然气市场价格月度数值（2014 年 1 月至 2015 年 12 月）

资料来源：BP

第一个阶段是 2000—2008 年。在该阶段，三大天然气市场价格并未形成明显而规律的价格差异，而都在区域天然气需求和贸易增长的驱动，以及主要替代能源和长协价格挂钩能源—原油价格波动中不断上涨的带动下，也在波动中不断上升。并在 2008 年国际油价一度达到 148 美元/桶❶的高位时，天然气价格也达到阶段性的高位。

第二阶段是 2009—2013 年。在该阶段，随着美国页岩气革命的成功，北美地区天然气供应量的大量增加，三大天然气市场价格出现巨大分化，价格走势各异。其中，亚太地区和欧洲天然气市场价格除了在 2009 年经历国际金融危机后的短期大幅下跌之外，后续都随着需求的企稳和国际油价的回升而总体保持稳定上升；而北美则始终保持在 4.4 美元/百万英热单位以下水平的低位，并且在波动中趋势性下行。

第三阶段是 2014—2015 年。在该阶段，三大天然气价格依然保持较大差异，只是由于 2014 年下半年以来国际油价的大幅下跌和保持低位，国际天然气价格也在波动中大幅下跌并保持低位。

长期来看，由于世界各国天然气供需的差异化特征以及天然气流通成本的下降，LNG 贸易和现货的比重将越来越高，三大市场一致性会越来越强。

三、国际油气价格在 2030 年前基本保持相对低位，而油气价格比整体呈下降趋势

由于金融危机后发达国家复苏的乏力和差异化（仅美国实现了复苏），中国经济进入新常态以及新兴国家受累于自身经济结构和国际形势，国际油气市场的需求增长态势持续不振，但供给侧由于北美页岩油气革命的成功以及石油输出国组织（OPEC）保市场份额

---

❶ 1 桶（美石油）= 158.9873 升。

的策略，2014年年中以来国际油气价格持续快速下跌，并且至今始终在低水平波动，基本可以判断国际油气市场已进入供过于求的发展阶段。

短期内展望2016—2017年，世界经济继续温和复苏，发达国家经济形势逐步好转，新兴经济体经济增速放缓，全球原油需求将小幅上升，宏观经济疲软对原油需求的抑制作用逐步显现。OPEC内部冲突难以达成一致意见，即使达成冻产协议，产量也早已保持在了较高的水平上，伊朗解禁后，OPEC原油产量还将进一步增大，俄罗斯拒绝减产，美国预计减产幅度不大，原油供给充足，全球原油供给将呈现供大于求态势。OECD原油商业库存持续高企；美国经济复苏态势良好，美元指数走强，这些因素也都会在短期内对油价形成打压。当然也不排除发生重大突发性地缘政治风险，短时间内改变石油供需态势，促成油价上涨，但可能性较小。

长期来看，在当前全球经济形势下，油价主要受基本面供需影响，若供过于求态势延续，则油价上涨缺乏坚实支撑。本轮的油气价格大幅大跌正值后金融危机时期发达国家的缓慢、差异化复苏和新兴国家的经济调整期，因此需求增长乏力。而供给侧又伴随着投资周期短、灵活性高、抗成本能力强的北美页岩油气革命和OPEC实行保市场份额的策略，因此2030年前国际油气价格会始终保持在较低的水平。但随着2014年以来持续的低油气价格，市场正在刺激需求，并主要是从供应侧消化高成本的过剩产能，未来油气价格会缓慢复苏，踏上修复和达到新的平衡之路。经过这一轮行业的重新洗牌，天然气供应枢纽将在全世界范围内崛起，天然气价格也将逐步与石油脱钩，天然气定价机制将越来越偏重于竞争性定价，但由于亚太地区市场的特殊性，形成全球统一价格不会一蹴而就，不同区域市场的价格仍将保持分化，但是价格轨迹的一致性将越来越强，价差也将会逐步缩小。

综上所述，并结合能源咨询公司FGE的国际油气价格研究成果，本研究认为，2016—2017年国际油气市场供过于求的基本面将持续，并在库存、美元汇率、OPEC策略、伊朗增产等多重因素的影响下，国际油气价格依然会保持震荡下行态势，实现本轮油气价格的探底，Brent价格将在46~49美元/桶之间，NBP天然气价格将在3.9美元/百万英热单位左右。随后，国际油气价格将持续缓慢上涨，到2030年Brent油价约为85美元/桶（图2-19），NBP天然气价格将约为9.5美元/百万英热单位（图2-20）。

近中期油气价格将缓慢爬升，通过较低的价格水平刺激需求，并挤出上游的高成本过剩产能，预计中长期国际油气价格仍将迎来复苏，价格保持在相对较高的水平。

展望未来的油气价格比，主要选取英国和美国两个典型市场的国际油气价格进行比对。通过油气预测价格对比（图2-21），可以发现：英国所代表的欧洲市场油气价格比会先上升后下降，从2015年的1.39持续上升到2019年的2.83，随后持续下降，到2030年为1.54；美国所代表的北美市场则呈波动中下降的趋势，但整体较为平稳，变化幅度不大，2015年为3.21，2030年为3，其间的最高点为3.47，最低点为2.79。

整体上看，仅从资源供应的角度，未来天然气相对于原油的经济性都会比目前更好，虽然北美市场的走势有些不理想，但是北美市场的天然气价格绝对水平要远低于欧洲和东亚，天然气的经济性持续存在。

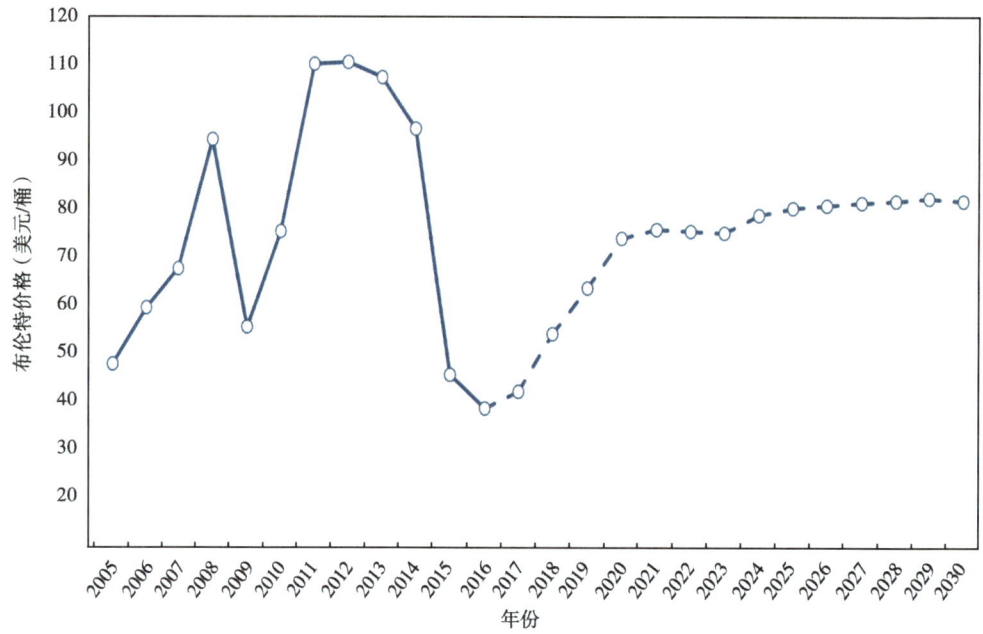

图 2-19　国际油价预测

资料来源：FGE

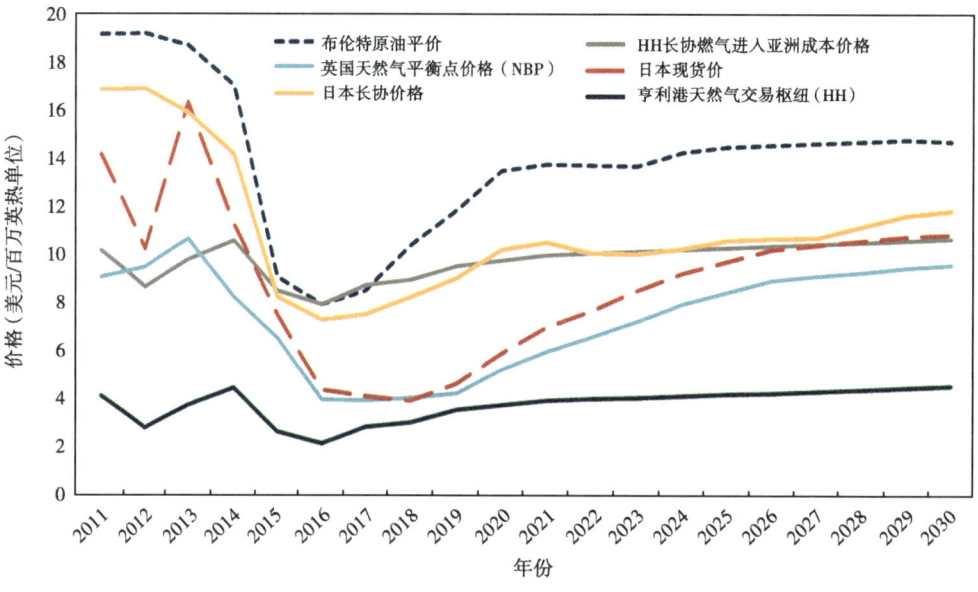

图 2-20　全球天然气价格预测

资料来源：FGE

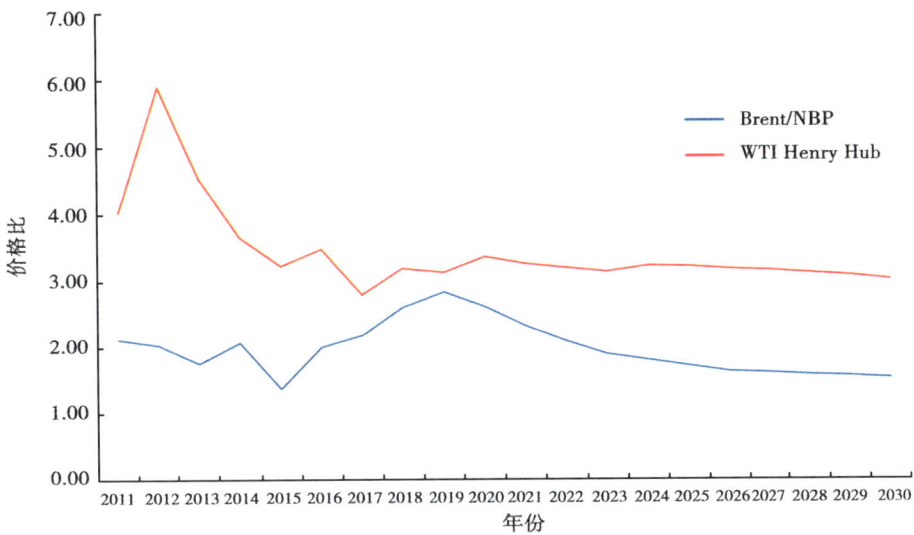

图 2-21　国际油气价格比预测
资料来源：FGE、本书课题组

第三章 国外车用天然气发展现状与经验

石油安全、清洁环保和经济性是推动天然气汽车发展的主要动力。车用天然气是天然气行业的高端消费品。21 世纪以来,天然气汽车发展迅速,主要集中在亚太、拉丁美洲等发展中国家。当前天然气汽车和车用天然气的消费占汽车保有量和天然气消费量的比重都很低。车用天然气基础设施建设仍在完善过程中。低迷的石油价格,使得车用天然气的经济性有所下降,其间政府对车用天然气发展的支持政策至关重要。

第一节 国外车用天然气消费量及保有量情况

一、21 世纪以来天然气汽车发展迅速

根据国际天然气汽车协会(International Association of Natural Gas Vehicles)统计,2001—2012 年,世界各类天然气汽车总量增长了近 10 倍,从 2001 年的 181.2 万辆增长到 2012 年的 1673.3 万辆。图 3-1 显示了世界天然气汽车数量与增长速度,可以看出,2001—2012 年世界天然气汽车发展迅速,年增长率保持在 10% 以上,其中 2002 年、2003 年和 2008 年增长最为迅速,年增长率在 30% 左右。

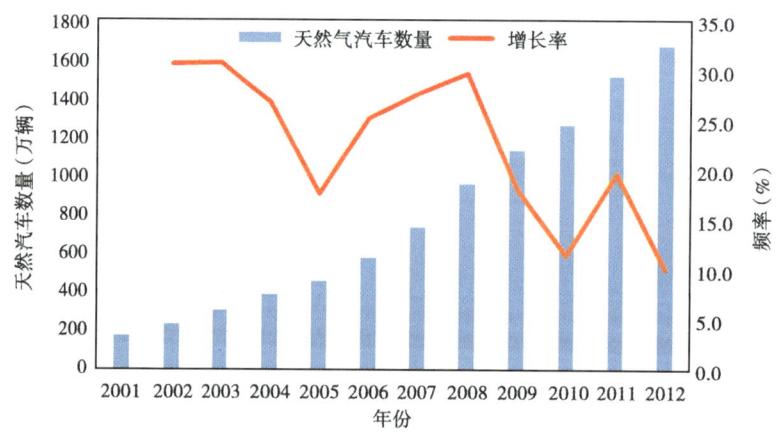

图 3-1　2001—2012 年世界天然气汽车数量及其增长率
资料来源:NGV Global

二、天然气汽车主要集中在亚太、拉丁美洲等发展中国家

从图 3-2 中可以看出,亚太地区和拉丁美洲是天然气汽车的主要地区,其中亚太地区

发展最为迅速,从 2001 年的 29 万辆增长到 2012 年的 988 万辆,2008 年亚太地区天然气汽车保有量超过拉丁美洲,成为世界第一大天然气汽车市场。欧洲天然气汽车数量增长不大,主要来自于意大利(图 3-3),从 2001 年的 38 万辆增长到 2012 年的 69 万辆,原苏联地区天然气汽车数量已经在 2011 年超过欧洲,2012 年达到 105 万辆。北美和非洲的天然气汽车保有量较少,发展也相对较慢。

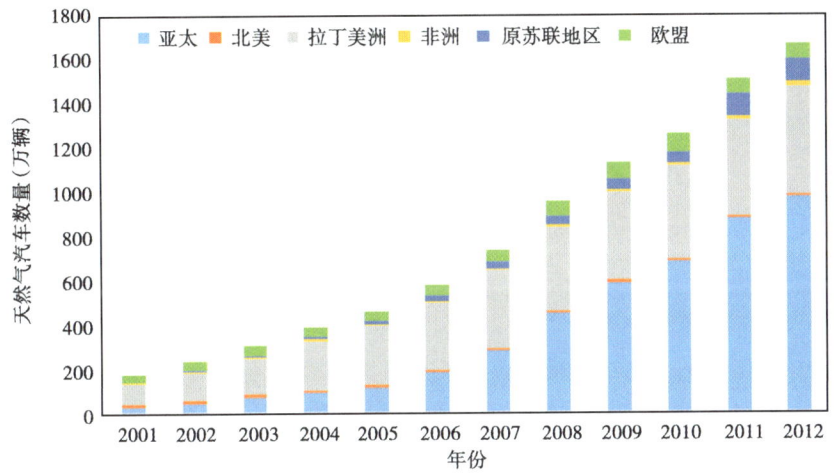

图 3-2　2001—2012 年分地区天然气汽车数量

资料来源:NGV Global

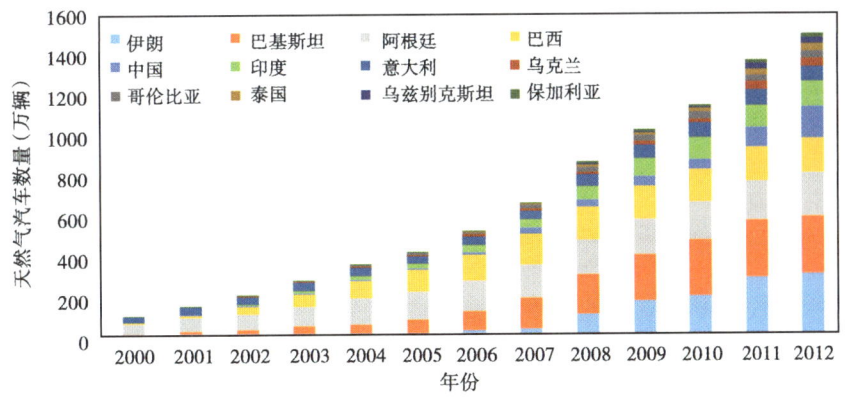

图 3-3　2000—2012 年主要国家天然气汽车数量

资料来源:NGV Global

天然气汽车主要集中在亚太、拉丁美洲的发展中国家。2000—2012 年,伊朗、巴基斯坦、阿根廷、巴西、中国、印度、意大利、乌克兰、哥伦比亚、泰国等国家的天然气汽车数量持续增长,汽车总保有量占到世界天然气汽车总量的 90% 左右(图 3-4)。其中,2012 年伊朗天然气汽车为 300 万辆,占总天然气汽车保有量的 17.9%(图 3-5);巴基斯坦天然气汽车保有量为 290 万辆,占总天然气汽车保有量的 17.3%;意大利天然气汽车也

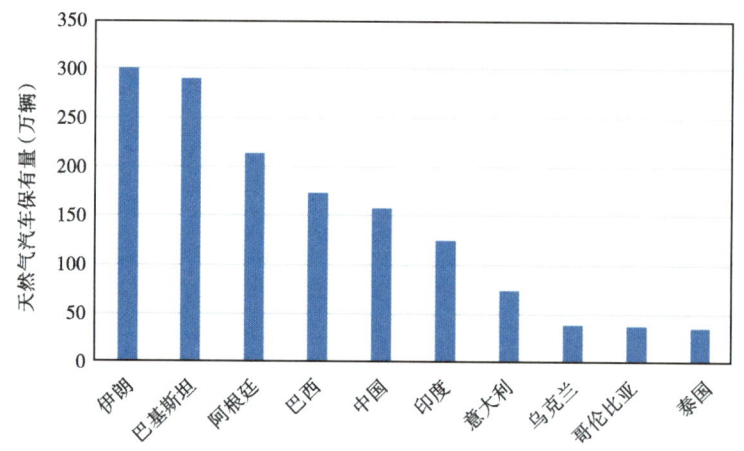

图 3-4 2012 年天然气汽车保有量前十的国家

资料来源：NGV Global

发展迅速，2012 年达到 157.7 万辆，占总天然气汽车保有量的 4.6%。中国天然气汽车发展迅速，截至 2014 年底，中国天然气汽车保有量已达 459.5 万辆，2015 年中国已经成为天然气汽车保有量第一的国家。

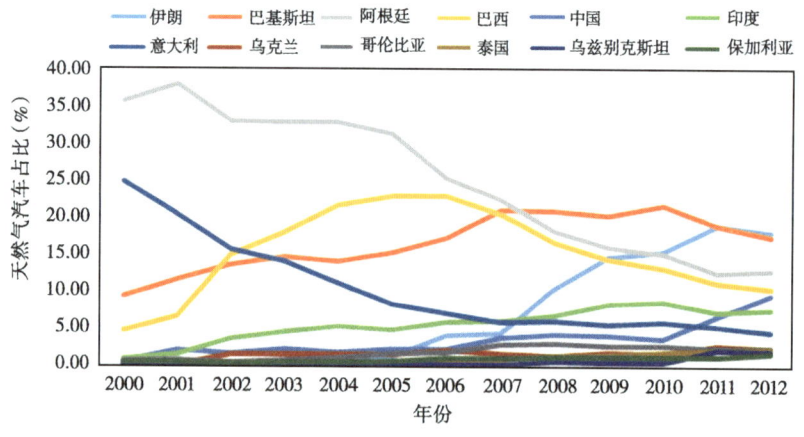

图 3-5 2000—2012 年主要国家天然气汽车占比

资料来源：NGV Global

三、天然气汽车占全部车辆保有量比重较低

以 2012 年为例，世界绝大多数国家天然气汽车保有量占比较低，普遍在 10% 以下（图 3-6）。从世界整体来看，天然气汽车数量占全部汽车保有量的比重平均为 0.97%。只有少数国家的天然气汽车数量占全部汽车保有量的比重超过 10%，亚美尼亚为 77.34%，巴基斯坦为 64.71%，玻利维亚为 37.15%，伊朗为 20.76%，孟加拉国占 18.17%，阿根廷占 17.26%，乌兹别克斯坦占 15%。其他国家的天然气汽车数量占全部汽车保有量的比重

普遍较低,绝大多数国家在 1 个百分点以下。

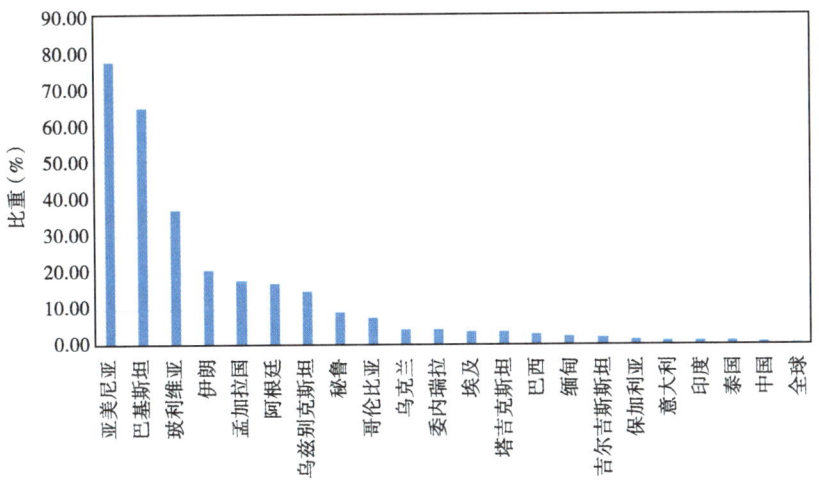

图 3-6　2012 年天然气汽车占全部汽车保有量比重
资料来源:NGV Global

四、世界车用天然气消费占比较少

由于天然气汽车的车型、参数指标、使用情况存在差异,IGU 根据各个地区单辆天然气汽车的平均天然气消费量,估算出各地区的车用天然气消费总量(图 3-7)。单辆天然气汽车的平均天然气消费量按照各地区报告的天然气汽车销售和使用情况计算得出。按照此方法进行测算,2012 年世界车用天然气消费总量大约为 367 亿立方米。亚太地区和拉丁美洲是车用天然气消费量最大的两个地区,2012 年分别达到 215 亿立方米和 79.3 亿立方米,分别占世界车用天然气消费总量的 58% 和 21.6%。近年来,除北美地区外,全球各地区的车用天然气消费量均出现不同程度的增长,北美地区从 2003 年的 9.8 亿立方米下降

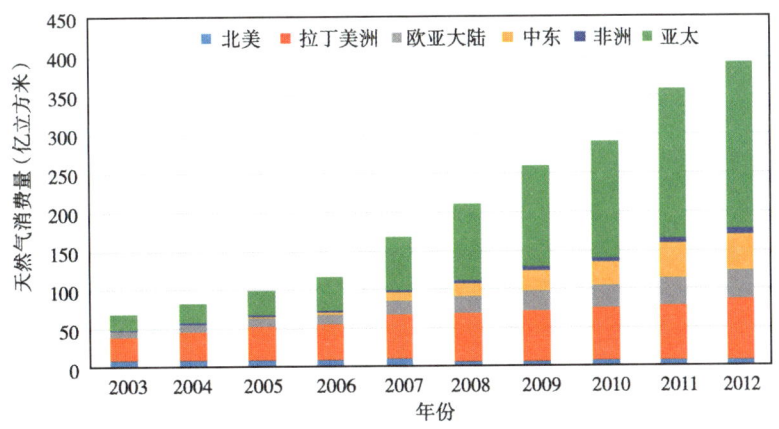

图 3-7　2003—2012 年各地区天然气汽车天然气消费估算值
资料来源:NGV Global、IGU、GVR

到 2012 年的 8 亿立方米。

目前，全球车用天然气消费量占天然气消费总量的比重仍然较低，2012 年约为 1.09%（图 3-8）。其中，拉丁美洲车用天然气的比重最高，也仅为 4.9%；增长最快的是亚太地区，从 2003 年的 0.55% 增长到 2012 年的 3.33%。

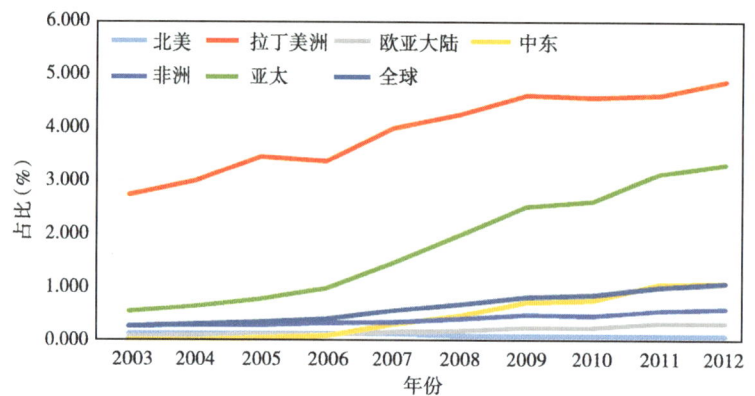

图 3-8　2003—2012 年各地区天然气汽车天然气消费占比
资料来源：NGV Global、IGU、GVR

第二节　国外车用天然气基础设施情况

一、全球车用天然气基础设施不断发展，地区差异明显

从全球范围的天然气加气站建设情况（图 3-9）看，总体保持增长态势，但增速呈下降趋势。截至 2012 年，全球加气站共计 21292 座。2008—2012 年，全球加气站建设平均增速 9.99%，而同期天然气汽车保有量平均增速 14.84%，车辆增速高于加气站建设增速。

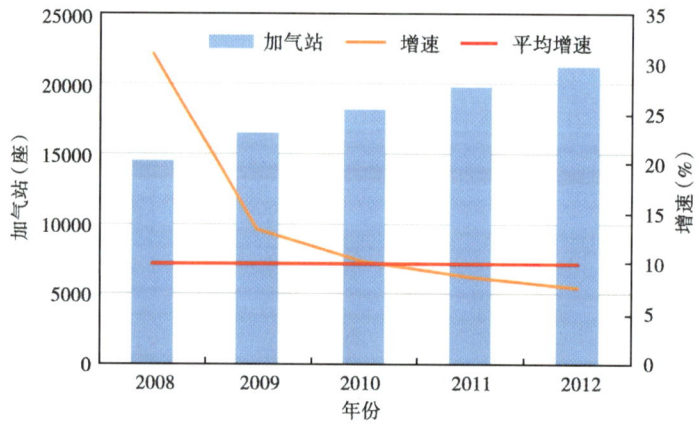

图 3-9　2008—2012 年全球加气站建设及其增速
资料来源：NGV Global

从加气站的服务承载情况看,站均天然气汽车保有量数量从 2008 年的 661 辆/座提高到 2012 年的 786 辆/座。

从全球的加气站地区分布情况(图 3-10)看,亚太地区加气站建设占全球的主要部分,其次为拉丁美洲、欧洲。从占比情况看,2008—2012 年,亚太地区、原苏联地区占比提高,加气站建设速度高于其他地区。

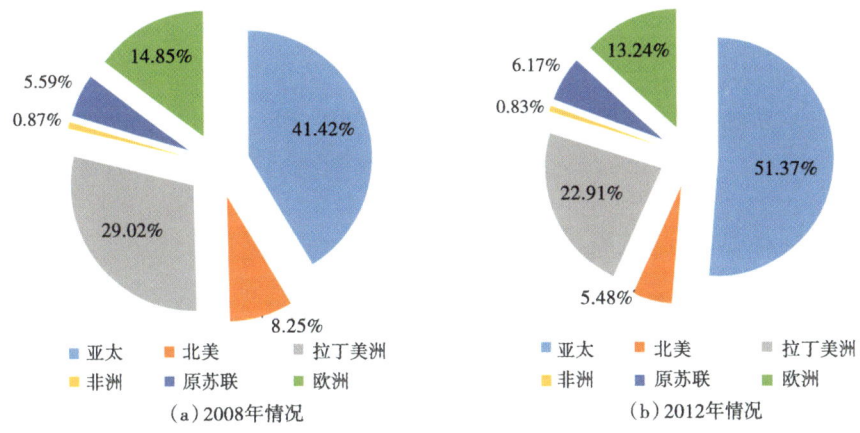

图 3-10 2008 年与 2012 年全球各地区加气站建设比较

资料来源:NGV Global

从加气站的服务承载情况看,2008—2012 年,站均天然气汽车保有量数量由 661 辆/座提高到 786 辆/座。分地区来看,如图 3-11 所示,北美地区、欧洲的加气站站均天然气汽车保有量较少,加气站盈利性面临挑战,其中北美地区 2010 年后稳定在 120 辆/座上下,欧洲该项指标近年呈下降趋势,2011 年后稳定在 250 辆/座上下。相较之下,非洲、拉丁美洲、亚太地区加气站服务压力较大,且站均天然气汽车保有量水平呈上涨态势,需要加快配套加气站的建设速度。原苏联地区在 2010 年后天然气汽车保有量激增,导致其

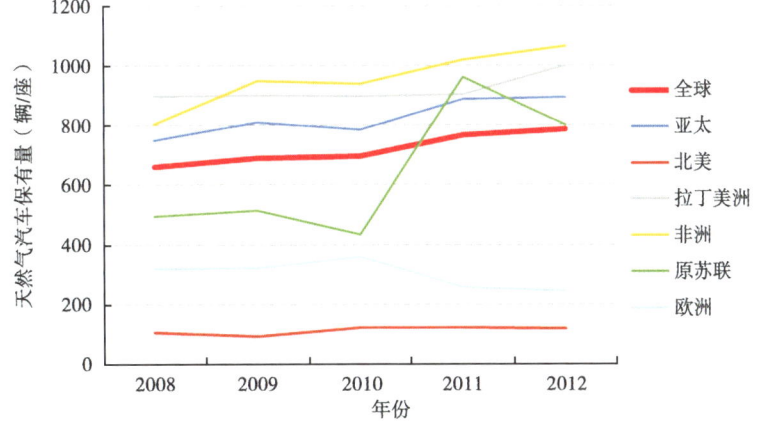

图 3-11 2008—2012 年各地区加气站站均天然气汽车保有量

资料来源:本书课题组根据公开资料整理

加气站服务压力激增。

根据IGU于2009年发布的研究报告,加气站站均天然气汽车保有量为600～1000辆/座的可以保证经济效益的可持续性,低于600辆/座则加气站盈利性较差,而高于1000辆/座则说明加气站严重不足。分地区来看,欧洲、北美地区低于该报告提出的600辆/座的标准,这对该地区加气站的盈利性提出了挑战。从2012年的各国水平看,共计9个国家在该区间,其中巴基斯坦、意大利、泰国、亚美尼亚的天然气车辆规模较大。

二、分地区车用天然气基础设施情况

1. 亚太地区基础设施发展迅速,巴基斯坦、伊朗等国家天然气汽车利用程度世界领先

2008—2012年,亚太地区的加气站建设保持着高于其他地区的增速,平均增速达16.07%(图3-12),增长速度呈下降趋势,加气站数量从6027座提高到10938座,而同期天然气汽车保有量平均增速为21.37%,高于加气站建设速度。从加气站服务承载情况看,站均天然气汽车保有量从2008年的748辆/座逐渐提升到2012年的894辆/座。

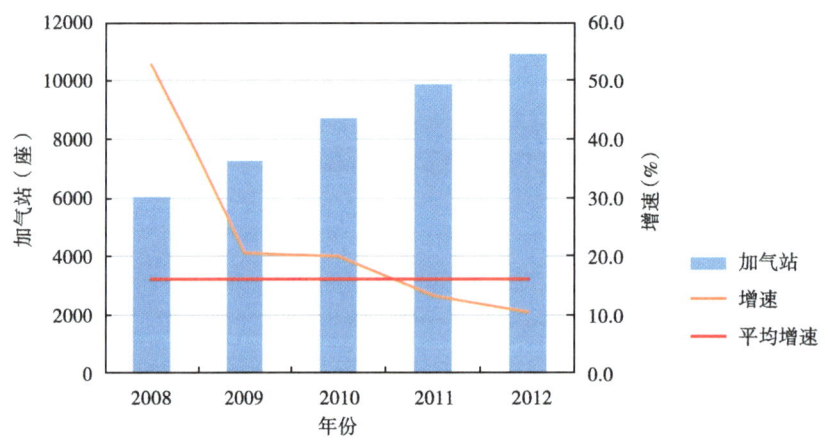

图3-12 2008—2012年亚太地区加气站建设及其增速
资料来源:NGV Global

截至2012年,中国天然气汽车保有量居全球第5名,加气站数量居全球第2名。2008—2012年,中国天然气汽车快速发展,加气站年均增速达29.17%,而同期天然气汽车保有量平均增速达40.91%,2012年站均天然气汽车保有量达到566辆/座(图3-13)。

截至2012年,伊朗天然气汽车保有量居全球首位,加气站数量居全球第3名。2008—2012年,伊朗天然气汽车高速发展,加气站年均增速达40.71%,而同期天然气汽车保有量平均增速达31.61%(图3-14)。加气站建设的高速度有效降低了加气站的服务压力,站均天然气汽车保有量由2008年的2000辆/座降到2012年的1531辆/座,但加气站服务的市场供需矛盾仍然紧张,市场环境也将继续推动该国加气站建设的高速发展。

截至2012年,印度天然气汽车保有量居全球第6名,加气站数量居全球第9名。2008—2012年,印度天然气汽车发展较快,加气站年均增速达11.83%,而同期天然气汽

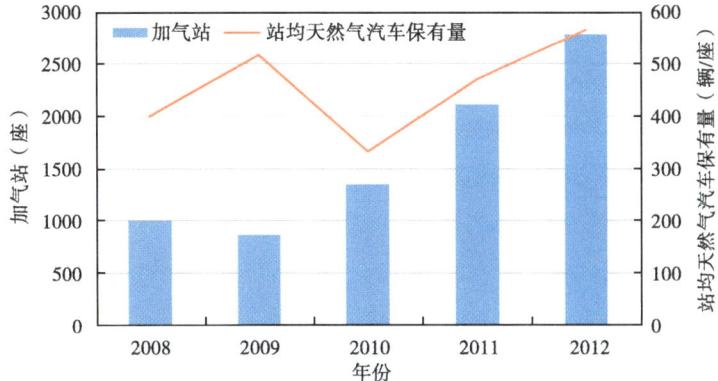

图 3-13　2008—2012 年中国加气站及站均天然气汽车保有量
资料来源：NGV Global

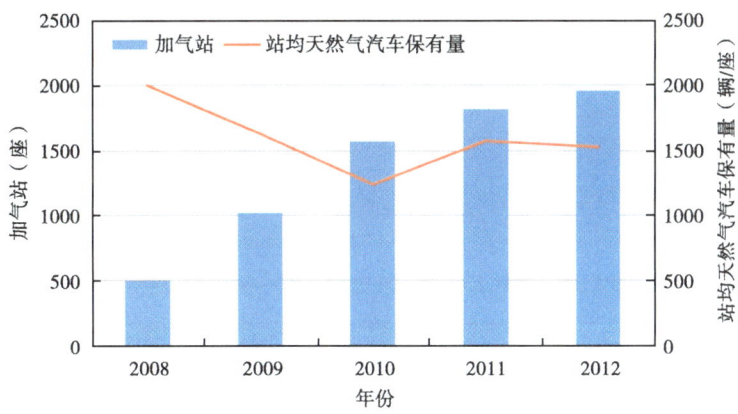

图 3-14　2008—2012 年伊朗加气站及站均天然气汽车保有量
资料来源：NGV Global

车保有量平均增速达 17.76%，2012 年站均天然气汽车保有量达到 1727 辆/座（图 3-15），成为当年站均天然气汽车保有量最高的国家，说明加气站严重不足。

巴基斯坦在天然气汽车利用方面取得了较为瞩目的成绩。截至 2012 年，巴基斯坦天然气汽车保有量居全球第 2 名，且天然气汽车占汽车总保有量的比例较高，仅次于亚美尼亚。加气站数量居全球首位。2008—2012 年，巴基斯坦天然气汽车行业稳步发展，加气站年均增速达 6.38%，而同期天然气汽车保有量平均增速达 9.73%，2012 年站均天然气汽车保有量达到 871 辆/座（图 3-16）。

2. 北美地区天然气汽车发展缓慢，基础设施优势并未凸显

2008—2012 年，北美地区的加气站建设波动性明显，增速低于其他地区，2010 年出现负增长，平均增速为 -0.72%，加气站数量在 1200 座水平波动（图 3-17），而同期天然气汽车保有量平均增速为 2.07%，增速较低。从加气站服务承载情况看，2012 年站均天然气汽车保有量为 120 辆/座，该项指标各年间较为稳定。其中，由于加拿大天

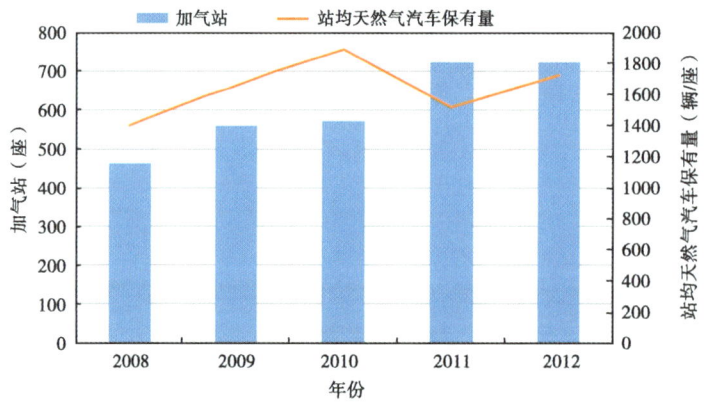

图 3-15　2008—2012 年印度加气站及站均天然气汽车保有量
资料来源：NGV Global

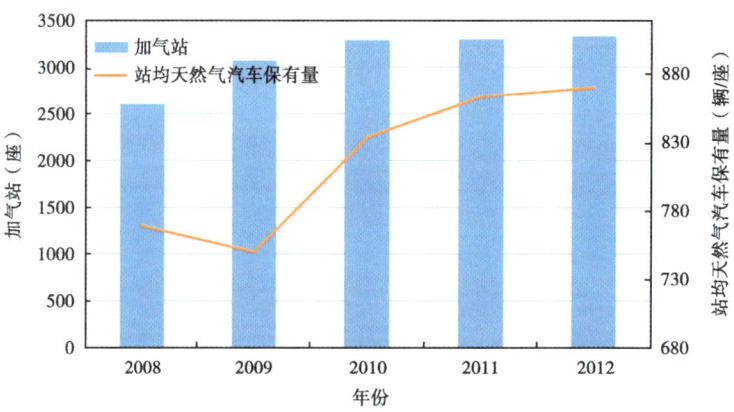

图 3-16　2008—2012 年巴基斯坦加气站及站均天然气汽车保有量
资料来源：NGV Global

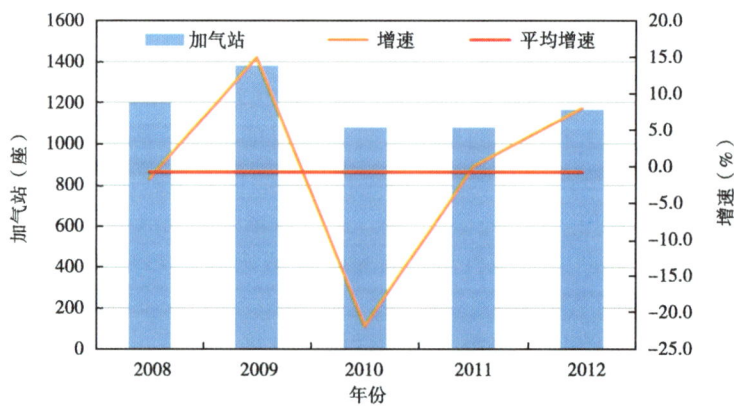

图 3-17　2008—2012 年北美地区加气站建设及其增速
资料来源：NGV Global

然气车辆发展程度相比美国尚处于较低水平,北美地区的车用天然气情况更多反映了美国的现状。

美国的天然气车辆发展相对于其他国家,在基础设施方面具有较强优势。美国的天然气管道建设水平较高,目前已经形成一套高度整合协调的天然气输配网络,该网络基本实现了美国本土48州的完全覆盖(图1-40)。该套输配网络的具体组成如下:

(1) 超过210个天然气管网系统;
(2) 合计约305000英里❶的州际及州内管道;
(3) 管网沿途超过1400个天然气加压站保障输配;
(4) 超过11000个天然气交易点(Delivery Point),超过5000个天然气门站(Receipt Point)以及超过1400个天然气中转站(Interconnection Point)确保天然气传输至全美各地;
(5) 24个天然气枢纽和交易中心提供服务;
(6) 400个天然气地下储气设备;
(7) 多达49个地区可以通过管网开展进出口;
(8) 8个LNG进口终端和100个LNG调峰站。

但从美国的天然气车辆发展情况(图3-18)看,该国相较于其他国家表现并不突出。截至2012年,该国天然气汽车保有量12.77万辆,仅占全部汽车保有量的0.05%,加气站建成1120座,站均天然气汽车保有量仅为114辆/座,加气站未得到充分利用。

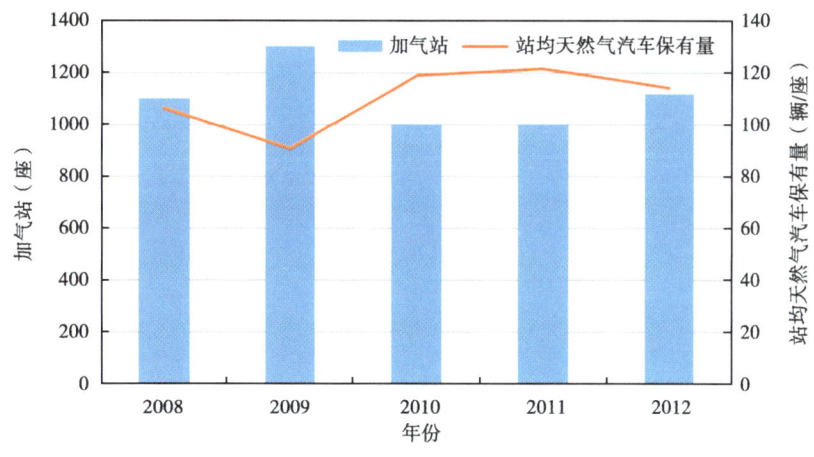

图3-18 2008—2012年美国加气站及站均天然气汽车保有量
资料来源:NGV Global

3. 原苏联地区加气站建设速度较高,亚美尼亚、乌克兰在规模上较为可观

2008—2012年,原苏联地区的加气站建设保持着仅次于亚太地区的高增速,平均增速达12.73%,加气站数量从813座提高到1313座(图3-19);而同期天然气汽车保有量平均增速为27.22%,高于加气站建设速度。从加气站服务承载情况看,由于2011年该地区

---

❶ 1英里=1609.344米。

天然气汽车保有量存在激增，站均天然气汽车保有量从 2010 年的 435 辆/座激增到 960 辆/座，由于 2012 年加气站建设高达 20.46% 的增速，该项指标降为 802 辆/座。

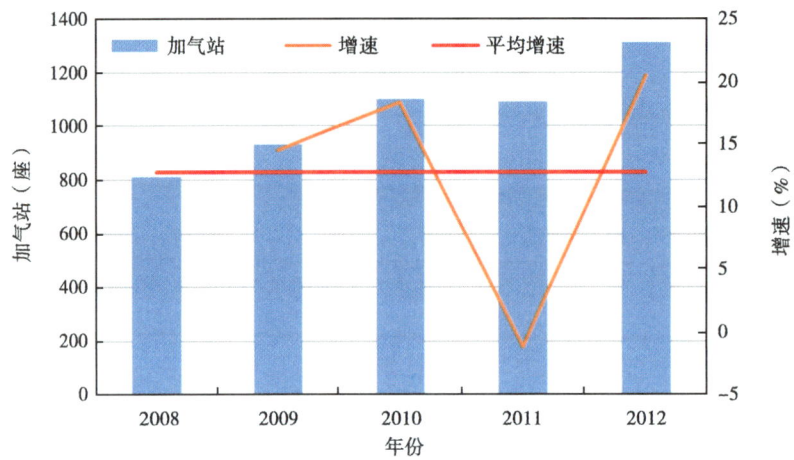

图 3-19　2008—2012 年原苏联地区加气站建设及其增速
资料来源：NGV Global

亚美尼亚的天然气汽车利用情况具有典型性。受体量所限，该国加气站建设总量并不突出，但该国是天然气汽车占汽车总保有量的比例最高的国家。2008—2012 年，亚美尼亚加气站年均增速达 12.68%，而同期天然气汽车保有量平均增速达 24.56%，2012 年站均天然气汽车保有量达到 707 辆/座（图 3-20）。

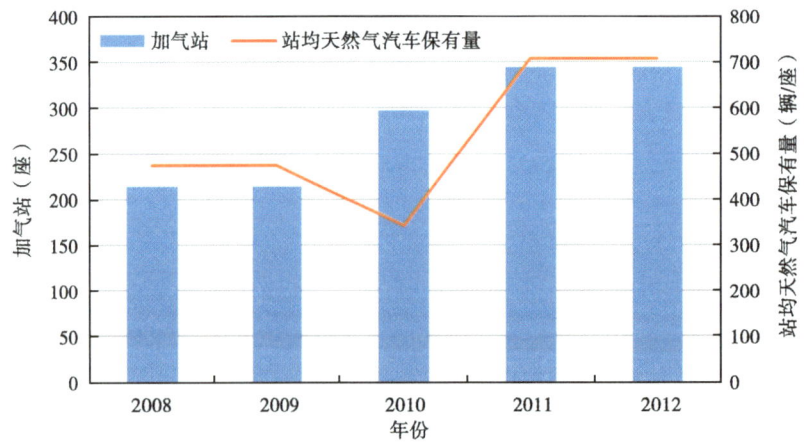

图 3-20　2008—2012 年亚美尼亚加气站及站均天然气汽车保有量
资料来源：NGV Global

4. 欧洲加气站建设速度高于天然气汽车保有量增速

欧洲是世界上天然气管网密度最大的地区，截至 2013 年，已建成长度超过 15.6 万千米的天然气干线管道和长度超过 119.5 万千米的配气管道（图 3-21）。这些管道纵横交错、交叉成网、四通八达。从欧洲各国天然气干线管道的密度来看，法国干线管道总长3.65万千米，与国土面积55.16万平方千米相比，干线管道密度达0.067千米/千米^2；德国天然气干线管道总长3.8万千米，与国土面积35.7万平方千米相比，干线管道密度达0.1064千米/千米^2。高密度的天然气管网为最大范围地满足用户需求创造了基础条件。

欧洲围绕主要的干线管网已经形成了10多个地区中心（也称交会点或平衡点），各国或区域性管网系统既相互独立，又通过多条联络线相互连通。英国、法国和德国等主要国家建立了多个管网控制中心（如英国天然气国家控制中心），预测管道流向流量，平衡用户与各中心之间的气量，进行运力分配，保障了天然气的灵活调度。

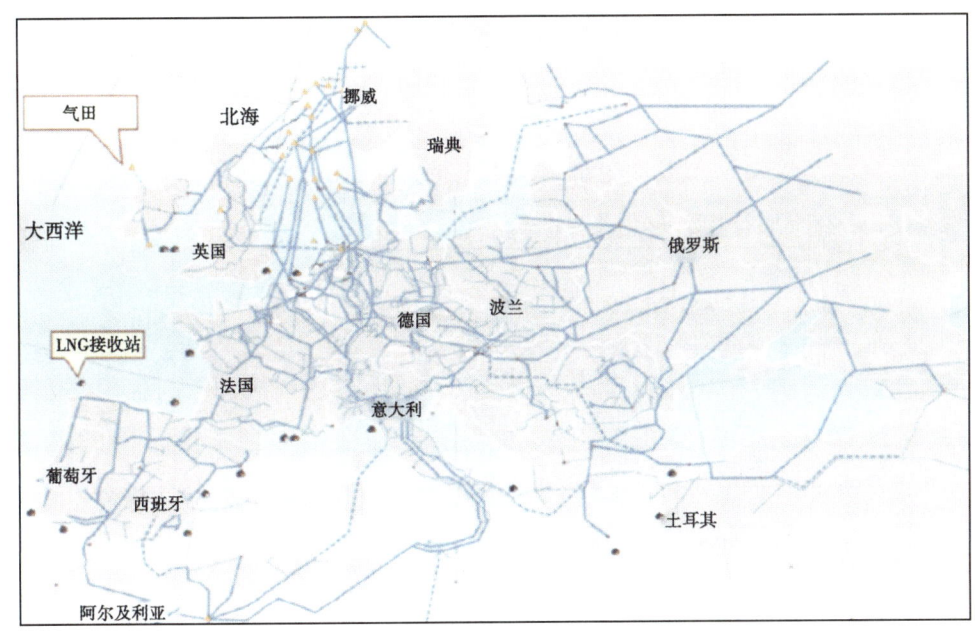

图3-21 欧洲天然气管网分布情况

资料来源：本书课题组根据公开资料收集

此外，截至2013年，欧洲建有各种类型的地下储气库60多个，它们与各类天然气干线、支干线相衔接，保障欧洲天然气的供应安全和管网的平稳运行。完善的天然气基础设施稳步推进欧洲天然气汽车的发展。

但从欧洲天然气汽车的实际发展情况看，欧洲近年天然气汽车发展速度放缓。2008—2012年，欧洲的加气站建设平均增速为6.88%，加气站数量从2160座提高到2819座（图3-22）；而同期天然气汽车保有量平均增速仅为0.04%，是全球各地区中唯一低于加气站建设增速的。从加气站服务承载情况看，随着加气站建设增加，站均天然气汽车保有量呈现下降趋势，2012年达到246辆/座。

截至2012年，意大利天然气汽车保有量居全球第7名，加气站数量居全球第7名，该国是欧洲天然气汽车发展的代表性国家。2008—2012年，意大利加气站年均增速达8.19%，高于同期天然气汽车保有量平均增速6.51%，2012年站均天然气汽车保有量达到778辆/座（图3-23）。

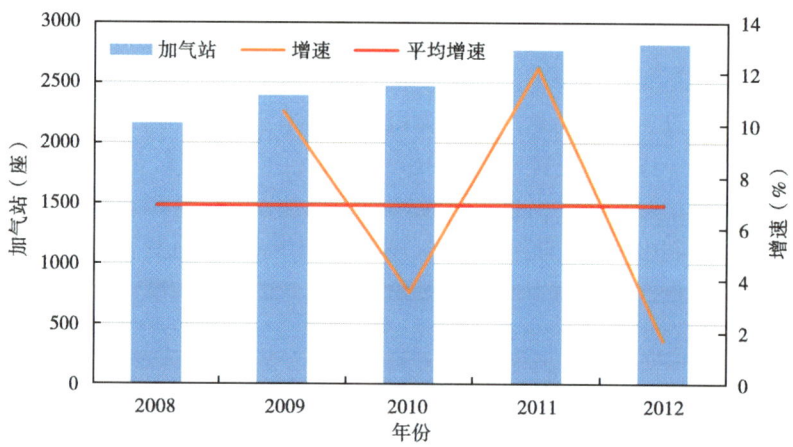

图 3-22　2008—2012 年欧洲加气站建设及其增速
资料来源：NGV Global

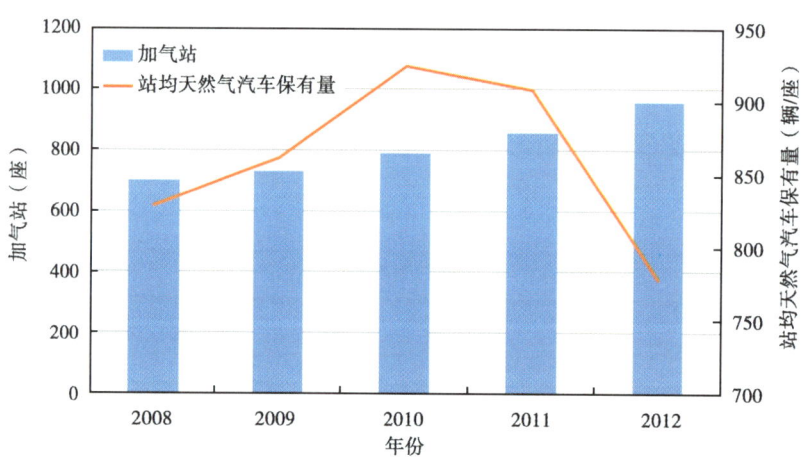

图 3-23　2008—2012 年意大利加气站及站均天然气汽车保有量
资料来源：NGV Global

截至 2012 年，德国加气站数量居全球第 8 名。2008—2012 年，德国加气站年均增速达 3.41%，而同期天然气汽车保有量平均增速为 10.33%。但 2012 年站均天然气汽车保有量仅为 104 辆/座，有限的天然气汽车数量使加气站盈利能力面临挑战（图 3-24）。

5. 拉丁美洲加气站发展趋于稳定，增速下降

2008—2012 年，拉丁美洲的加气站建设增速较低，平均增速为 3.68%，增长速度呈下降趋势，加气站数量从 4223 座提高到 4879 座，而同期天然气汽车保有量平均增速为 6.54%，高于加气站建设速度。从加气站服务承载情况看，站均天然气汽车保有量从 2008 年的 897 辆/座逐渐提升到 2012 年的 1000 辆/座（图 3-25）。

截至 2012 年，阿根廷天然气汽车保有量居全球第 3 名，加气站建设数量居全球第 4 名。但该国近年来天然气汽车行业发展趋于稳定。2008—2012 年，阿根廷加气站年均增速

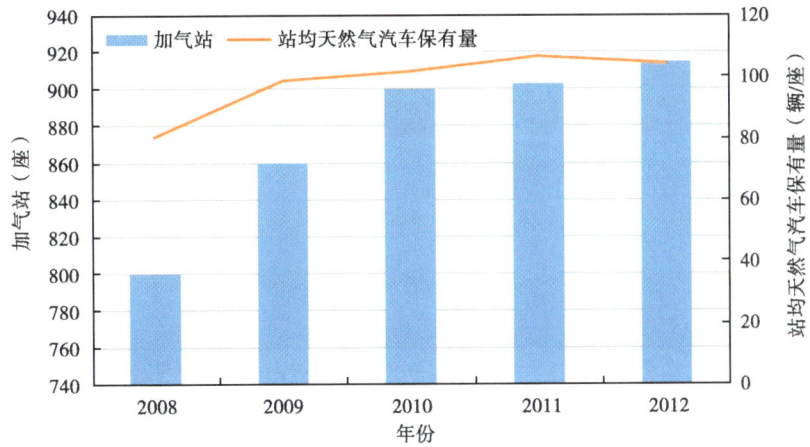

图 3-24　2008—2012 年德国加气站及站均天然气汽车保有量
资料来源：NGV Global

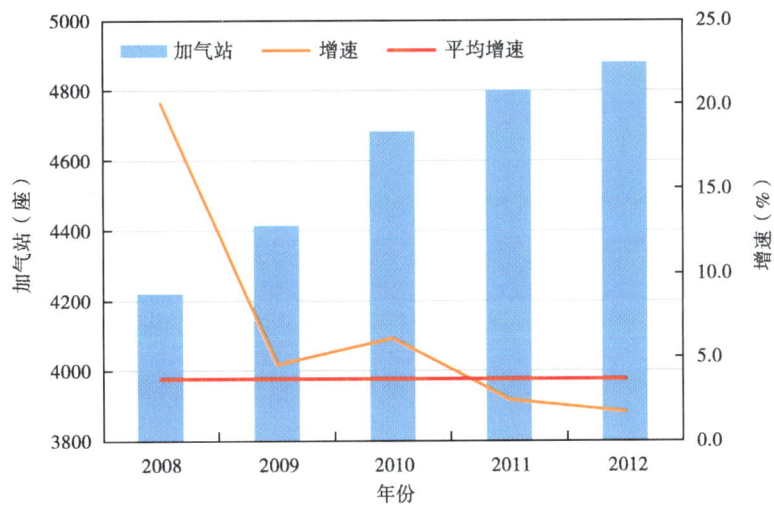

图 3-25　2008—2012 年拉丁美洲加气站建设及其增速
资料来源：NGV Global

为 1.37%，同期天然气汽车保有量平均增速为 5.22%，2012 年站均天然气汽车保有量达到 1125 辆/座（图 3-26）。

截至 2012 年，巴西天然气汽车保有量居全球第 4 名，加气站数量居全球第 5 名。该国近年来天然气汽车行业发展同样趋于稳定。2008—2012 年，巴西加气站年均增速为 0.19%，同期天然气汽车保有量平均增速为 2.30%，2012 年站均天然气汽车保有量达到 1023 辆/座（图 3-27）。

6. 非洲基础设施建设水平较低

2008—2012 年，非洲的加气站建设水平较低，加气站数量从 126 座提高到 176 座，平均增速为 8.71%（图 3-28），同期天然气汽车保有量平均增速为 16.55%。从加气站

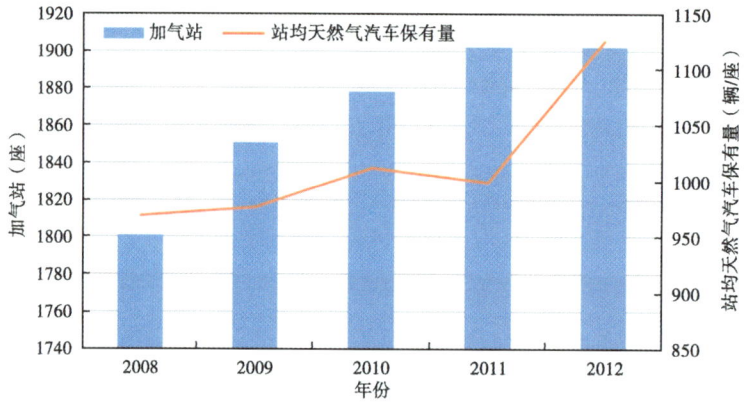

图 3-26 2008—2012 年阿根廷加气站及站均天然气汽车保有量
资料来源：NGV Global

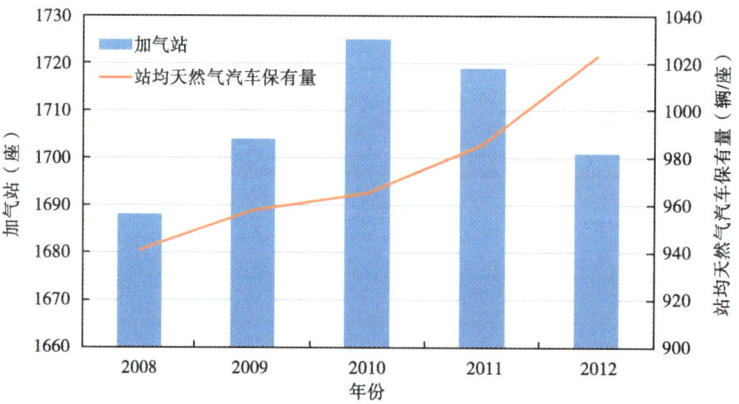

图 3-27 2008—2012 年巴西加气站及站均天然气汽车保有量
资料来源：NGV Global

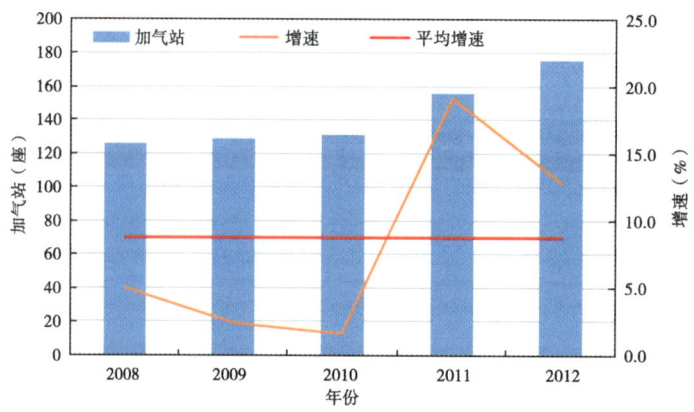

图 3-28 2008—2012 年非洲加气站建设及其增速
资料来源：NGV Global

服务承载情况看，站均天然气汽车保有量从 2008 年的 804 辆/座逐渐提升到 2012 年的 1062 辆/座。

第三节　国外支持车用天然气发展的政策及经验

从天然气汽车发展历史来看，石油安全、清洁环保和经济性都曾是推动天然气汽车发展的主要驱动力。1973 年石油危机之后，一些国家担忧石油供应安全，开始重视天然气汽车的发展，20 世纪 80 年代，汽车尾气排放污染所带来的城市空气质量问题，引起欧美国家的日益关切，由于天然气是清洁低碳的能源，污染物和碳排放一般比汽柴油少，以意大利为代表的欧美国家开始大力推广应用天然气汽车。但 20 世纪 90 年代以来，随着欧美国家油品质量升级和尾气控制技术的不断进步，汽柴油车污染物排放已经大大减少，加之天然气的能量密度较低，驾驶体验和加气便利程度不佳，欧美国家天然气汽车发展步伐放缓。2000—2013 年，随着国际油价开始大幅上涨，在经济性的驱使下，天然气汽车在一些天然气资源相对丰富的发展中国家得到快速的增长。2014 年以来，国际油价的大幅下跌并处于低位对发展中国家的天然气汽车发展带来较大影响。但 2009 年以来，北美页岩气革命的成功使该地区天然气价格长期处于低位，其一致性逐渐与油价脱钩，给北美地区天然气汽车的发展带来推动作用。

如前所述，虽然 21 世纪以来，世界天然气汽车发展较快，但是其占世界汽车保有量的份额和耗气量占天然气消费量的比重都是微不足道的，而且在世界各地的发展也极不均衡。欧美发达国家发展水平低，速度慢；亚太和南美地区发展水平较高，速度快。因此，本节的国际政策梳理主要集中在欧洲、北美等经济发达国家以及亚太、南美等天然气汽车发展较快的国家。

一、北美

北美天然气汽车市场发展一波三折。其早在 20 世纪 70 年代的美国形成，当时的主要是目的是应对石油危机背景下的能源安全问题。90 年代，在环保目标的导向下，天然气汽车产业进入快速发展期，但进入 21 世纪后，受制于经济和政策性因素的影响，天然气汽车产业发展速度降低，绝对规模甚至出现下降，直到 2005 年之后，在页岩气革命以及鼓励政策的带动下才有所复苏，但未来发展前景依然不太明朗。

1. 美国

1990 年，美国政府颁布《清洁空气修正法案》（CAAA），促进美国各州开始实行鼓励使用和发展天然气汽车，政策效果立竿见影，产业发展立即进入快车道。1992 年，美国政府颁布《能源政策法》（EPAct），天然气汽车和基础设施发展更为迅速。1992 年之后，美国先后和 30 多个州制定了强制与鼓励使用天然气汽车的法规。鼓励政策形式多样，包括：对购买天然气汽车提供优惠；对每年制造和销售的天然气汽车数量有目标要求；对政府、公交、运输车队有较高的天然气汽车比例要求；对车用天然气价格实行优惠政策[4]。

但在 20 世纪末和 21 世纪初，美国天然气汽车市场的发展遇到了许多问题，影响了发展速度，包括：一是油气价差变小，不足以刺激天然气汽车的实质性需求；二是天然气汽车在性能方面不能与汽柴油汽车媲美;三是政策没有得到贯彻实施;四是加气站网络不健全,无法与庞大的加油站竞争;五是天然气汽车制造商面临经济压力;六是越来越多的政治家和汽车制造商支持玉米制乙醇燃料;七是政府担心美国的天然气资源不足以满足民用、商用、工业和发电领域的市场需求,对天然气汽车的发展前景感到担忧。

2005年以后,美国天然气汽车产业有所复苏。主要原因:一是2005年后期,政府出台大规模的刺激措施,例如,鼓励购买天然气汽车,建造天然气汽车加气站等;二是汽柴油价格上升,天然气价格优势得以体现;三是美国页岩气生产取得突破,为美国天然气消费者增强了信心;四是其他替代燃料技术发展缓慢。近年来,美国对天然气汽车产业的鼓励措施见表3-1。

表3-1 美国联邦对天然气汽车的支持政策

领域	法案	主要政策
燃料	《安全、负责、高效的运输权益法:为用户提供保障》	机动车替代燃料的消费税抵免,对于供汽车的天然气燃料来说,1加仑[①]汽油燃料抵免0.5美元的消费税
燃料	《紧急经济稳定法案》/《能源改善及推广法案(2008)》	将消费税抵免政策有效期延长
汽车	《能源政策法案》	对替代燃料的车辆,如果达到EPA的排放标准,给予50%的车辆税抵免;如果达到更高的排放标准,则给予80%的车辆税抵免。单车抵免金额在2500~32000美元之间,取决于车辆型号
基础设施	《能源政策法案》	30%的加气站设备成本可以享受所得税抵免,对于大型加气站可达30000美元,对于家庭加气站可达1000美元
基础设施	《美国复苏与再投资法案(2009)》	为购买储存和分配替代燃料的设备提供优惠,对商业加气站的标准是50000美元或是50%的成本,对家庭型加气站是2000美元或是50%的成本

① 1加仑(英) = 4.546092升,1加仑(美) = 3.785412升。

资料来源:Marbec "Study of Opportunities for Natural Gas in the Transportation Sector",2010年。

但目前,这些主要的扶持政策要么已经过期,要么即将要过期,业界正在竭尽全力推动政策的展期。同时,联邦层面还有一些项目制的支持计划,如美国能源部的清洁城市项目以及国家可再生能源实验室的天然气发动机和汽车发展项目。另外,除了联邦方面的支持法案和政策外,还有个别州有属地化的扶持天然气汽车的政策(以犹他州和加利福尼亚州最为典型)。

2. 加拿大

加拿大的天然气汽车产业发展轨迹与美国极为相似,并且背后的原因也基本相同。在联邦和地区层面强有力的研究计划、示范项目以及天然气汽车部署项目的支持项目陆续于20世纪90年代末退出后,加拿大目前已经没有太多对天然气汽车产业的扶持政策。

目前,推动加拿大天然气汽车产业发展的较实质性的动力:一是北美页岩气革命所带来的天然气价格相对石油的优势；二是加拿大联邦政府对天然气作为交通燃料免征消费税❶；三是低碳环保要求。虽然天然气价格优势以及免征消费税政策给车用天然气相对汽、柴油极大的价格优势，但是北美地区乙醇燃料、电动汽车的发展速度远远快于天然气汽车，替代燃料汽车领域竞争激励，未来发展潜力仍不清晰。

二、欧盟

欧盟作为一个超越主权国家的世界区域政治经济一体化组织，其推动天然气汽车产业发展的初衷是降低石油依存度，减少石油外汇支出，同时解决交通领域的碳排放和交通可达性问题。因此，欧盟国家的天然气汽车产业政策框架包括欧盟整体、行业机构以及主权国家三个层面。

1. 欧盟整体

欧盟层面涉及能源安全、交通以及应对气候变化三个方面综合性的指令和政策非常庞杂，本研究仅列举其中对天然气汽车产业具有直接影响的部分。具体的指令和政策见表3-2。

表3-2 欧盟对天然气汽车的支持政策

指令和政策名称	具体内容
《单一运输区域路线图——走向竞争和资源节约型的运输系统（2011）》	建议到2030年，城市交通的传统能源车辆减半或是完全取消
《燃油质量指令（2009）》	提出了欧VI排放标准，旨在减少氮氧化物和固体颗粒物，同时要求生物燃料的比重以及燃料无硫化
《可再生能源指南（2009）》	
《二氧化碳排放法法规指令》（〔2009〕443号）	要求截至2015年，新乘用车和货车的碳排放标准必须达到130克CO_2/千米
《欧洲替代燃料战略（2013）》	皆属于交通清洁能源计划，服务于欧盟交通领域碳减排40%的目标
《替代燃料基础设施部署指令（2013）》	
《第七研究框架计划》	旨在使目前能源系统成为更可持续而提供的技术研发支持
《欧盟清洁能源和节能汽车战略》	旨在推动服务于绿色经济系统中的交通领域去碳化的汽车相关制造业
《欧盟运输创新和新技术网络》	为欧洲建立核心交通网络和交通项目提供资金和技术支持
〔2009〕法规指令33	要求机构用户在购买车辆时要考虑全生命周期的能源成本和碳排放影响
《2050欧盟运输温室气体排放路线图》	旨在将低碳交通措施重点化
《燃油税》	成员国可以在2023年前申请天然气汽车燃料免消费税

资料来源：牛津能源研究所"The Prospects for Natural Gas as a Transport Fuel in Europe"，30-31页。

---

❶ 参见：Natural Gas Use in Transportation Roundtable, "Natural Gas Use in the Canadian Transportation Sector-Deployment Roadmap" 第8页，2010年。

2. 行业机构

NGVA Europe 是推动欧洲天然气汽车产业发展的主要行业机构，会员覆盖汽车制造商、燃气供应商、天然气汽车服务商等全产业链。NGVA Europe 积极密切与欧盟合作，在统计、咨询、技术和发展项目上提供支持。

其中，LNG 蓝色通道项目（the LNG Blue Corridors Project）就是其中的典范（图 3-29）。该项目旨在为天然气汽车和基础设施利益相关者提供专业知识，同时开展示范项目和技术研发，并推动该产业的标准制定和基础设施建设。

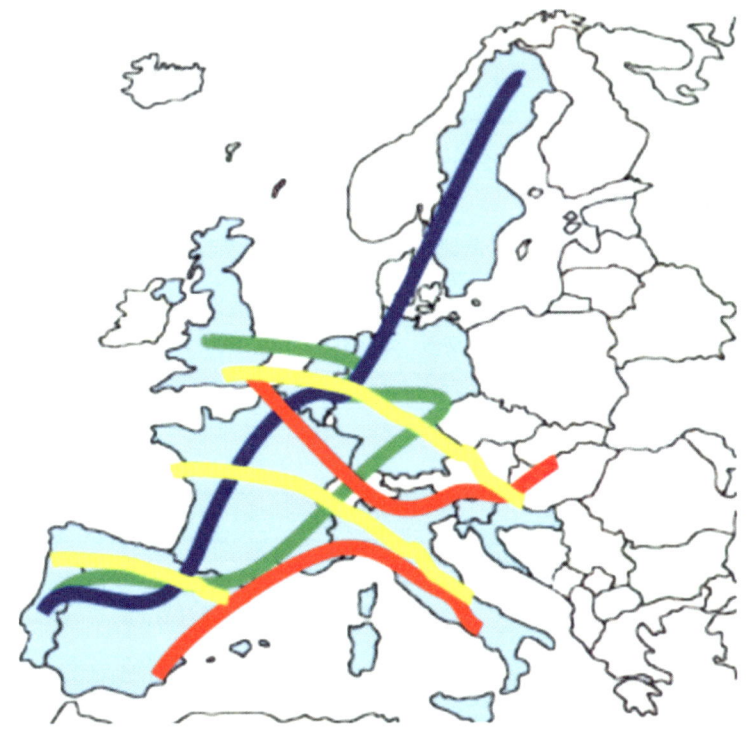

图 3-29 2016—2017 年计划推动的四条 LNG 蓝色通道

资料来源：LNG Blue Corridors Project

3. 主权国家

1）意大利

由于意大利具有较为发达的天然气供应网络，加上天然气与石油相比具有价格优势，天然气汽车设备制造和销售厂商在车辆和压缩机供应方面给予长期支持，以及政府在不同阶段提供政策支持等（表 3-3），多种因素促使意大利天然气汽车市场持续发展。目前，意大利是欧盟天然气汽车发展规模最大的国家。

2）德国

德国能源署在 2010 年设立了"以天然气为基础的流动性方案（Initiative for Natural-Gas-Based Mobility）"，旨在清除市场约束，至 2020 年大幅提高天然气汽车的市场份额。德国能源署预计天然气汽车将从 2011 年的 9.4 万辆和 0.47% 的市场份额增长到 2020 年的

140万辆和4%的市场份额。此外，生物质气也将发挥巨大作用，将要求其按20%的比例与天然气混合。同时，配合汽车保有量的增长，加气基础设施也将同步建设。

表3-3 意大利天然气汽车财政刺激政策

车辆种类		补贴（欧元）	期间	车型	备注
原装车	欧Ⅳ，CO_2排放<120克/千米	2000	公司或个人在2006年10月3日至2009年12月31日购买，并于2010年3月12日之前注册	Fiat Panda, Fiat Punto, Citroen C3	对于以旧（欧0/欧Ⅰ）换新（欧Ⅳ，CO_2排放<140克/千米）的私家车消费者，给予额外800欧元的优惠；对于以旧（欧0/欧Ⅰ）换新（欧Ⅳ，车重<3.5吨）的轻型卡车消费者，给予额外2000欧元的优惠
	欧Ⅳ，CO_2排放>120克/千米	1500	公司或个人在2006年10月3日至2009年12月1日购买，并于2010年3月12日之前注册	其他	
改装车	欧0/欧Ⅰ	350	2007—2009年，意大利政府每年补贴5000万欧元，当年用完为止		2007年1月1日以后获得认证
	欧Ⅱ	0			
	欧Ⅲ/Ⅳ	650			2007年1月1日以后进行首次注册，3年内改装并被认证的

注：(1) 对改装车还有其他一些财税减免政策，例如：对欧0/Ⅰ/Ⅱ/Ⅲ/Ⅳ的CNG汽车（包括原装车和改装车）免缴2007年财政法案新增的公路税；对加入环境友好型汽车自愿协议的自然人、法人实体（包括公路拖车企业）和普通市民，在购买天然气改装车时每辆车可获得350欧元的补助，额度总额为1500万欧元。
(2) 意大利要求，所有改装车在上市前须进行整车认证，通过认证后方可上市交易。
资料来源：Associazione Nazionale Fra Industrie Automobilistiche（ANFIA），Ministero dei Trasporti，IGU。

3）瑞典

瑞典采取以城市为基础、自下而上的天然气汽车发展模式，主要以生物甲烷作为汽车燃料。瑞典的车用燃气中大约58%为生物甲烷。在政策支持方面，瑞典以减免税费和提供补贴为主，天然气汽车缴纳的道路税比柴油车低约3000克朗。在斯德哥尔摩，周一到周五的6：30—18：30，每辆进出城市的车辆都要缴纳堵车费，但环保车，包括天然气汽车免交堵车费，每辆车每年最多可节省约14400克朗。新的天然气/生物甲烷加气站投资可以获得政府的补贴，最多可达投资额的30%。

4）法国、西班牙、荷兰和葡萄牙

法国、西班牙、荷兰和葡萄牙天然气汽车的发展主要集中在城市重型车辆，包括公共汽车和垃圾运输车。发展这类用车的优势是首先完全由政府部门主导，便于管理；其次可以有效减少有害气体排放；再次，拥有独立的加气站，完全区别于公共CNG销售网络。欧洲其他市政服务用车，例如，食品分销和快递用车，也开始采用新型的中型或重型天然气汽车。这些国家的天然气汽车发展的扶持政策详见表3-4。

表 3-4　欧洲主要国家对天然气汽车发展的支持政策

国家	支持天然气汽车发展的主要政策
法国	(1) 轻型天然气汽车：对于购买 CO_2 排放量少于 140 克/千米的私人消费者，每辆可获得 2000 欧元的税负减免；对于以旧换新的购买者，如果旧车车龄大于 10 年可以再额外给予 1000 欧元的税负减免。 (2) 重型天然气汽车：根据地区不同，对注册费进行部分或全部减免；免交社会车辆税；允许进行 12 个月特别折旧；对自重大于 3.5 吨的燃气卡车，额外给予购车成本 30% 的津贴；前 20 个营业年份内，对少于 23 座的公共汽车每辆每年补助 1500 欧元，对 23 座以上的公共汽车每辆每年补助 7500 欧元。另外，法国环保机构在特定领域还有一些支持措施。 (3) 天然气燃料：对用于轻型车的天然气免税；对重型车给予增值税返还和天然气消费税返还，其中公交车和垃圾运输车每车每年最多可返还 4 万立方米天然气，出租车每车每年最多可返还 9000 立方米天然气。 (4) 加气站：允许进行 12 个月特别折旧；法国环保机构在特定领域还有一些支持措施
荷兰	(1) 天然气燃料：天然气税费统一为 3 欧分/米³。原费率为：天然气年消费量在 5000 立方米以下时，15 欧分/米³；5000~170000 立方米时，12 欧分/米³；17 万立方米以上，2 欧分/米³。 (2) 加气站：为每个加气站的建设提供 6 万欧元的财政补贴，一些城市还为加气站在经营的前 3 年提供 4 万欧元的资金支持，用于弥补初始损失
葡萄牙	(1) 轻型天然气汽车：对双燃料天然气汽车减征 40% 的车辆税。 (2) 重型天然气汽车：减征 50% 的车辆税。 (3) 天然气燃料：对重型天然气汽车用天然气免征能源税；增值税税率下降到 5%
西班牙	(1) 轻型/重型天然气汽车：对新购用于公共服务的天然气汽车给予购车价格 15% 的补贴，上限为 2000 欧元。 (2) 天然气燃料：车用天然气的消费税享受 0.411 欧分/KWH 的低税率（仅为柴油的约 15%）。 (3) 加气站：对集合型加气站（collective station）最多补贴 6 万欧元；对单一型加气站（individual station）最多补贴 3 万欧元；对公共加气站（public station）最多补贴 2.5 万欧元

资料来源：ISO，Petroleum Geo-Services（PGS），Installation for the Protection of the Environment（ICPE），Associação Portuguesa do Veículo a Gás Natural（APVGN），IGU。

三、东欧和原苏联

20 世纪 80 年代，苏联地区启动了天然气汽车国家计划，但由于 1991 年苏联解体而终止。进入 21 世纪，随着全球油价上升，原苏联和东欧国家的天然气汽车市场开始复苏，天然气汽车和加气站保持匹配程度的增长。

1. 俄罗斯

俄罗斯是发展天然气汽车的理想地，其具有丰富的油气资源，传统用气领域发展缓慢以及俄罗斯要壮大自身的汽车工业，因此，虽然目前发展规模非常有限，且 85% 的基础设施基本是由 Gazprom Neft 运行，但俄罗斯政府在 2013 年公布了雄心勃勃的天然气汽车发展战略。该战略主要包括如下目标：

(1) 到 2020 年，CNG 汽车在公交车、卡车和农业车辆领域市场份额要分别达到 50%、30% 和 20%。

(2) 2011—2030 年，CNG 汽车保有量要从 9 万辆增长到 250 万辆，加气站要从 250

座增长到 3500 座。

（3）使 Gazprom 在欧盟天然气汽车市场占据重要位置。

2. 乌克兰

乌克兰是欧洲天然气汽车保有量第二大的国家，规模仅次于意大利，其快速发展期主要是在 2007—2012 年，等热值的车用气价比油价低 65%，从而推动了燃油车主的改气以及 CNG 新车的销售。虽然未来同俄罗斯的进口合同气价的上调可能会影响产业的发展前景，但乌克兰政府在全力同俄罗斯争取优惠的气价，同时监管机构也将继续保持车用气价相对油价的折扣，稳定产业发展预期。

3. 东欧国家

东欧国家发展天然气汽车以保加利亚、克罗地亚和捷克最有成效，三国对天然气汽车发展的主要支持政策见表 3-5。

表 3-5　东欧主要国家对天然气汽车发展的主要支持政策

国家	支持天然气汽车发展的主要政策
保加利亚	车用天然气不需缴纳消费税，只需缴纳 20% 增值税
克罗地亚	车用 CNG 只需缴纳税率为 22% 的增值税，再加上轻型车（小于 3.5 吨）每年一次性缴纳 550 库那（约 75 欧元），重型车（大于 3.5 吨）每年一次性缴纳 1200 库那（约 165 欧元），除此之外无其他税费
捷克	（1）轻型/重型天然气汽车：从 2009 年 1 月开始，免交公路税；交通部对新购买的 CNG 公交车，每辆补贴 60 万捷克克朗（约 2.07 万欧元）。 （2）天然气燃料：根据 2006 年签署的协议，2007—2012 年，捷克政府对车用 CNG 实行零消费税；从 2012 年开始分四步增长，到 2020 年恢复至 2006 年水平

资料来源：ECE，TDG 982，IGU。

四、南美

20 世纪 90 年代以后，南美洲的天然气汽车取得了很大的发展，阿根廷和巴西是主要的推动者。天然气汽车在阿根廷和巴西快速发展的主要原因包括：天然气相对汽柴油具有价格优势，车辆改装市场和加气站网络发展迅猛，当然也得益于一些政府政策的支持（表 3-6）。随着天然气汽车的快速发展，众多天然气汽车制造商开始抢占这两个国家尤其是巴西的市场。

阿根廷和巴西天然气汽车市场的发展经验对南美地区其他国家（例如，秘鲁、委内瑞拉、哥伦比亚、玻利维亚和智利等）也产生了积极的影响。委内瑞拉开始采取行政手段，实施天然气汽车改装措施，提高天然气用量，以增加石油出口。

表 3-6　南美主要国家对天然气汽车发展的主要支持政策

国别	支持天然气汽车发展的主要政策
阿根廷	布宜诺斯艾利斯的自治市每年给天然气汽车年检费用 50% 的折扣，适用于卡车、面包车、救护车、公共汽车等
巴西	轻型天然气汽车采用与汽油车相同的税率；一些州调低了天然气燃料的销售税

资料来源：IGU，Brazil National Transit Council。

五、亚太地区

亚太地区天然气汽车市场近年来发展迅速，规模上升很快，发展潜力巨大，且都在发展中国家。除中国外，伊朗、巴基斯坦和印度的表现不俗。

1. 伊朗

伊朗天然气汽车市场发展的主要动力有四方面：一是国家要求使用本国丰富的天然气资源，增加原油出口；二是国内炼油能力不足，且成品油进口面临国际制裁；三是推广天然气汽车可以减少日益严重的城市空气污染；四是政府对天然气汽车改装和加气站建设给予支持和补贴（表3-7）。

表3-7 伊朗对天然气汽车发展的主要支持政策

领域	主要支持政策
轻型天然气汽车	进口关税：汽油车按到岸价的100%缴税，压缩天然气（CNG）汽车按到岸价的65%缴税；进口CNG汽车组件按到岸价的4%缴税
重型天然气汽车	CNG汽车引擎及其他组件的进口关税税率为到岸价的4%
天然气燃料	享受政府补贴，CNG价格长期维持在汽油价格的50%以下
加气站	公共CNG加气站享受政府约10亿里亚尔（合10.75万美元）的财政补贴；内部专用CNG加气站享受政府约4亿里亚尔（合4.3万元）的财政补贴

资料来源：Institute of Standards & Industrial Research of Iran，IGU。

2. 巴基斯坦

巴基斯坦贫油富气，自21世纪初以来，为解决城市车辆排放污染、石油安全等问题，政府大力推广天然气汽车的发展，在强有力的政策推动下，产业规模在短时间内就迅速扩大。巴基斯坦支持天然气汽车发展的政策见表3-8。

表3-8 巴基斯坦对天然气汽车发展的主要支持政策

领域	主要支持政策
天然气汽车	对进口天然气汽车免除关税；对天然气汽车免销售税；对车辆改装提供补贴
燃料	为车用CNG设定特殊税率，使其相对燃油有竞争力
基础设施	政府加快CNG加气站建设的审批

资料来源：IEA，"The Contribution of Natural Gas Vehicles to Sustainable Transport"，2010年，54页。

3. 印度

印度于20世纪末并未解决城市环境以及有效控制进口燃料的补贴规模等问题，故在30多座重点城市中大力推进天然气汽车的发展。印度政策方面的最大特色是早在21世纪初，就由最高法院确定了将CNG作为城市公交车唯一清洁能源路线的法令，加之推广天然气汽车的重点城市又通过天然气汽车的购买利率优惠、销售税抵免、改装车的增值税优惠，以及通过行政性定价和税收等方式保持车用燃气价格相对燃油价格的优势，从而为天然气汽车的快速发展奠定了优良的市场环境。目前，印度城市内营运型客车的气化水平很高，未来城际间客车和货车的天然气化具有较大潜力。

六、启示及展望

综合以上的国际政策及经验，可以得到三点判断：一是天然气快速发展期与天然气汽车快速发展期并不完全一致，特别对于发达国家来讲，其天然气快速发展期已经结束，而天然气汽车还处于初级阶段；二是天然气只是作为汽车的过渡性燃料，仅在未来的近中期和重点领域有一定增长潜力；三是加气站等基础设施是天然气汽车快速发展的重要保障，需要按照重点市场、线路提前进行规划布局。

具体来讲，可以得到以下几点启示及对未来的展望。

（1）政策总体可以分为六大类。

①目标设定：设定目标年度天然气在所有汽车燃料消费中的比例值；设定目标年度天然气汽车普及数量（或普及率）、加气站数量。

②税收优惠：进口天然气汽车和加气站设备的关税减免；购买天然气汽车的销售税优惠；改装车的增值税优惠。

③财政补贴：购买天然气汽车时的利率优惠；天然气汽车改装的补贴；加气站建设的财政补贴。

④燃料价差：行政性定价，保持天然气价格的优惠；减免天然气消费税等。

⑤法规强制：规定政府等集团用户必须使用一定比例的天然气汽车；规定特定区域必须使用天然气汽车。

⑥便利使用：减征天然气汽车使用过程中的相关费用，如减征道路附加费、拥堵费、排污费及停车费；天然气汽车可优惠使用专门的停车位和车道等。

然而，如本研究一样，虽也有诸多文献对各国天然气汽车支持政策进行了较好的总结和归类，但是对政策执行的效果缺乏客观公正的分析。

（2）天然气汽车的跨越式发展普遍需要政府的决心。

综合各国的发展经验，推动天然气汽车快速发展的因素主要分为两大类。

第一类是环境性因素，主要包括：减少碳排放，实现交通领域减排目标；减少汽车尾气（主要是硫化物和氮氧化物）排放和噪声污染，解决城市密集区环境问题等。

第二类是经济性因素，主要包括：减少石油、成品油进口，保障能源安全；降低外汇支出和对汽车燃油的政府补贴；促进本国天然气和汽车产业的发展等。

整体来看，虽然天然气作为汽车燃料相对于燃油具有低碳、环保、低噪声的优势，但是天然气汽车、加气站相对于传统燃油车造价高，加气站网络培育漫长（至少15年）以及蒸发气体（BOG）等技术问题，也成为普及天然气汽车的限制性条件。如前所述，天然气汽车保有量和普及率高的国家都分布在亚太、拉丁美洲等富气贫油的发展中国家，而欧美发达国家虽然环保标准更为严格，市场化程度高，汽车和能源产业也非常成熟，却始终没有培育起良性发展的天然气汽车产业，仅在历史某个时期有过快速增长期。原因乃在于天然气作为汽车产业的过渡燃料，其快速普及需要政府坚定的政治决心和宏伟目标，并通过一系列法规和政策性手段推动产业跨越式发展。

例如，伊朗和委内瑞拉着力增加本国天然气消费，替代石油，增加石油出口收入；印度和巴基斯坦则为降低对燃油的政府补贴和城市环境污染，通过立法确定天然气汽车的技术路线和发展目标；乌克兰和意大利也因丰富的天然气资源和供应网络，通过持续的价格和财税优惠政策刺激天然气汽车产业的发展；即使美国和加拿大于20世纪90年代天然气汽车的短暂快速发展期，也与政府强有力的支持政策分不开，并不是市场机制自发作用的结果。

截至目前，世界上也没有一个国家的天然气汽车产业能够脱离了扶持政策而实现自身良性发展。随着国际油价大跌以及持续低水平，传统燃油汽车排放标准的升级以及对天然气汽车产业补贴政策的陆续下降和退出，天然气汽车的发展速度有明显的下降，再一次印证了政府政策的关键作用。

（3）保持天然气价格相对燃油价格的优惠是推动天然气汽车快速发展的必要条件，而非充要条件。

天然气汽车作为传统燃油车辆的替代技术路线，其必须在经济性上具有持续的优势才能够带动使用主体对车辆的改装以及对燃气汽车的购买。由于车辆的改装需要额外的成本，而天然气汽车的购买则比同类型燃油车具有较高的一次性购置费用。此外，天然气汽车在驾驶体验和加注燃料的便利性方面都较燃油车差。因此，车用天然气的终端零售价格必须要相对燃油的终端零售价格具有较大的折扣幅度，才能使天然气汽车的经济性具有优势。

综合2011—2012年的世界主要国家天然气汽车保有量数据以及车用天然气终端价格相对汽油价格的数据，得到图3-30。

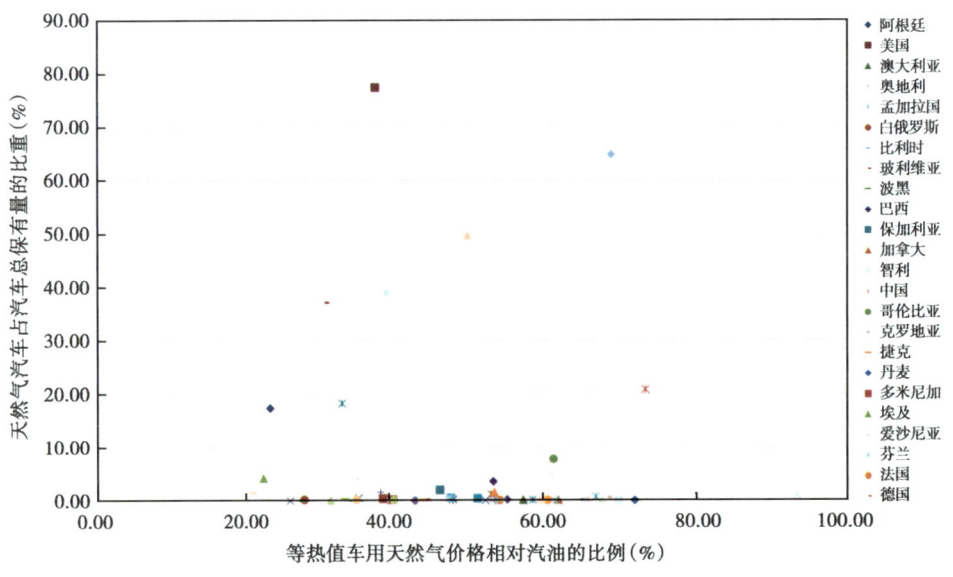

图3-30 世界主要国家车用天然气价格优势与天然气汽车渗透率的关系
资料来源：NGV Global，NGVA Europe

世界大多数国家的气油价格比在0.4~0.6之间，如图3-31所示，当气油价格比超过0.6时，会对天然气汽车具有明显的抑制作用，而当气油价格比低于0.4时，则会有较明显的刺激作用。然而，可以看到，虽有大部分国家气油价格比保持在0.6以下，但天然气汽车的渗透率和增速都在5%以下，同时也有部分国家气油价格比已超过0.6，却依然保

第三章 国外车用天然气发展现状与经验

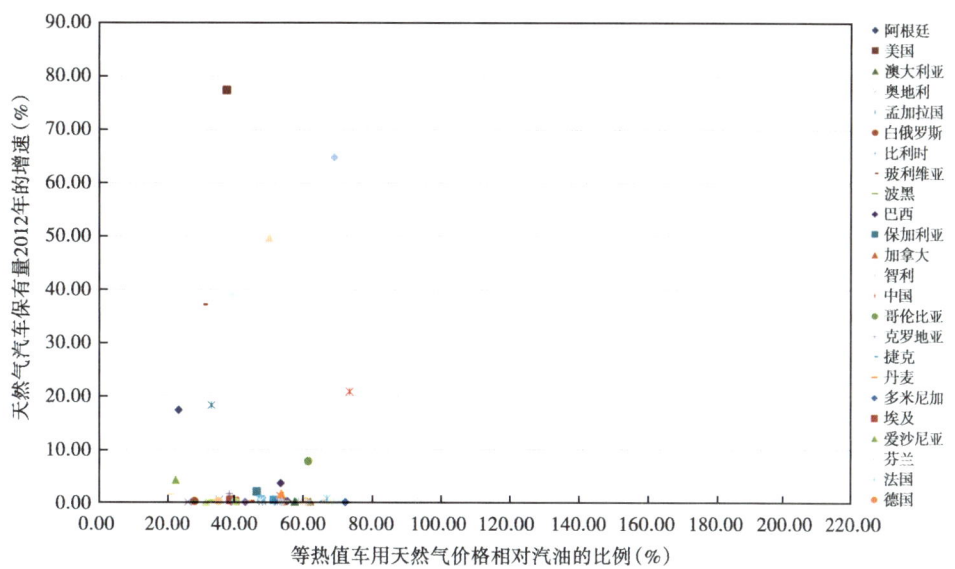

图3-31 世界主要国家车用天然气价格优势与天然气汽车保有量增速关系
资料来源：NGV Global，NGVA Europe

持较高的渗透率和增速（如哥伦比亚、伊朗和巴基斯坦）。

因此，车用天然气终端价格相对燃油的优势是推动天然气汽车快速发展的必要条件，却不是充要条件，仍需要基于车辆、基础设施、便利使用等多方面的支持政策，才能形成合力。

（4）天然气汽车前景仍扑朔迷离，但重点领域潜力巨大。

虽然全球的碳减排、能源转型和北美页岩气革命为车用天然气的应用提供了难得的契机，但是未来天然气汽车的前景依然扑朔迷离，发展空间不会很大，预计主要的市场仍在亚太地区和拉丁美洲，对私家车的替代极为有限，在集团用户的客车以及重型货车的应用潜力巨大。

①从区域角度来看。第一，欧美发达国家油品质量以及排放标准本身就已很高，而且还在不断升级，燃油效率也在不断提升，因此从汽车尾气常规污染物的排放角度看，天然气汽车并无太大优势；而亚太地区、拉丁美洲等发展中国家油品质量标准和排放标准较低，天然气汽车的环保优势明显。第二，欧美发达国家车用天然气相对燃油的价格优势并不大，并且主要是由于较高的燃油税、增值税所致，因此天然气汽车大规模发展的可能性几乎没有，并且业内也担心一旦天然气汽车普及，则必然会对天然气征收高水平消费税和增值税，从而使其经济性丧失，而亚太地区、拉丁美洲国家虽然燃油税水平很低，但是对车用天然气较大幅度优惠定价以及其他方面的扶持，使产业发展后劲较足。

②从应用领域角度看。第一，天然气汽车在私家车领域的渗透率将始终很低，这源自技术、基础设施和用户驾驶体验的限制，同时欧美发达国家和一些发展中国家（如中国的中心城市）则通过快速的技术革命以及政策扶持，力图跳过天然气汽车而直接过渡到新能源汽车。第二，压缩天然气汽车在市内的出租车、公交车、政府车辆以及其他集团性特种

车辆中具有较大发展潜力，因为这些车辆的使用率较高，也容易通过集中的方式进行置换，并且可以通过内部加气站的方式解决基础设施的问题。第三，液化天然气汽车在重型卡车和区域间大型客车的使用上潜力巨大，两种车型都是公路交通运输领域节能减排的重点，改用 LNG 会具有明显的环保收益，并且可以将加气站主要布局在交通主干道上，核心的问题就是要维持车用气价相对燃油的持续优势❶。第四，随着未来生物质气的发展，应因地制宜，通过将生物质气与天然气混合，作为汽车燃料，可以大幅提高天然气汽车的环保收益，拓展应用领域。德国和瑞典是其中的典型，生物质气本身是循环经济的产物，从全生命周期来看，其碳排放甚至是负的，因此有效利用生物质气会显著降低车辆的碳排放。

---

❶ 等热值天然气价格要保持在燃油价格的 0.65 以下。

第四章　中国天然气需求增长驱动因素

发展中的中国经济经历了持续的中高速增长。未来中国产业结构调整、城镇化程度提高、环境约束增多，加上天然气基础设施水平不断提高，天然气利用领域广阔。作为清洁能源的天然气替代其他能源的潜力巨大。

第一节　经济持续较高速度增长及产业结构调整

经济增长是推动能源需求的重要因素，同时能源也是国民经济和社会发展必备的物质基础。

一方面，经济增长使得能源消费总量增加。随着经济社会的不断发展、经济总量的不断提升和人民生活水平的逐渐提高，需要用于国民生产和生活消费的能源总量也要相应增加。经济增长所带来的对能源消费需求的增加，既表现在为了维持现有的经济活动所带来的对于存量能源的需求，也表现在新增的生产能力所带来的对于增量能源的需求。历史经验表明，经济增长与能源消费总量的变动基本上是同方向变化的。

另一方面，经济增长使得能源消费结构变化。国民经济的不断增长促使各国将更多的资金和资源投入到科学技术水平的提升上，从而发现和利用新的能源品种成为可能。同时，经济增长所带来的人民生活水平的提高还会改变人们的消费习惯和消费观念，促使人们利用更加方便、清洁的能源，使得传统高污染、低效率的能源逐渐被低污染、高效率的能源所取代，这也是能源消费结构变化的一种表现形式。因此，经济增长的过程也是能源消费结构变化的过程，经济增长将导致能源品种需求的扩大和结构的优化升级[5]。

21世纪以来，中国经济持续快速发展，2000年末，国内生产总值为9.8万亿元，2015年末为67万亿元，年均增长13.7%。在此过程中，产业结构调整显著，第一产业在国民经济中所占比重下降，而第二产业和第三产业发展迅速，所占比重持续上升。中国的经济发展水平与天然气需求量紧密相关，2000—2015年，二者相关系数高达0.998（图4-1）。

尽管随着中国经济进入新常态，增速放缓，宏观经济增长对天然气消费的驱动力减弱，很多用气行业面临着效益下滑、产能过剩等问题，不仅投资更换燃气设备存在困难，而且对用气成本的波动更加敏感，导致用户煤改气、油改气的意愿大幅减弱，导致近两年天然气需求持续低迷。但在能源领域的"新常态"不仅是消费增速放缓，更体现在经济发展动力开始转换，拉动能源消费增长的动力开始从重化工向服务业、第三产业转变，同时技术进步带动的新能源汽车、生物质能、智能电网等加快发展。随着产业结构的深入调整和国家的区域发展战略，城镇生活、交通、工业、发电等领域对天然气的需求将继续增加。在工业领域，天然气工业燃料置换的进程将全面加快，特别是京津冀地区在大气污染防治中的燃煤锅炉替代，钢铁、石化、陶瓷等传统工业的产业结构升级，以及中西部地区承接产业结构转移等因素,将刺激天然气在第二产业中的应用。产业结构调整和经济结构转型升级依然是天然气需求增加的重要驱动因素。

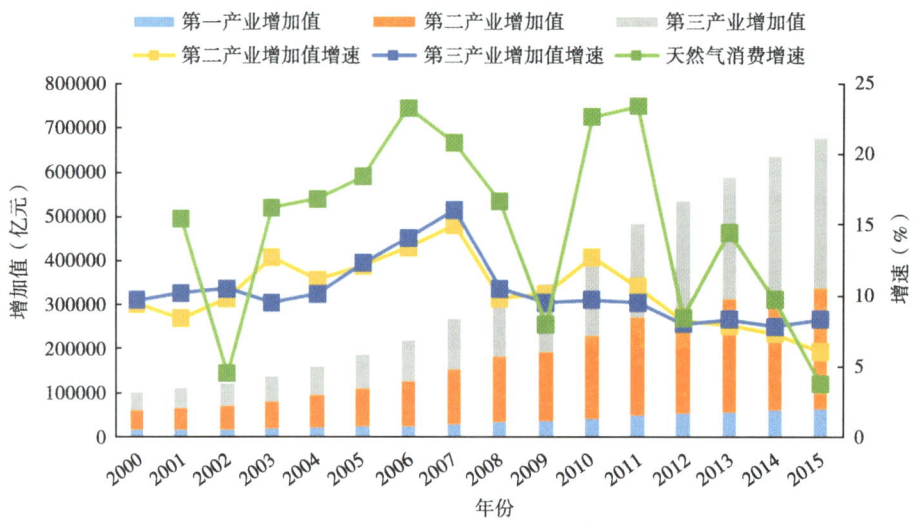

图 4-1 2000—2015 年经济发展与天然气需求变化

资料来源:国家统计局

第二节 城乡用能差距缩小及城镇化进程深化

从 20 世纪 80 年代至今,中国城乡用能差距一直在不断缩小。1981 年城镇居民的人均生活用能量约为 290 千克标准煤,而同期农村居民的人均生活用能量仅为 55 千克标准煤,城镇居民的人均生活能源消费量约为农村居民的 5.27 倍。到了 20 世纪 90 年代,城镇居民的人均生活能源消费量明显下降,这种现象一直持续到 21 世纪初,而农村居民的人均消费量在这一时期保持相对稳定,只在 90 年代中期之后才有略微的下降。进入 21 世纪之后,不论是城镇居民还是农村居民的人均消费量都保持了快速增长的势头。并且从 1981 年至今,大部分时间内农村居民人均生活用能的增长率都要高于城镇居民人均生活用能的增长率,因此城乡居民人均生活用能的差距在不断缩小。到 2012 年,城镇居民的人均消费量约为农村居民的 1.38 倍,可见农村居民能源消费增长的潜力巨大。

新型城镇化建设一方面改善了农村地区的基础设施条件,使得农村居民能够和城市居民一样享受同等的基本公共服务,农村居民将能够方便地使用原本在农村地区很难,甚至不可能消费的能源品种;另一方面,城镇化建设带动了农村地区的经济社会发展,能够创造更多的就业机会吸引农业转移人口,农民的收入提高了,所能够消费的能源品种将更加丰富,数量也将进一步增加。新型城镇化的发展将释放农村地区长期压抑的能源消费的潜力,推动能源消费继续增长[5]。2000—2015 年,全国新增人口 10719 万,年均增长 0.5%。城镇化水平大幅提高,2000 年末为 36.2%,2014 年末升至 56.1%。城镇化发展推动了用气人口的快速增长。2000 年末,城镇天然气用气人口为 2580.9 万,2014 年末为 25972.94

万,年均增长17.9%,城镇人口天然气气化率从5.6%提高至34.7%(图4-2)。统计结果显示,城镇化水平与天然气需求高度相关,相关系数为0.962。与此同时,从2000年到2015年,中国城镇居民人均可支配收入从6280元增长到31195元,居民收入的增加提升了其对天然气的支付能力,进一步促进了天然气需求增长。2012年新版《天然气利用政策》的出台,进一步指明了未来中国天然气利用的发展方向。在城镇燃气领域,中国新型城镇化继续推进,年均气化人口在3000万左右,全国城镇气化率在2020年将达到60%以上,天然气将成为城市居民的主要燃料。

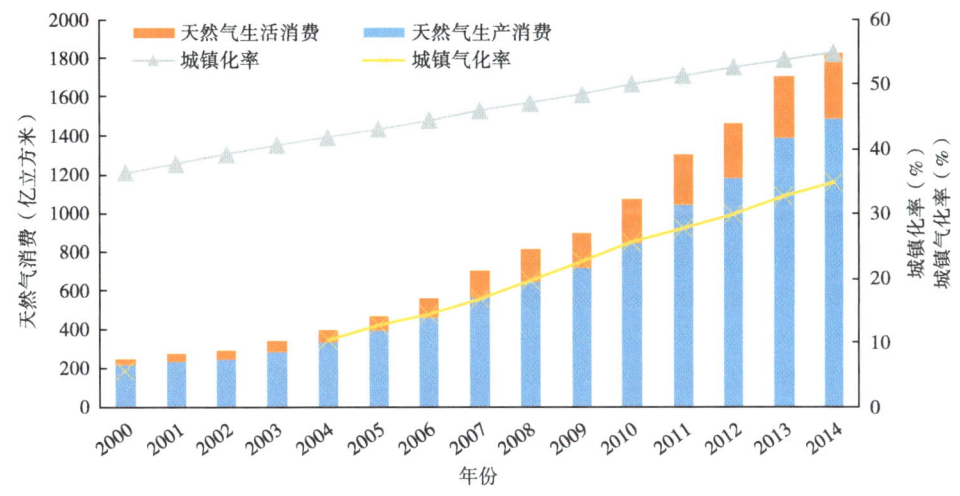

图4-2　2000—2014年天然气生产生活消费和城镇气化率与城镇化率关系
资料来源:国家统计局

第三节　资源与环境约束持续增强

中国能源结构以煤炭为主和分散用煤比重过高的特点导致了大气污染等一系列严重的环境问题。近年来,全国大范围出现持续雾霾天气,严重影响民众身体健康和正常生活,已经成为社会最为关注的问题之一。由于中国天然气在"十二五"之前及"十二五"前期长期处于供需紧张的情况,国家发展和改革委员会(以下简称国家发改委)在2007年和2012年分别印发了《天然气利用政策》,对天然气的利用行业进行了调整。该政策将天然气利用分成了优先、允许、限制和禁止四类,对天然气发展产生了重大影响。在政策实施后,处于优先级的城镇燃气得到了快速发展,而天然气化工需求受到抑制。天然气是相对清洁的化石能源。在产生相同能量的情况下,天然气的二氧化碳排放量分别为煤炭和石油的60%和75%,氮氧化物的排放量为煤炭和石油的20%和30%,二氧化硫和粉尘颗粒的排放量几乎可以忽略不计(图4-3)。近年来,中国大气污染加剧,雾霾天气的影响范围和程度进一步扩大,国家和地方各级政府推出相关政策推动能源结构调整,包括工业领域的"煤改气"、交通运输行业的"油改气"、天然气分布式能源等。而使用天然气可显著减少温室气体、二氧化硫和细颗粒物(PM2.5)等污染物排放,实现节能减排、改善环境的目的。

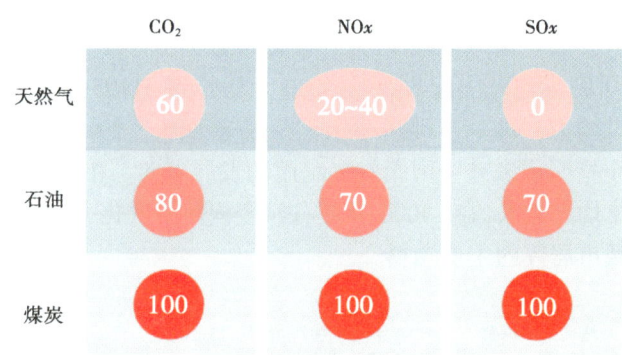

图 4-3 同等热值下三种燃料排放情况比较（以煤作为基准）

环保政策对天然气的需求影响巨大。《2014 中国环境状况公报》显示，在全国开展空气质量新标准检测的 161 个城市中，仅有 16 个城市空气质量年均值达标，145 个城市空气质量超标。能源消费结构调整，降低煤炭的消费比重，增加清洁能源的消费比重是治理大气污染的主要途径。在能源消费中，加大清洁能源比重，特别是天然气使用，降低煤炭消费，是减少大气污染、改善环境质量的主要方法。2014 年，中国能源消费总量为 42.6 亿吨标准煤，比上年增长 2.2%。其中，煤炭消费量占能源消费总量的 66.0%，水电、风电、核电、天然气等清洁能源消费量占能源消费总量的 16.9%。2013 年以来，国家陆续出台了《大气污染防治行动计划》《京津冀及周边地区落实大气污染防治行动计划实施细则》《能源行业加强大气污染防治工作方案》等纲领性文件（表 4-1）。2014 年 11 月，中美双方在北京发布了应对气候变化的联合声明，首次正式提出到 2030 年中国碳排放达到峰值并努力早日达峰。在国家发改委、国家能源局和环境保护部 2014 年印发的《能源行业加强大气污染防治工作方案》中提出，近期目标是到 2015 年，非化石能源消费比重提高到 11.4%，天然气（不包含煤制气）消费比重达到 7% 以上；京津冀、长江三角洲、珠江三角洲区域重点城市供应国 V 标准车用气、柴油。中期目标是到 2017 年，非化石能源消费比重提高到 13%，天然气（不包含煤制气）消费比重达到 9% 以上，煤炭消费比重降至 65% 以下。远期目标是能源消费结构调整和总量控制取得明显成效，能源生产和利用方式转变不断深入，以较低的能源增速支撑全面建成小康社会的需要，能源开发利用与生态环境保护的矛盾得到有效缓解，形成清洁、高效、多元的能源供应体系。在环保压力与日俱增的背景下，天然气的清洁性、环保性优势更为明显，政策的持续推动将增加天然气消费量。国家层面的能源结构优化和环境污染治理将成为天然气消费最主要的推动力。

表 4-1 中国各地方政府陆续出台的大气污染防治方案

地区	发布时间	名称
京津冀	2013 年 9 月	《京津冀及周边地区落实大气污染防治行动计划实施细则》
	2014 年 7 月	《京津冀及周边地区重点行业大气污染期限治理方案》
北京	2013 年 9 月	《北京市 2013—2017 年清洁空气行动计划》
	2013 年 8 月	《北京市 2013—2017 年加快压减燃煤和清洁能源建设工作方案》
	2015 年 5 月	《北京市散煤替代、燃煤锅炉改造、机动车污染治理专项工作方案》

续表

地区	发布时间	名称
天津	2013年9月	《天津市清新空气行动方案》
	2015年1月	《天津市大气污染防治条例》
	2015年	《天津市2015年散煤清洁化治理工作方案》
	2015年	《天津市2015年燃煤锅炉改造工作方案》
河北	2013年9月	《河北省大气污染防治行动计划实施方案》
	2015年3月	《河北省燃煤锅炉治理实施方案》
山东	2013年9月	《山东省2013—2020年大气污染防治规划》
山西	2013年2月	《山西省2013—2020年大气污染治理措施》
上海	2013年10月	《上海市清洁空气行动计划（2013—2017）》
	2015年8月	《关于加快推进本市集中供热和热点联产燃煤（重油）锅炉清洁能源替代工作的实施方案》
江苏	2014年6月	《江苏省大气污染防治行动计划实施方案》
	2014年9月	《江苏省2014—2015年节能减排低碳发展行动实施方案》
浙江	2013年12月	《浙江省大气污染防治行动计划（2013—2017年）》
广东	2014年2月	《广东省大气污染防治行动方案（2014—2017年）》
重庆	2014年1月	《重庆市〈关于贯彻落实大气污染防治行动计划的实施意见〉》
安徽	2014年3月	《安徽省大气污染防治行动计划实施方案》
内蒙古	2014年5月	《内蒙古自治区人民政府关于贯彻落实大气污染防治行动计划的意见》
福建	2014年1月	《福建省大气污染防治行动计划实施细则》

资料来源：本书课题组根据公开资料整理。

第四节　天然气基础设施水平不断提高

近年来，中国天然气基础设施建设力度加大，建成了陕京线、西气东输、川气东送、中亚线、中缅线等长输管道，地区管网也进一步完善，使得天然气有效地从资源地转移到消费地，从而带动了天然气的消费需求。自2004年以来，天然气管网建设一直处于高峰建设阶段，目前已初步形成了"西气东输、海气登陆、就近供应"供气格局。天然气管道、地下储气库以及LNG建设全面提速，特别是地下储气库进入了建设和投产的高峰阶段。

2004年，全国天然气城镇燃气管道长度为7.1万千米，2014年为43.5万千米，年均增长19.9%。2013年随着中缅管道和中贵管道的建成，除西藏外，中国大陆30个省、市、自治区均实现了天然气管道覆盖（图4-4）。

国家对油气管网设施领域投资限制的放宽和审批权限的下放，将极大调动各路资本进入天然气基础设施建设的热情，干线管道的覆盖范围将进一步扩大，区间天然气管网系统和配气管网系统将进一步完善，地下储气库等调峰储备体系将进一步完备，不同经济主体管网设施将逐步实现互联互通。根据国家"十三五"规划前期研究，到 2020 年，全国长输管网总规模达 15 万千米左右（含支线），年输气能力达 4800 亿立方米左右；储气设施有效调峰能力为 620 亿立方米左右，其中地下储气库调峰 440 亿立方米，LNG 调峰 180 亿立方米，LNG 接收站投产 18 座，年接收能力达 7440 万吨左右；城市配气系统应急能力的天数达到 7 天左右。

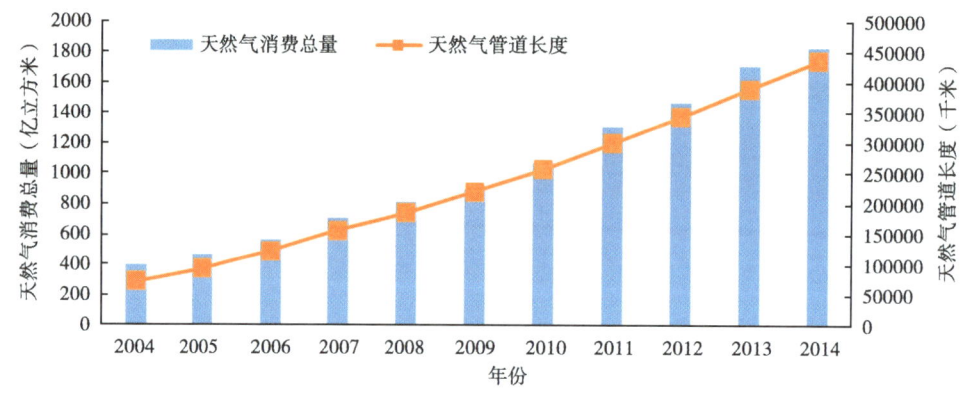

图 4-4　2004—2014 年全国城镇天然气管道长度发展情况
资料来源：国家统计局

第五节　天然气利用领域广阔，气代煤潜力尤为巨大

"九五"前，由于缺少外输管道，中国天然气基本以油气田周边就近利用、化工用气为主，近年来随着基础设施的建设，天然气利用领域也不断拓展，消费结构趋于多元均衡。展望未来，天然气将在中国多个利用领域中发挥越来越大的作用，形成多点开花的局面，其中尤以涉及气代煤的利用领域潜力最大。

居民生活用气量将在 2030 年前随着全国人口总量的增长以及城镇化率和城镇气化率的稳步提升，保持刚性增长；交通用气因其能有效减少车船污染物和碳排放以及商用领域成本节约的显著作用，将在城市公交车、出租车，以及重型卡车（以下简称重卡）、城际客车和内河船舶领域得到快速增长；天然气分布式能源作为新兴的用气领域，更是会因为其贴近用户、运行灵活、梯级高效利用以及能够对气网、电网双重调峰的诸多优势，未来会大力发展；中国天然气发电占比和装机占比均不到 5%，而同期❶国际平均水平都高于 20%，考虑到天然气发电在碳减排和调峰方面的潜力以及中国电力市场的巨大规模，仅按达到世界平均水平的一半来看，也可以增加 1000 亿立方米的天然气需求[6]；化工用气虽然由于产能过剩、经济性差以及国家政策导向整体趋于萎缩，但是天然气制氢因其具备较高的价格承受能力而有可能得到发展，新疆、川渝等气源地的天然气化工还会保持一定规模。

---

❶　2014 年。

中国长期以煤炭为主的能源结构和直燃煤比重过高的特点是导致大气污染、碳排放高企的主要元凶，同时也造成了水污染、土壤污染、塌陷和生态破坏等一系列环境问题，大力推动天然气替代煤炭发展是破题的关键。考虑经济性、补贴水平、天然气基础设施和其他燃料替代等诸多可能性，即使目前12亿吨直燃煤中有一半被天然气替代，则就可增加3000亿立方米的天然气市场需求。

第五章 中国天然气需求行业结构变化

中国已经成为第三大天然气消费国,天然气消费占一次能源消费比重在6%左右,与世界平均水平24%相比差18个百分点。未来中国天然气基础设施水平将不断提高,随着未来环保压力的不断加大,交通用气应继续保持发展。

第一节 天然气需求总量及特征

中国天然气消费增长迅速,受环境污染治理、简政放权、资源价格改革等利好政策影响,中国迎来了天然气大规模利用的战略机遇期。2015年,中国天然气市场继续保持快速发展,表观消费量达1930.6亿立方米,同比增长3.3%,中国已成为世界第三大天然气消费国。

2015年,中国天然气消费量占一次能源消费总量的5.9%。近50年,天然气占一次能源比重的提升经历三个阶段(图5-1)。第一阶段(1965—1980年),一次能源消费总量中天然气比重从不足1%增长至3%;第二阶段(1980—2005年),天然气比重保持在2%~3%之间;第三阶段(2005年至今),天然气比重快速增长,2015年达到5.9%。然而与世界平均水平24%相比,中国仍然属于天然气比重较低的国家。❶

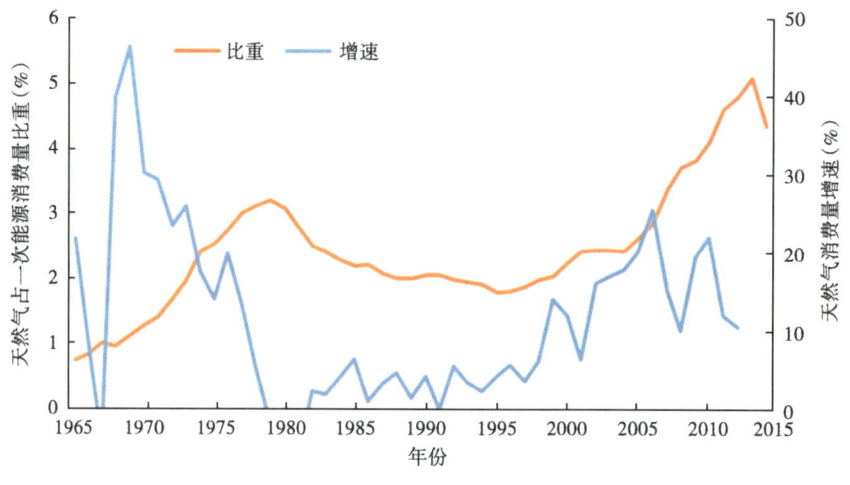

图5-1 1965—2015年中国天然气消费情况变化图

---

❶ 来源:"十三五"大幅提高天然气比重研究报告。

近 10 年来,中国天然气消费量明显上升,多年增速超过 15%,而最近两年受经济增速放缓、气候温和、气价不具竞争力等因素影响,天然气消费增速下降,年增速低于 10%。

中国天然气主要用于工业燃料、化工原料、城镇燃气和发电等。21 世纪之前,中国天然气需求以工业用气和化工用气为主,囿于基础设施匮乏的限制,用气主要集中在产气区,2000 年工业和化工用气分别占天然气消费的 41% 和 37%。21 世纪以来,天然气消费从气源地向经济发达的东部地区扩展,天然气消费结构也发生重大变化,城镇燃气和发电用气占比快速提升,同时工业和化工用气占比大幅回落[7](图 5-2)。

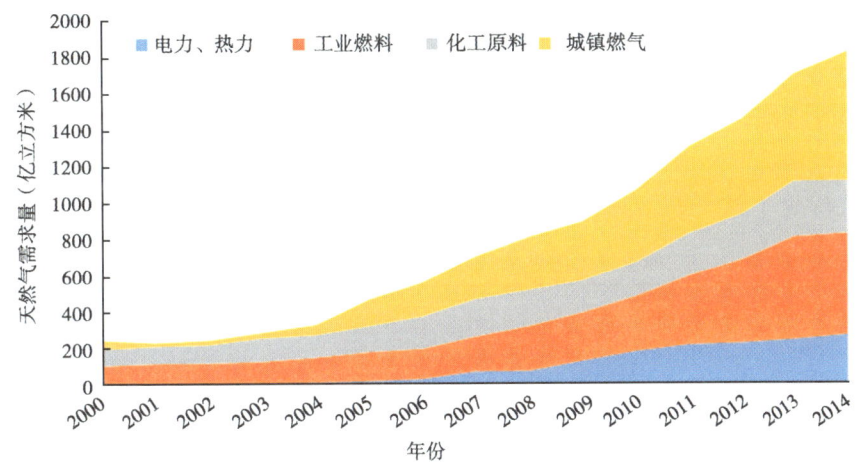

图 5-2　2000—2014 年中国天然气需求结构变化

2014 年,中国城镇燃气天然气消费量为 710 亿立方米,同比增长 13.4%,较天然气消费总量增速高 4.5 个百分点,占比 38.8%;发电用气 270 亿立方米,占比 14.8%,同比增长 3.8%;工业用气 560 亿立方米,占比 30.6%,同比增长 8.9%;化工用气 290 亿立方米,占比 15.8%,同比增长 3.6%。2015 年,城镇燃气和发电用气快速增长,成为拉动天然气需求增长的主要动力;交通用气增速放缓;工业用气需求低迷;化工用气同比下降。2015 年,中国城镇燃气天然气消费量约为 758 亿立方米,同比增长 13.1%,较天然气消费总量增速高 9.4 个百分点,占比 39.7%;发电用气 294 亿立方米,占比 15.4%,同比增长 12.2%;工业用气 576 亿立方米,占比 30.2%,同比下降 5.4%;化工用气 282 亿立方米,占比 14.8%,同比下降 6.5%(图 5-3)。

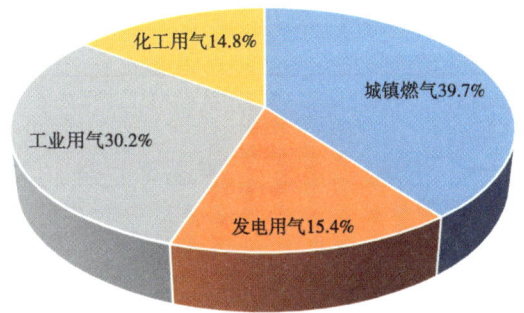

图 5-3　2015 年中国天然气消费结构

第二节 城镇燃气需求总量及特征

参考 GB/T 4754—2011《国民经济行业分类》的行业划分,在本报告中,城镇燃气(居民)是指与居民生活相关的天然气消费,包括:(1)生活消费;(2)交通运输、仓储和邮政业消费;(3)批发、零售和住宿、餐饮业消费;(4)建筑业消费;(5)燃气生产和供应业消费;(6)水的生产和供应业消费;(7)农、林、牧、渔、水利业消费;(8)其他行业消费。

生活,交通运输、仓储和邮政业,批发、零售业和住宿、餐饮业是城镇燃气的主要消费行业,占部门消费总量的90%以上。2000年,三个行业的用气规模分别为32.32亿立方米、8.81亿立方米和3.47亿立方米,2014年分别为342.58亿立方米、214.42亿立方米和46.63亿立方米,年均增长18.3%、25.6%和20.4%。此外,包括在城镇燃气部门的其他行业天然气消费增长迅速,2014年天然气消费量达到41.31亿立方米,成为城镇燃气的第四大用气行业(表5-1)。

表5-1 2000年、2014年城镇燃气用气情况

行业	用气(亿立方米)		年均增长率(%)
	2000年	2014年	
农、林、牧、渔、水利业	0	0.79	—
燃气生产和供应业	1.68	9.76	13.39
水的生产和供应业	0.02	0.27	20.43
建筑业	0.82	1.88	6.11
批发、零售业和住宿、餐饮业	3.47	46.63	20.39
交通运输、仓储和邮政业	8.81	214.42	25.61
生活	32.32	342.58	18.37
其他行业	0.64	41.31	34.67
合计	47.76	657.64	20.60

资料来源:国家统计局、香港环亚经济数据有限公司(CEIC)。

一、生活天然气消费❶逐年上升,人均用气量保持稳定

居民生活用气主要包括热水、炊事和家庭分户采暖等。2000年,居民生活用气量为32亿立方米,2014年为342.6亿立方米,年均增长18.3%。在此期间,人均生活用气量相对稳定,保持在120~140立方米/年之间(图5-4)。

---

❶ 含集中供暖。

第五章 中国天然气需求行业结构变化

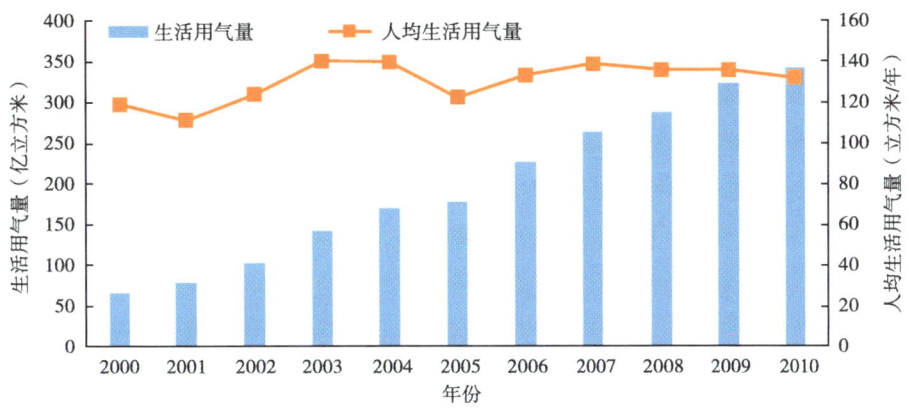

图 5-4　2000—2010 年居民生活用气量及人均生活用气量
资料来源：国家统计局、CEIC

二、商业用气总量持续增长，与居民用气比例稳定

商业用气部门主要包括批发、零售业和住宿、餐饮业。2000 年，商业用气量为 3.47 亿立方米，2014 年为 46.63 亿立方米，年均增长 20.39%。在此期间，商业用气占居民生活用气的比例相对稳定，保持在 11%～14% 之间（图 5-5）。

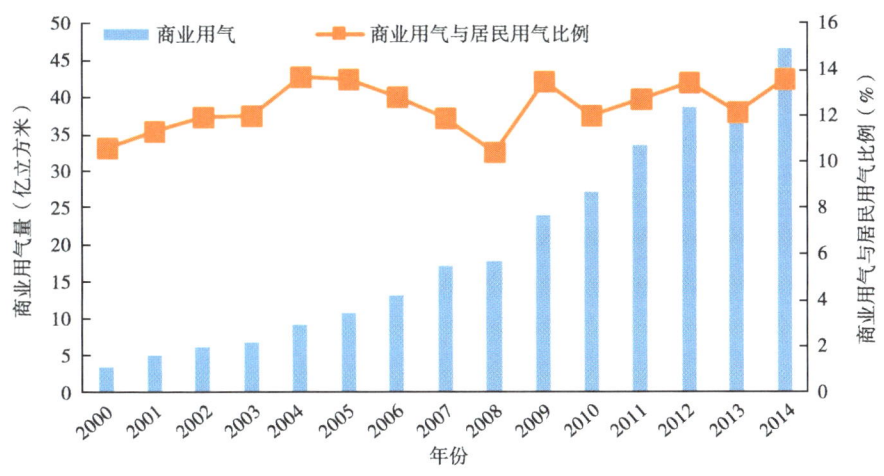

图 5-5　2000—2014 年商业用气量及商业用气占居民用气比例
资料来源：国家统计局、CEIC

第三节　交通用气需求总量及特征

天然气在交通领域主要用作燃料。2000—2014 年，中国交通用气从 8.8 亿立方米上升至 214.42 亿立方米，年均增长 25.61%（图 5-6）。

中国 20 世纪 50 年代就开始使用天然气汽车，经过几十年的发展，目前 31 个省份均不同程度地使用天然气汽车。2000 年以来，中国天然气汽车得到了较快发展，保有量从

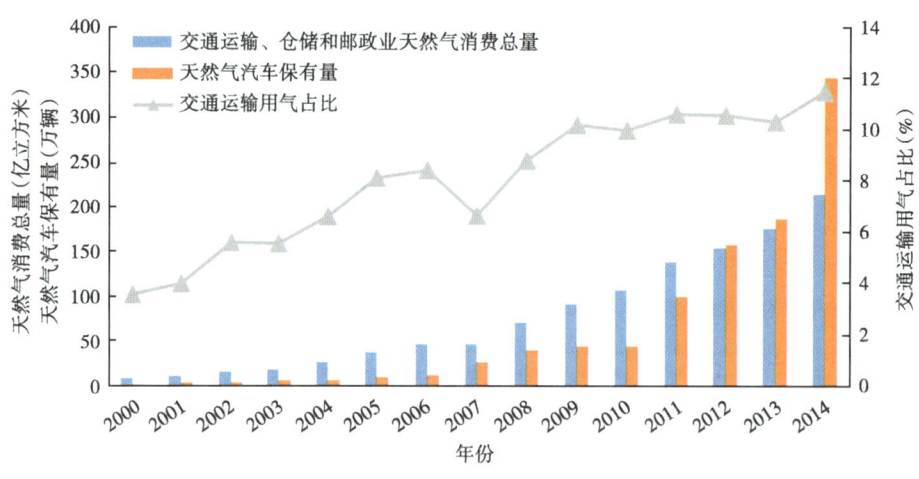

图 5-6　2000—2014 年交通用气及天然气汽车保有量
资料来源：国家统计局、CEIC
本书课题组根据相关资料分析、整理

2000 年末的 0.6 万辆增长到了 2015 年的约 500 万辆。但从加气站的数量和用气的车船数量来看，目前天然气在交通运输领域的应用仍处于初级阶段。目前，中国营运天然气汽车年均增长约 10 万辆。其中，以 CNG 为主的出租车和公交车总数超过 176 万辆，以 LNG 为主的公交车、重卡及城际客车总数约 20 万辆。中国 LNG 汽车研究初期主要集中在 LNG 客车领域，从客运市场来看，气源丰富地区（如西南地区）小众客车企业占据舞台。从货运市场来看，国内大型汽车厂和发动机厂不断加大产品开发力度，相继推出各自的 LNG 卡车产品，极大促进了中国 LNG 卡车市场的发展[8]。

中国 LNG 动力船舶的研究和应用始于 2010 年。截至 2015 年底，国内用于内河运输的 LNG 动力船保有量约 106 艘，主要航行于长江中下游地区。其中，改造的船舶有 37 艘，新建的船舶有 69 艘，但真正投入运营的仅 30 艘。2014 年底，中国投产水上加注站 3 座。海洋机动渔业船舶 LNG 动力改造已完成 21 艘，主要分布在天津地区，但由于气源供应问题，多数 LNG 动力渔船尚未运营。2014 年，国内已建的 LNG 动力船舶主要分布在长江水域和西江水系。沿海 LNG 燃料动力的改造在港作拖轮和集装箱船上取得了突破。

第四节　工业燃料用气需求总量及特征

工业燃料包括采掘业和制造业（除化学原料及化学制品制造业外）的天然气消费，其中，煤炭开采和洗选业，石油和天然气开采业，纺织业，石油加工、炼焦及核燃料加工业，非金属矿物制品业，黑色金属冶炼及压延加工业，有色金属冶炼及压延加工业，交通运输设备制造业 8 个行业的天然气消费量约占工业消费总量的 90%。

2000 年，天然气作为燃料的重点行业消费总量为 92.72 亿立方米，2014 年为 520.27 亿立方米，年均增长 13.11%。

石油和天然气开采业以及石油加工、炼焦及核燃料加工业，黑色金属冶炼及压延加工业，交通运输设备制造业和纺织业用气起步较早，在 2000 年天然气消费量就超过 1 亿立方米。煤炭开采和洗选业、有色金属冶炼及压延加工业虽然用气起步相对较晚，但用气量年均增长 40% 左右，大幅超过其他重点行业（表 5-2）。

表 5-2 2000 年、2014 年工业燃料重点行业用气情况

指标	用气量（亿立方米）		年均增长率（%）
	2000 年	2014 年	
纺织业	1.09	4.55	10.75
煤炭开采和洗选业	0.1	12.67	41.32
交通运输设备制造业	1.68	34.62	24.12
有色金属冶炼及压延加工业	0.49	42.64	37.58
黑色金属冶炼及压延加工业	1.68	43.55	26.18
非金属矿物制品业	2.46	92.90	29.61
石油加工、炼焦及核燃料加工业	13.24	142.08	18.47
石油和天然气开采业	71.98	147.26	5.25
合计	92.72	520.27	13.11

资料来源：国家统计局、CEIC。

近两年，主要工业用气行业产能过剩，工业用气需求疲软。此外，受竞争能源价格大幅走低影响，部分工业用户"煤改气"缺乏积极性，甚至出现了逆替代现象。然而随着环保压力的加大，气价下调，天然气相对替代能源的经济性提升，京津冀、长三角、珠三角地区工业企业"煤改气"工程将稳步推进，用气量有望稳定增长。

一、石油和天然气开采业用气量保持增长，占工业用气比重持续下降

石油和天然气开采业是最大的工业用气部门。2000 年，石油和天然气开采业的用气量为 72 亿立方米，占工业用气总量的比重高达 36%，2014 年用气量为 147.26 亿立方米，比重降为 12%。

天然气是石油和天然气开采业最重要的一次能源，主要用于稠油热采、原油的加热输送等。2000—2014 年，石油和天然气开采业用气量增加，天然气占该行业一次能源消费总量的比重逐年升高，从 2000 年的 24% 上升到了 2014 年的 46%，但占工业用气的比重大幅下降（图 5-7）。

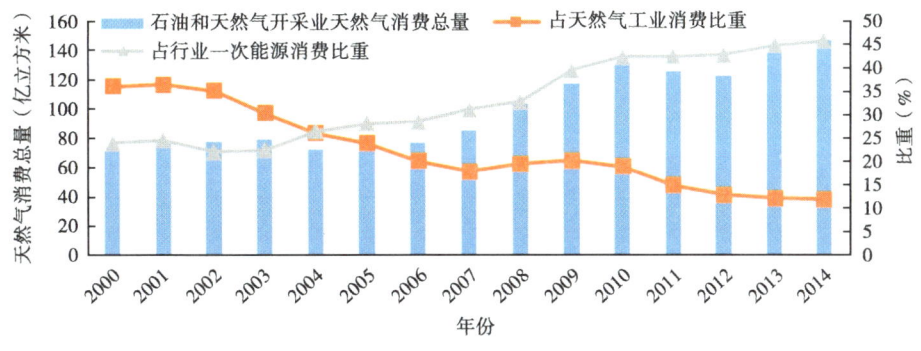

图 5-7 2000—2014 年石油和天然气开采业天然气消费趋势
资料来源：国家统计局、CEIC

2000 年，中国原油产量为 23228 万吨标准煤，天然气产量为 3646 万吨标准煤。2014 年，原油产量上升至 30240 万吨标准煤，天然气产量为 17280 万吨标准煤。除了 2004—2007 年外，石油和天然气开采业单位产量的天然气耗保持在 27～31 立方米/吨标准煤之间（图 5-8）。

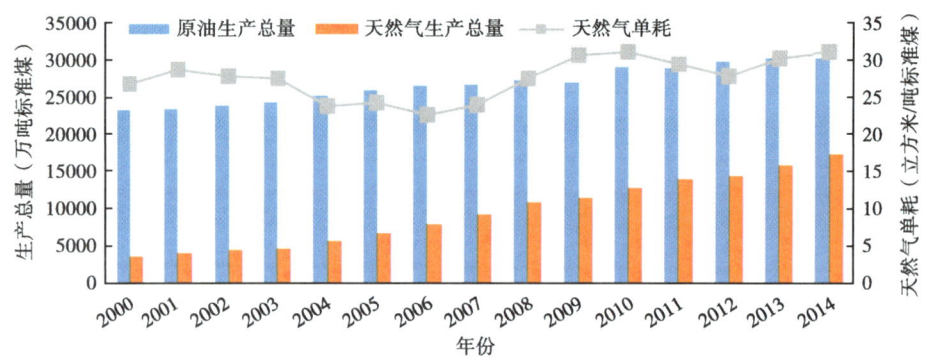

图 5-8　2000—2014 年石油和天然气开采业天然气单耗
资料来源：国家统计局、CEIC

二、石油加工、炼焦及核燃料加工业用气量与占工业用气比重均保持上涨

石油加工、炼焦及核燃料加工业是第二大工业用气部门。2000—2009 年，天然气消费量增长较缓，2000 年为 13.2 亿立方米，2009 年为 26.7 亿立方米，年均增长 8.1%，占行业一次能源消费总量比重保持在 2.5% 左右，占工业天然气消费总量比重有所下降。2010—2014 年，天然气消费量大幅提高，占行业一次能源消费总量的比重上升至了 9.34%（图 5-9）。

图 5-9　2000—2014 年石油加工、炼焦及核燃料加工业天然气消费趋势
资料来源：国家统计局、CEIC

三、非金属矿物制品业用气量上涨，占工业用气比重保持稳定

非金属矿物制造业的主要产品包括玻璃和陶瓷。近年来，中国非金属矿物制造业发展迅速，2000年规模以上工业企业销售产值为3558.98亿元，2014年为58239.63亿元，年均增长22.1%。

非金属矿物制造业属于用气较早行业，近年来天然气消费增长迅速，2000年用气量为2.5亿立方米，2014年上升至92.9亿立方米，成为第三大工业用气行业。天然气占该行业一次能源比重也大幅提高，从2000年的0.21%上升至2014年的3.38%（图5-10）。

图5-10　2000—2014年非金属矿物制品业天然气消费趋势

资料来源：国家统计局、CEIC

四、黑色金属冶炼及压延加工业用气量上涨，占工业用气比重小幅上扬

黑色金属冶炼及压延加工业主要是钢铁行业，是工业部门能耗最大的行业。2000年以来，该行业天然气消费量增长迅速，2000年为1.7亿立方米，2014年为43.55亿立方米，年均增长26.18%。但相对而言，黑色金属冶炼及压延加工业天然气普及率仍处于较低水平，占行业一次能源消费总量的比重不足1%（图5-11）。

图5-11　2000—2014年黑色金属冶炼及压延加工业天然气消费趋势

资料来源：国家统计局、CEIC

五、有色金属冶炼及压延加工业用气量不断上涨，气化率快速增长

在有色金属行业中，天然气应用较为广泛的主要是铝加工行业，属于高能耗行业之一。随着中国有色金属行业的快速发展，天然气消费量也大幅提高。2000 年，行业用气量为 0.5 亿立方米，2014 年增长至 42.64 亿立方米，年均增长 37.85%。天然气在行业一次能源消费总量中所占比重也大幅提高，从 2000 年的 1.6% 上升到了 2014 年的 32.38%（图 5-12）。

图 5-12　2000—2014 年有色金属冶炼及压延加工业天然气消费趋势
资料来源：国家统计局

六、交通运输设备制造业用气量、气化率、占工业用气比重振荡上涨

21 世纪以来，中国交通运输设备制造业发展迅速，主要产品包括汽车、火车机车等。该行业天然气消费量增长迅速，2000 年为 1.7 亿立方米，2014 年为 34.62 亿立方米，年均增长 24.12%。天然气消费占行业一次能源消费总量比重逐年提高，从 2000 年的 0.31% 上升至 2014 年的 2.28%（图 5-13）。

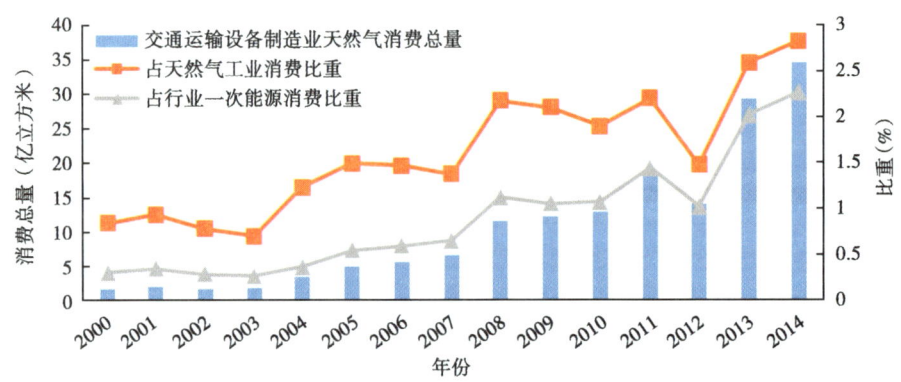

图 5-13　2000—2014 年交通运输设备制造业天然气消费趋势
资料来源：国家统计局、CEIC

第五节 发电用气需求总量及特征

进入 21 世纪以来，中国天然气发电领域快速发展。截至 2014 年，中国全口径发电设备装机容量为 137018 万千瓦，天然气发电装机 5697 万千瓦，约占全国总装机的 4%，较 2009 年的 2.9% 有所提高（图 5-14）。而发电天然气消费量呈逐年上升趋势，但增速有所减缓，同时发电天然气占天然气总需求比例缓慢攀升，至 2014 年，中国发电天然气需求量为 352 亿立方米，占全国天然气总需求的 19.71%（图 5-15）。

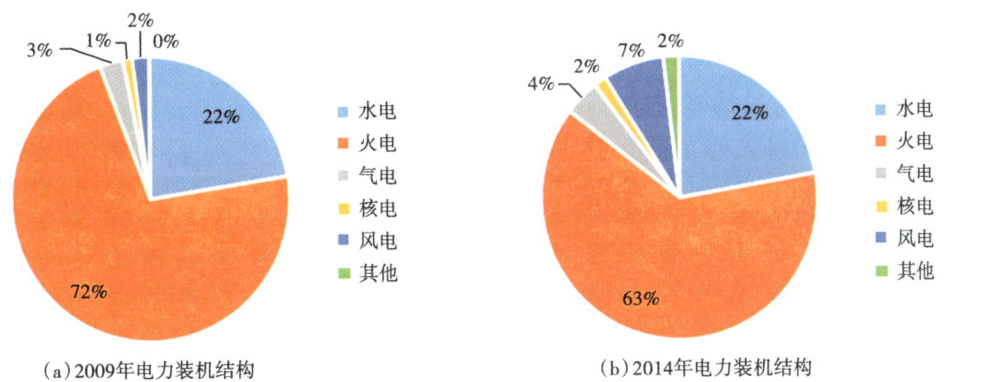

图 5-14 2009 年与 2014 年天然气发电装机占比
资料来源：中国电力企业联合会

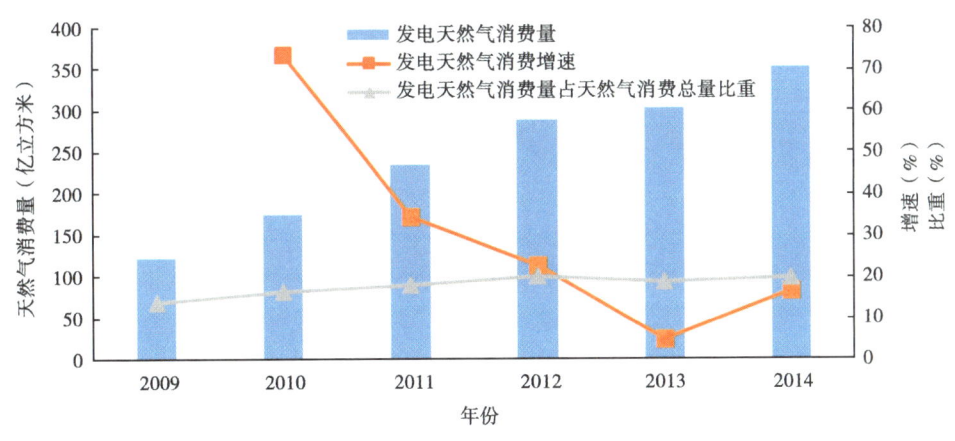

图 5-15 发电天然气消费量、消费量增速及占比
资料来源：中国产业信息网、《BP 世界能源统计年鉴 2014》、国家发改委

天然气发电主要用于调峰燃气电厂、天然气热电联产以及天然气分布式能源。中国燃气电厂最早建在气田周边，供油气田的生产、生活自备使用。随着天然气工业的快速发展和城市大气环境的改善需求，天然气发电发展迅速。中国天然气发电厂主要分布于长江三角洲、东南沿海等经济发达省市，京津冀地区及中南地区也有部分燃气电厂。此外，西部

地区的油气田周边有少量自备燃气电厂。广东、福建及海南三省燃气电厂装机容量达 1750 万千瓦,占全国燃气装机总量比例的 34%;苏浙沪三省市燃气电厂占比约 32%;京津地区占比约 23%。近两年,随着中国各地环保压力不断加大,山西、宁夏、重庆等地也陆续有燃气电厂投产,燃气电厂分布更加广泛。

第六节 化工用气需求总量及特征

目前,中国天然气化工行业已形成一定的生产规模,产品主要包括合成氨、甲醇、化肥等,产地集中在四川、重庆、新疆等天然气资源丰富的地区。

2000—2007 年,中国化工用气快速增长,2000 年用气量为 88.7 亿立方米,2007 年为 207.1 亿立方米,年均增长 12.9%。2000—2007 年化工一直是利用天然气的重要部门,其天然气消费量占全国天然气消费总量的比重维持在 30%~40%之间。这主要是以天然气为原料制甲醇和以天然气为原料生产氮肥的项目不断发展的结果[9]。2007 年 8 月,国家发改委印发《天然气利用政策》,将天然气化工归为限制类和禁止类,抑制了天然气化工发展。2008—2014 年,化工用气占全国消费的比重进一步降低,保持在 17%左右(图 5-16)。

图 5-16 化工用气总量及其占天然气消费比重

资料来源:国家统计局

第六章 中国天然气价格政策与终端用户的价格承受能力

中国天然气价格经过多轮的定价机制改革和价格调整,天然气领域基本建立了反映市场供求和资源稀缺程度的价格动态调整机制。各行业的价格可承受水平不尽相同。

第一节 中国天然气价格形成机制

新中国成立以来,中国天然气定价机制也历经了政府定价、价格双轨制、以成本加成法政府指导价和以城市门站环节最高限价法的政府指导价(同时在个别领域实行市场化定价,譬如不进入长输管网的非常规气出厂价、LNG 气源价格以及大用户直供天然气)以及基准门站价格管理的演变,其间对天然气价格进行了若干次调整,总体以调价为主,定价机制改革为辅。目前的天然气定价机制仍主要以 2013 年的新方案为基础,较之前具有根本性的变化。

在 2013 年改革之前,我国实行的天然气定价机制主要内容是天然气价格由中央政府和地方政府分段定价。在国家计划管理之下,由国家发改委制定天然气出厂价格和管道运输价格。直供大用户天然气价格由用户和天然气管道公司谈判形成。城镇燃气价格由地方配气公司与天然气管道公司谈判,并经地方物价局批准形成。国家和地方物价主管部门在制定天然气价格时(包括出厂价格、管道运输价格和终端用户价格),均采用成本加成的方法,依据天然气成本加合理利润并兼顾用户承受能力来确定天然气价格。

2013 年 6 月,在总结广东和广西天然气价格形成机制改革试点经验的基础上,国家发改委发布的《关于调整天然气价格的通知》,确定了新的天然气定价方案。新方案将"两广"试点的净回值模式向全国推广,稍有不同的是,非"两广"区域将区分存量气(2012 年用户实际使用气量)与增量气(超出存量气量的部分),增量气价格一步调整到与燃料油、液化石油气(权重分别为 60%和 40%)加权价格乘以一定折扣比率(非"两广"增量气按 85%,"两广"增量气按 90%)的方式确定;存量气价格分步调整,"十二五"末已调整到位。

此后,国家发改委在该方案的基础之上对定价机制进行微调和完善,分别是:(1)2014 年 3 月,国家发改委印发了《关于建立健全居民生活用气阶梯价格制度的指导意见》,要求在 2015 年底以前,所有已通气城市均应建立起居民生活用气阶梯价格制度;(2)按照 2015 年实现与增量气价格并轨的既定目标,2014 年 8 月,国家发改委下发了《关于调整非居民用存量天然气价格的通知》,自 2014 年 9 月 1 日起,提高非居民用存量天然气价格;(3)2015 年 2 月,国家发改委下发了《关于理顺非居民用天然气价格的通知》,决定自2015年4月1日起,实现存量气和增量气价格并轨,并试点放开直供用户天然气门站价格;(4) 2015年11月,国家发改委发布通知,决定将非居民用气最高门站价格每千立方米降低700元(2015年11月20日起执行),并由现行最高门站价格管理改为基准门站价格管理,降低后的门站价格作为基准门站价格,供需双方可在上浮20%、下浮不限的范围内协商确定具体门站价格,方案实施时门站价格暂不上浮,自2016年11月20日起允许上浮(图6-1)。同时,推动天然气市场建设,推进天然气公开透明交易。

图6-1 2014年以来的门站价
资料来源:本书课题组测算

此外,在车船用天然气领域:一方面,国家发改委在2010年的《关于提高国产陆上天然气出厂基准价格的通知》中规定,各地要按照与90号汽油最高零售价格不低于0.75:1的比价关系,理顺车用天然气和汽油的比价关系;另一方面,车船用LNG的价格则按照目前的定价机制随行就市。

经过多轮的定价机制改革和价格调整,天然气领域基本建立了反映市场供求和资源稀缺程度价格动态调整机制,但是新的定价机制仍然是天然气价格市场化改革的阶段性方案,由于近期油气市场形势的转折性变化以及价格机制中本身存在的结构性弊端,其在运行过程中依然暴露出不少问题。

第一,囿于产业结构的限制,现行定价机制鼓励竞争作用不足,价格通过市场自发力量下调的空间有限。价格机制的有效性与产业结构息息相关,因此在中国推进天然气价格改革如果不对天然气的产业组织进行调整,则价格改革的有效性会大打折扣。目前的净回值法定价机制是针对国产陆上常规气、进口管道气以及进入主干管网的非常规气和进口LNG而制定的基于城市门站环节的基准价格政策,但同时国内的天然气产业是以三大石油公司为主导的以纵向一体化运营为特征的组织形式,三大石油公司均具有自己的油气田、主干管网、LNG接收站和燃气销售公司,上游行政性垄断、管网和LNG接收站并没有独立和实行公开的第三方准入,因此交叉补贴和准入歧视在所难免。其中,仅中国石油一家就在天然气上游供应、中游管网、下游销售环节均占全国的70%以上。这种市场格局必然造成现行政策确定的门站价最高限价基本上代表了各省的气源价格,特别是由于三大石油公司在前期国际天然气价格高企、国内天然气供应紧张时期签订大量高价的进口天然气照付不议合同，因此导致其根本没有积极性降低价格销售，从而在市场供过于求的大环境下，价格通过市场自发力量下调的空间有限。

第二，净回值法作价公式不科学，也没有明晰的价格调整规则。一方面，净回值法作价公式中选取的是燃料油和LPG，但实际上这两种能源都不是天然气的直接替代能源。在发电领域中，天然气主要与煤炭形成替代关系，在交通领域，天然气主要与汽柴油形成替代关系，在民用及其他一些领域，天然气也会与电形成替代关系。因此，净回值法的定价公式中对这些主要的替代能源完全不予考虑，明显欠缺科学性。另一方面，目前净回值法定价公式中的折价系数为0.85，在实际运行中发现，这个系数明显偏高，燃料油和LPG的价格与国际原油价格息息相关，因此净回值法的天然气门站价格根本上也是与国际油价直接关联，而采用0.85的折价系数，则会大大降低天然气的市场竞争力。

此外，虽然早在2005年就引入了天然气价格动态调整机制，但一直没有得到有效执行，公众并没有清晰的关于天然气调价窗口和调价周期的认知。2014年下半年以来，国际油气价格和国内煤炭价格大幅度下跌，定价公式中的替代能源燃料油和液化石油气价格跌幅分别达23%和41%，但由于国内天然气定价机制相对滞后，并没有做出及时调整以及调整幅度不够，因此降低了天然气经济性，导致天然气逆替代，价格根本不能没有反映市场真实供求关系。

第三，天然气价格体系不完善，交叉补贴严重。一方面，目前国内的天然气价格体系不完整，季节性差价、可中断气价、峰谷气价、储气价等由于缺乏具体的实施管理办法，对如何测算成本和定价、由谁监管缺乏具体的规定，实际中难以贯彻执行。另一方面，中国针对不同天然气利用行业的价格体系与实际供气成本背道而驰，存在严重的交叉补贴。长期以来，中国为民生考虑，采用居民用气低价格，工业、发电用气高价格的定价模式，前者仅为后两者的60%，形成了一种居民用气高成本、低价格，工业和发电用气低成本、低经济承受力却要承担高价格的与市场背道而驰的价格结构，工商业对居民用气的交叉补贴严重。而美国、日本等天然气发展较为成熟国家的终端价格结构则充分考虑了市场和成本因素，其居民用气价格为发电和工业用气价格的2~3倍❶。而中国不合理的天然气终端价格结构不仅严重抑制了工商业使用天然气的积极性，阻碍了中国能源结构的改善，而且也大大增加了城镇燃气公司对居民用气进行调峰和盈利的难度。

第四，车用天然气与成品油的比价关系不合理。按照目前的技术水平，天然气替代1升汽油要用1~1.05立方米，替代1升柴油则需要1.2~1.4立方米。2010年5月，《国家发展改革委关于提高国产陆上天然气出厂基准价格的通知》要求"各地要按照与90号汽油最高零售价格不低于0.75:1的比价关系，理顺车用天然气价格，保持车用天然气的合理比价。"但实践证明，当每立方米车用气价格达到每升0号柴油价格的0.65以上时，公路天然气客、货运车将失去经济优势，导致销量减缓甚至停滞（图6-2、图6-3）。

---

❶ 因居民用气量少且不同时段、季节的用气量差别巨大，对调峰要求较高，而工商业用户用气量大且较为平稳，所以对居民用户的单位供气成本要高于工商业用户。

国内外车用天然气市场展望

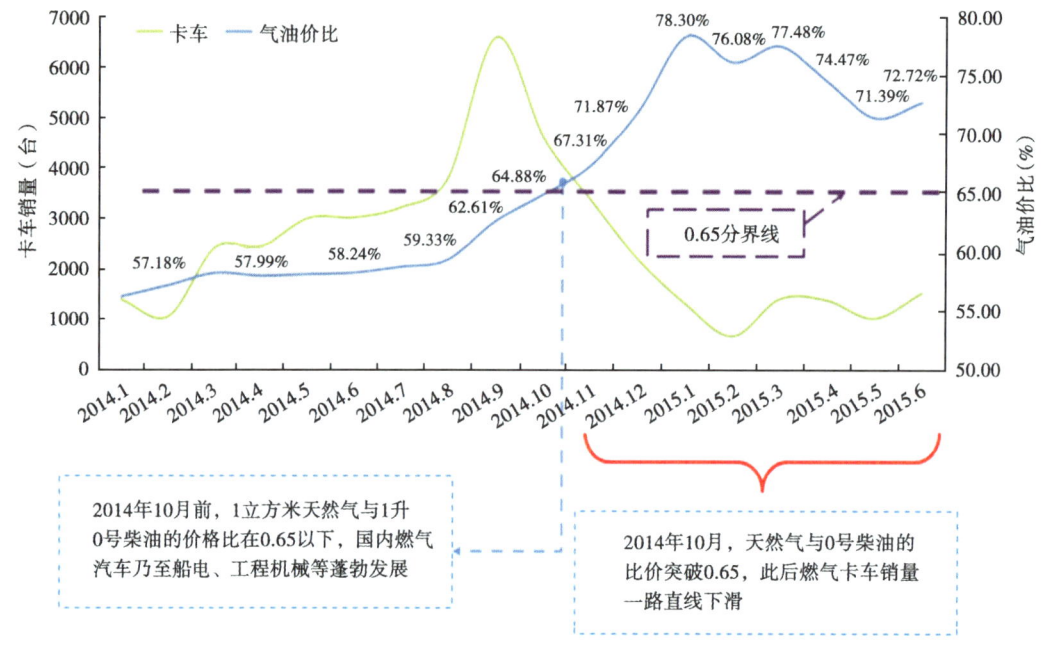

图 6-2 气油价格比与天然气卡车销量对比图
资料来源：潍柴西港新能源动力有限公司

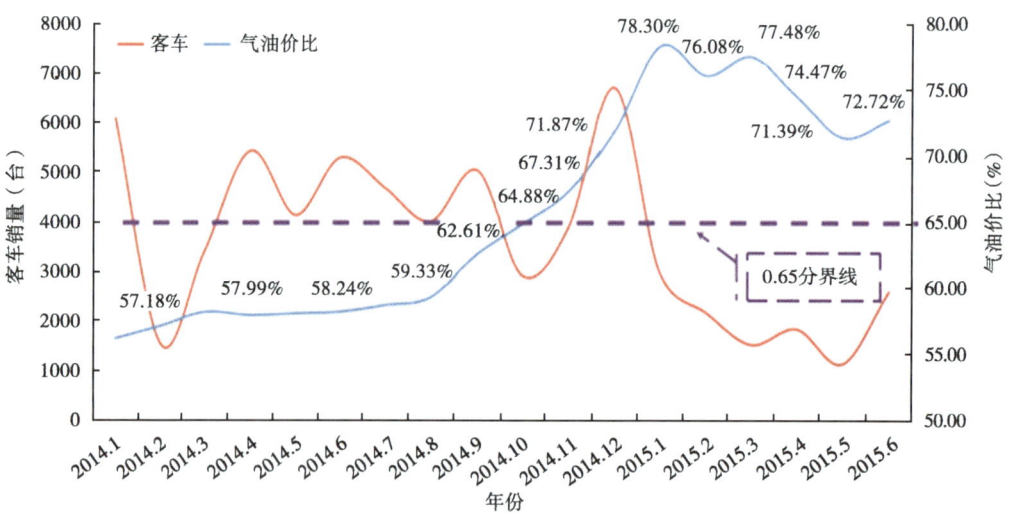

图 6-3 气油价格比与天然气客车销量对比图
资料来源：潍柴西港新能源动力有限公司

国家大力推广混合动力及纯电动车，财政补贴力度非常大，严重影响燃气公交车的购买积极性；高速公路沿线的加气站布局缓慢；天然气价格持续高位，燃气客运车经济性消失，严重影响行业发展。

第二节 城镇燃气的价格承受能力

一、居民生活用气[1]

随着中国城镇居民气化率的进一步提高,城镇居民生活使用天然气的比例逐步提高。居民生活用气主要用于烹饪、热水、采暖等,用气指标受居民生活习惯、基础设施和价格影响大。

从居民可供选择的能源种类来看,分为电、瓶装液化气和天然气,因此城镇居民生活用天然气与液化气、电存在竞争关系,而电由煤转化而来,城镇居民生活用天然气与煤存在间接替代关系。

1. 天然气替代液化气的价格承受能力分析

液化气属于石油炼制过程中的副产品,其价格与原油价格存在较强的相关性。当国际原油价格为100美元/桶时,家庭小瓶装液化气价格约为8.23元/千克,而当国际原油价格为60美元/桶时,瓶装液化气价格约为6.64元/千克。

城镇居民生活用管道天然气与瓶装液化气的热效率都在60%左右,按有效热值成本相等的原则测算天然气替代液化气的价格承受能力,当国际原油价格100美元/桶时为5.62元/米^3,而当国际原油价格60美元/桶时为4.54元/米^3(表6-1)。

表6-1 居民生活用天然气替代液化气的价格承受能力

国际原油价格 (美元/桶)	小瓶液化气			有效热值成本 (元/吉焦)	天然气		
	价格 (元/千米)	热值 (兆焦/千克)	热效率 (%)		热效率 (%)	热值 (兆焦/米^3)	可承受价格 (元/米^3)
100	8.23	50.25	60	273	60	34.34	5.62
80	7.43			246			5.08
60	6.64			220			4.54

若以2016年1月的国际油价31.11美元/桶来测算,则液化气价格约为5.5元/千克,相应的天然气价格承受能力为3.75元/米^3。

2. 天然气替代电的价格承受能力分析

电也是一种清洁高效的家庭用能源,当天然气价格与电价相比缺乏竞争力时,居民会转向使用电器设备,如燃气热水器改为电热水器,而且随着未来电气化程度的提高,居民生活用能中电的比重将稳步提升,将会使居民生活用气量下降。

据相关资料,居民家庭用燃气热水器的热效率为75%左右,而电热水器的热效率约为98%。按有效热值成本相等的原则测算天然气替代电的价格承受能力,现行居民生活用电价格维持在0.4~0.6元/(千瓦·时)之间时,天然气替代电的价格承受能力为2.92~4.38元/米^3(表6-2)。

---

[1] 不含集中供暖。

表 6-2　居民生活用天然气代替电的价格承受能力

居民用电			有效热值成本 （元/吉焦）	天然气		
价格 [元/(千瓦·时)]	热值 [兆焦/(千瓦时)]	热效率 （%）		热效率 （%）	热值 （兆焦/米³）	可承受价格 （元/米³）
0.6	3.6	98	170	75	34.34	4.38
0.5			142			3.65
0.4			113			2.92

3. 城镇居民可支配收入对天然气价格承受能力分析

与液化气相比，天然气具有便利性，不需要灌装、搬运，没有经常更换的麻烦，是一种生活质量的象征，因此使用天然气即使在成本上比液化气高，只要在收入水平可以承受的范围内，居民也会选择天然气。

根据《中华人民共和国价格法》，居民生活用天然气属于公共产品，纳入政府定价范围，需要听证程序，而政府定价的重要考量因素是城镇居民可支配收入水平。按居民平均用气量和低收入户可支配收入的3%作为居民年度燃料开支的上限测算，居民可接受的天然气价格为4.9元/米³（表6-3）。

表 6-3　居民可支配收入可承受的天然气价格

收入分组	人均可支配收入 （元/年）	居民燃料开支上限 （元/年）	居民年平均用气量 （立方米）	天然气可承受价格 （元/米³）
高收入户	56389	1692	70	24.2
中等偏上收入户	32415	972		13.9
中等收入户	24518	736		10.5
中等偏下收入户	18483	554		7.9
低收入户	11434	343		4.9

综合以上分析结果显示，2016年1月的全国民用气价格在1.79~2.96元/米³之间，气价普遍低于可承受价格，因此居民生活用气的价格承受能力较强。

二、商业服务用气

商业服务的天然气用户主要包括机场、政府机关、职工食堂、幼儿园、学校、宾馆、酒店、餐饮业、商场、写字楼等，单户用气量要远高于居民，用气方式主要是厨房和冷热空调，替代物为液化气和电。

1. 天然气替代液化气的价格承受能力分析

与居民生活用液化气不同，商业服务用户一般使用大瓶装液化气，其价格要低于居民生活用的小瓶装液化气。按照有效热值成本相等的原则测算天然气替代液化气的价格承受能力，当国际原油价格为 100 美元/桶时，为 5.34 元/米³；而当国际原油价格为 60 美元/桶时，则为 4.31 元/米³（表6-4）。

表6-4　商业服务用天然气替代液化气的价格承受能力

国际原油价格（美元/桶）	大瓶液化气			有效热值成本（元/吉焦）	天然气		
	价格（元/千克）	热值（兆焦/千克）	热效率（%）		热效率（%）	热值（兆焦/米³）	可承受价格（元/米³）
100	7.82	50.25	50	311	50	34.34	5.34
80	7.06			281			4.82
60	6.31			251			4.31

若以2016年1月的国际油价31.11美元/桶来测算，则液化气价格约为5.22元/千克，相应的天然气价格承受能力为3.57元/米³。

2. 天然气替代电的价格承受能力分析

在商业服务机构用户中推广燃气式直燃空调机，天然气与电存在替代竞争关系。按有效热值成本相等的原则测算天然气替代电的价格承受能力，当商业电价为0.9元/（千瓦·时）时，为6.3元/米³；而当商业电价为0.7元/（千瓦·时）时，则为4.8元/米³（表6-5）。

表6-5　商业服务用天然气替代电的价格承受能力

商业用电				有效热值成本（元/吉焦）	天然气			
价格[元/（千瓦·时）]	热值[兆焦/（千瓦·时）]	转换效率（%）	转换成本（元/吉焦）		转换成本（元/吉焦）	转换效率（%）	热值（兆焦/米³）	可承受价格（元/米³）
0.9	3.6	95	300	563	320	75	34.34	6.3
0.8				534				5.5
0.7				505				4.8

若以2016年1月的全国平均工商业电价0.78元/（千瓦·时）来测算，则相应的天然气价格承受能力为5.4元/米³。

综合以上分析结果，2016年1月的工商业气价分布在2.63~4.49元/米³之间，大部分地区的商业用气价格低于可承受价格，商业服务用气的价格承受能力较强。

三、城市集中供暖用气的价格承受能力分析

中国集中供热以北方地区为主，传统冬季采暖区域为东北三省、西北五省、华北五省以及山东、河南，共15个省（区、市），以燃煤锅炉为主。根据环境政策要求实施煤改气工程，用天然气替代煤。按单位供热面积供暖成本相等的原则测算，当煤价格为800元/吨时，天然气替代煤的价格承受能力为2.25元/米³，当煤价格为400元/吨时，为1.25元/米³（表6-6）。

国内外车用天然气市场展望

表 6-6 城市集中采暖用天然气替代煤的价格承受能力

煤				供热成本（元/米²）	天然气			
价格（元/吨）	热值（兆焦/千克）	耗量（千克/米²）	转换成本（元/米²）		转换成本（元/吉焦）	耗量（米³/米²）	热值（兆焦/米²）	可承受价格（元/米³）
800				36				2.25
600	20.94	30	12	30	9	12	34.34	1.75
400				24				1.25

按照 2016 年 1 月的 5000 大卡动力煤价格指数（含税）约为 330 元/吨测算，天然气的价格承受能力为 1.08 元/米³，远低于非居民用气价，城市集中采暖用气的价格承受能力很低。

第三节 交通用气的价格承受能力

一、CNG 汽车用气

CNG 出租车是当前天然气应用最为广泛的城市交通市场。CNG 出租车主要应用于二三线城市，以及天然气气源地附近的城市，如川渝盆地的重庆、成都等，在一些城市几乎百分百使用天然气燃料。但经过前几年的快速发展，这一市场增速已显著放缓。对于前期未投运 CNG 出租车的一线城市，目前由于城区土地严重紧张，加气站选址不易，发展 CNG 出租车的空间有限。

CNG 私家车也有一定的市场容量，但 80% 以改装车为主，主要集中在天然气出租车市场发达的二三线城市。私家车受众一般为经济性敏感的 10 万元以下的低端轿车。

城市的出租车和私家车都以可以使用 CNG 替代汽油，单车改造需要 5000 元左右。按出租车年行驶 10 万千米，私家车年行驶 2 万千米，百千米气耗为 6.63 立方米（同等车型百千米油耗为 6.5 升）来测算，不同气油（汽油）价格比下的成本回收时间见表 6-7。

表 6-7 CNG 轿车用气替代汽油的价格承受能力

车型	燃料	百千米耗油/气（升/100 千米、立方米/100 千米）	燃料价格（元/升、元/米³）	气油价格比	年里程（百千米）	年燃料费（元）	额外改装成本（元）	收回成本时间（年）	收回成本时间（月）
出租车	汽油	6.5	5.56		1000	36140			
	CNG	6.63	4.45	0.8	1000	29490.24	5000	0.75	9
	CNG	6.63	3.89	0.7	1000	25803.96	5000	0.48	6
	CNG	6.63	3.34	0.6	1000	22117.68	5000	0.36	4
	CNG	6.63	2.78	0.5	1000	18431.4	5000	0.28	3
	CNG	6.63	2.22	0.4	1000	14745.12	5000	0.23	3

续表

车型	燃料	百千米耗油/气（升/100千米、立方米/100千米）	燃料价格（元/升、元/米³）	气油价格比	年里程（百千米）	年燃料费（元）	额外改装成本（元）	收回成本时间（年）	收回成本时间（月）
私家车	汽油	6.5	5.56		200	7228			
	CNG	6.63	4.45	0.8	200	5898.048	5000	3.76	45
	CNG	6.63	3.89	0.7	200	5160.792	5000	2.42	29
	CNG	6.63	3.34	0.6	200	4423.536	5000	1.78	21
	CNG	6.63	2.78	0.5	200	3686.28	5000	1.41	17
	CNG	6.63	2.22	0.4	200	2949.024	5000	1.17	14

综合来看，对于轿车来说，当气油价格比在 0.8 以下时，CNG 汽车具有较好的经济性。以 2016 年 1 月的若干典型城市的 93 号汽油零售价格和 CNG 零售价格进行对比测算，发现 2015 年 11 月的天然气门站价格下调 0.7 元，使车用 CNG 的经济性有显著的提高，但是各地的经济性具有显著差异（图 6-4）。总体来看，贴近气源地区城市经济性更好。

图 6-4　2016 年 1 月若干典型城市 CNG 和气油价格比

资料来源：WIND，本书课题组测算

未来随着气价的进一步下调，CNG 出租车和私家车还有一定的发展空间，但是增速较过去 10 年将显著下降。首先，由于天然气加注站布局的完善程度相比加油站差距较大，加气的便利性严重不足；其次，由于天然气汽车对于私家车车主来讲属于劣等品，随着居民收入的普遍提升，对其经济性的需求将严重降低，天然气汽车的驾驶体验也远不如汽油车；再次，目前国家大力推进的电动汽车发展，特别是在一线城市，在出租车和私家车领域，政府鼓励电动汽车的跨越式发展，将直接从燃油车进入电动车阶段。

二、LNG 汽车用气

货运汽车的 LNG 市场是目前最具增长性的细分市场，主要是重卡以及城际大巴、中型卡车、工程车等其他车辆。重卡无论从经济驱动力还是市场规模,都是最具成长性的应用市场。而城际大巴,如超过400千米/日,也具有显著的经济效益,但受到高铁和航空快速发展的影响,预计这一市场将呈萎缩趋势。而中型卡车、工程车等其他车辆,由于燃料消耗小,只有在气源较便宜的区域才有经济性。自2011年以来,LNG加气站建设高速发展,预计2020年之前将在主要的港口、园区和物流货运通道完成加注站布局。而随着加注网络的完善,LNG车辆的增速将高于LNG加注站增速,并显著改善LNG加注站的运营效率和盈利水平,促进行业进入良性循环。

城市公交也是CNG/LNG应用的重要细分市场,一方面是公交车的线路固定,另一方面,由于公交公司一般都有自有的公交场站,即使在一线城市,也便于建设LNG/CNG加气站,因此也有较大的发展空间。

仿效CNG汽车经济性的测算思路,重卡、城际客车和公交车都可以使用LNG替代柴油,额外改装或是单车购置成本将比普通柴油车高10万元、8万元和8万元,假定单车年度行驶里程分别为13.6万千米、9.9万千米和9.9万千米,单车百千米气耗分别为72立方米、36立方米和48立方米,同等车型的单车百千米油耗分别为60升、30升和40升,则不同气油(柴油)价格比下的成本回收时间见表6-8。

表6-8 LNG汽车用气替代柴油的价格承受能力

车型	燃料	百千米耗油/气(升/100千米、立方米/100千米)	燃料价格(元/升、元/米³)	气油价格比	年里程(百千米)	年燃料费(元)	额外改装成本(元)	收回成本时间(年)	收回成本时间(月)
公交车	柴油	40	5.15		990	203940			
	LNG	48	4.12	0.8	990	195782.4	80000	9.81	118
	LNG	48	3.61	0.7	990	171309.6	80000	2.45	29
	LNG	48	3.09	0.6	990	146836.8	80000	1.40	17
	LNG	48	2.58	0.5	990	122364	80000	0.98	12
	LNG	48	2.06	0.4	990	97891.2	80000	0.75	9
城际客车	柴油	30	5.15		990	152955			
	LNG	36	4.12	0.8	990	146836.8	80000	13.08	157
	LNG	36	3.61	0.7	990	128482.2	80000	3.27	39
	LNG	36	3.09	0.6	990	110127.6	80000	1.87	22
	LNG	36	2.58	0.5	990	91773	80000	1.31	16
	LNG	36	2.06	0.4	990	73418.4	80000	1.01	12
重卡	柴油	60	5.15		1360	420240			
	LNG	72	4.12	0.8	1360	403430.4	100000	5.95	71
	LNG	72	3.61	0.7	1360	353001.6	100000	1.49	18
	LNG	72	3.09	0.6	1360	302572.8	100000	0.85	10
	LNG	72	2.58	0.5	1360	252144	100000	0.59	7
	LNG	72	2.06	0.4	1360	201715.2	100000	0.46	5

综合来看，对于 LNG 汽车来说，当气油价格比在 0.7 以下时，LNG 汽车具有较好的经济性。以 2016 年 1 月的若干典型城市的 0 号柴油零售价格和 LNG 零售价格进行对比测算，发现 2015 年 11 月的天然气门站价格下调 0.7 元，使车用 LNG 的经济性有显著的提高，但是由于天然气中间环节加多，从门站向加气站终端的传导不畅通，除个别气源地附近城市外，大部分地区车用 LNG 零售价格下降 0.4 元左右，导致下调门站价格的效果打了折扣，使各地的经济性具有显著差异（图 6-5）。整体来看，目前比价关系下车用 LNG 的经济性较差。

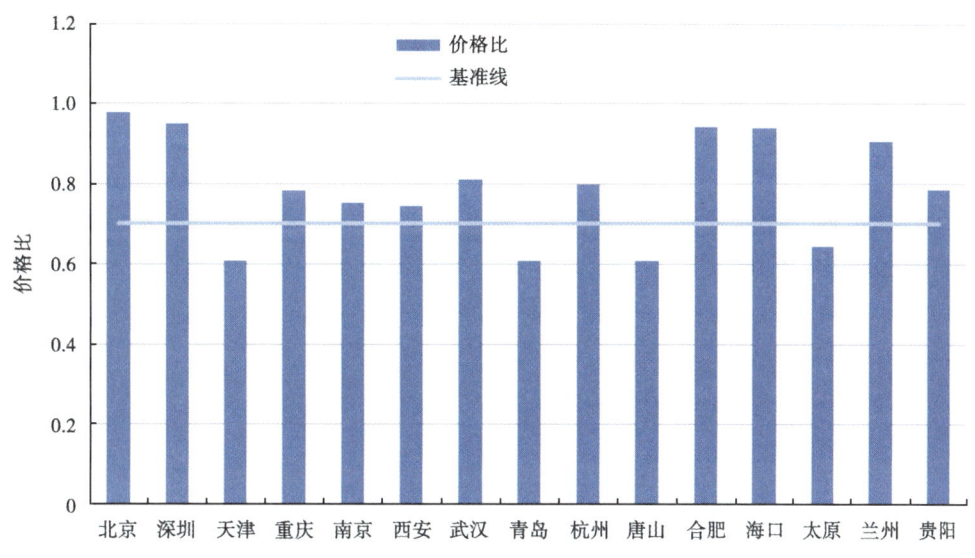

图 6-5　2016 年 1 月若干典型城市 LNG 和柴油价格比
资料来源：WIND，本书课题组测算

三、LNG 船舶用气

船用 LNG 市场是正在启动的一个重要细分市场。船舶燃料消耗大，且航线比较固定，一般呈线性分布，对加注站的网络外部性要求低，只要技术和商业模式成熟，更容易快速发展起来。目前船舶燃料分为轻质油和重油，由于重油价格低，LNG 不具有竞争性，LNG 替代市场主要是轻质油，轻质油主要集中在内河水系（如内河运输船、挖沙工程船等）和部分沿海渔船。内河货船全年耗油平稳、线路固定，一般可在服务区加油。挖沙工程船数量不大，但作业燃料用量大，加注频次高，用量稳定，分布相对集中，可专设加注站，这两类用户是较易开发的细分市场。沿海渔船虽然保有量大，但是渔船受休渔期等因素影响，季节性强、线路不固定，运行不规律，老旧化严重，且改造后无法享受渔船燃油补贴政策，短期内发展缓慢。目前，国家和地方政府都在大力推动 LNG 在船用市场的应用，由于其单体燃料消耗大，更具有节能减排和经济效益的规模性，且与 LNG 加注站网络相比，沿航线布点加注站，更为简单和快捷。一旦条件成熟，其市场更易启动，开发周期短。

以 2000 吨级双燃料（30%柴油+70%LNG）动力船测算，改造费用为 75 万～100 万元，年航行 10 次，每航次行驶里程 1250 千米，按照 5 年回收改造费用测算，改造成本为

1200元/百千米。按船舶行驶成本相等的原则测算天然气替代柴油的价格承受能力，当国际原油价格100美元/桶时，为4.96元/米^3；而当国际原油价格为60美元/桶时，为3.47元/米^3。在船用LNG领域，天然气和柴油的合理比价也是在0.7以下，由前面的车用LNG领域的分析可见，船用LNG在目前的气油（柴油）比价关系下，经济性较差。

第四节　工业燃料用气的价格承受能力

工业燃料利用天然气主要用于熔炼炉、加热炉、热处理炉、焙烧炉、干燥炉等工业炉（建材、机电、冶金等行业）和产生蒸汽满足工艺用热的工业锅炉，用来替代燃料油、煤气和煤。

一、玻璃行业天然气替代燃料油的价格承受能力分析

玻璃主要分为平板玻璃和特种玻璃。平板玻璃分为普通平板玻璃和浮法玻璃两种。玻璃一般生产流程为：原料—熔化—成型—退火—切裁—装箱—入库—销售。天然气主要用于熔化环节，主要用气设备为玻璃窑炉。基于玻璃原料的熔化原理，玻璃企业一般采用高热值的燃料，如燃料油，因此天然气与燃料油在玻璃行业存在替代关系。

按有效热值成本相等的原则测算天然气替代燃料油的价格承受能力，当国际油价为100美元/桶时，为3.25元/米^3；而当国际油价为60美元/桶时，为1.94元/米^3（表6-9）。

表6-9　玻璃行业用天然气代替燃料油的价格承受能力

国际原油价格（美元/桶）	燃料油				有效热值成本（元/吉焦）	天然气		
	价格（元/千克）	热值（兆焦/千克）	密度（千克/升）	热效率（%）		热效率（%）	热值（兆焦/米^3）	可承受价格（元/米^3）
100	3.74	41.88	0.78	85	105	90	34.34	3.25
80	2.98				84			2.59
60	2.24				63			1.94

若以2016年1月的国际油价31.11美元/桶来测算，则燃料油价格约为1.15元/千克，相应的天然气价格承受能力约为1元/米^3，因此玻璃行业天然气替代燃料油的价格承受能力极低。

二、陶瓷行业天然气替代人工煤气的价格承受能力分析

陶瓷行业细分为卫生陶瓷、特种陶瓷、日用陶瓷、艺术及其他陶瓷四个行业。根据陶瓷产品的生产工艺，总体分为原料制模成型—烧制—冷却上釉—再烧制等工艺流程，天然气主要用于窑炉加热。

为保证陶瓷产品的质量，要求燃料纯净、无杂质及供气稳定，一般采用人工煤气，因此天然气和人工煤气存在替代关系。按有效热值成本相等的原则测算，当煤价为800元/吨时，为2.80元/米^3；而当煤价为400元/吨时，为2.12元/米^3（表6-10）。

表 6-10　陶瓷行业用天然气代替人工煤气的价格承受能力

煤				煤气热值（兆焦/米³）	有效热值成本（元/吉焦）	天然气	
价格（元/吨）	热值（兆焦/千克）	转换率（立方米/千克）	转换成本（元/米³）			热值（兆焦/米³）	可承受价格（元/米³）
800					82		2.80
600	20.94	1.2	0.7	16.75	72	34.34	2.46
400					62		2.12

按照2016年1月的5000大卡动力煤价格指数（含税）约为330元/吨测算，陶瓷行业天然气代替人工煤气的价格承受能力仅为2元/米³，远低于工业用气价格，因此该行业的价格承受能力很弱。

三、天然气替代煤生产蒸汽的价格承受能力分析

在工业生产过程中广泛使用蒸汽，蒸汽由工业锅炉产生。工业锅炉生产蒸汽对燃料的要求不高，一般采用低价的煤，因此在工业领域生产蒸汽过程中的天然气与煤存在替代关系。按有效热值成本相等的原则测算，当煤价格为800元/吨时，可承受气价为2.44元/米³；而当煤价格为400元/吨时，可承受气价为1.41元/米³（表6-11）。

表 6-11　工业锅炉生产蒸汽用天然气替代煤的价格承受能力

煤				蒸汽成本（元/吨）	天然气			
价格（元/吨）	热值（兆焦/千克）	耗量（千克/吨）	转换成本（元/吨）		转换成本（元/吨）	耗量（立方米/吨）	热值（兆焦/米³）	可承受价格（元/米³）
800				240				2.44
600	20.94	200	80	200	50	78	34.34	1.92
400				160				1.41

按照2016年1月的5000大卡动力煤价格指数（含税）约为330元/吨测算，则可承受气价仅为1.23元/米³，价格承受能力很弱。

第五节　发电用气的价格承受能力

从国际发展经验来看，发电是天然气的重要应用领域，美国天然气发电占总装机容量的39.4%，日本占29%，而中国的装机容量仅在4%左右，因此中国的天然气发电可能有较大空间。从商品属性来看，电是典型的同质化产品，无论是煤电、气电、水电还是风电、光电等，一旦并网，对用户来说，就几乎没有差异性。那么，影响不同电源竞争力的，就主要是成本了。

一、天然气发电的成本经济分析

燃气机组选择主流的9F级联合循环机组，装机规模设定了40万千瓦，假设气电机组

的运营周期为20年，折现率设定为9%。结合调研数据和可行性研究报告数据，燃气机组的初始单位投资设定为3000元/千瓦，供电气耗为0.18米³/(千瓦·时)；若燃气电厂年运行小时数为3500小时（承担峰荷和腰荷），则折算后度电资本成本为0.094元/(千瓦·时)，度电其他运营成本约为0.065元/(千瓦·时)；若燃气电厂年运行小时数为5000小时（承担基荷），则折算后度电资本成本为0.066元/(千瓦·时)，度电其他运营成本也随之下降，约为0.046元/(千瓦·时)。

考虑到燃气机组在中国大多用作调峰电站，年利用小时数通常为2000~4000小时，忽略频繁启停对机组效率的影响，经计算，年发电小时数在2000~4000小时之间，气价为1.5~3.5元/米³，相应的上网电价见表6-12。

表6-12 9F机组天然气电厂上网电价

气价 （元/米³）	上网电价 [元/(千瓦·时)]					
	2000小时	2500小时	3000小时	3500小时	4000小时	4500小时
1.5	0.5960	0.5410	0.5043	0.4781	0.4585	0.4432
2.0	0.6960	0.6410	0.6043	0.5781	0.5585	0.5432
2.5	0.7960	0.7410	0.7043	0.6781	0.6585	0.6432
3.0	0.8960	0.8410	0.8043	0.7781	0.7585	0.7432
3.5	0.9960	0.9410	0.9043	0.8781	0.8585	0.8432

资料来源：本书课题组根据相关资料分析、整理。

二、气电和煤电的经济性比较

燃气机组的参数假设同上。而燃煤机组选取主流的超超临界机组，装机规模为60/100万千瓦，参考国家能源局报告和燃煤电厂的可行性分析报告，假设燃煤机组的运营周期为20年，折现率同样设定为9%，平均供电煤耗为300克。若燃煤机组年运营小时数为5000小时，则折算的度电资本成本为0.085元/(千瓦·时)，度电的其他运营成本约为0.045元/(千瓦·时)；若燃煤机组年运营小时数为3500小时，则折算的度电资本成本为0.122元/(千瓦·时)，度电的其他运营成本约为0.063元/(千瓦·时)。

以2016年1月浙江的实际数据测算气电和煤电的经济性比较（图6-6），燃气机组年利用小时数约2500小时，燃煤机组年利用小时数约4700小时，电厂用气价格为2.32元/米³，电煤价格为410元/吨。测算显示，能保证气电机组和煤电机组9%的年回报率的上网电价分别为0.637元/(千瓦·时)和0.307元/(千瓦·时)，气电与煤电的经济性差距极大，若是完全进行竞价上网，则毫无经济优势可言。但是按照目前国家给予天然气发电的价格政策，是由各地方政府设定发电上网电价，由地方财政进行补贴，同时电价结构通过电量电价和容量电价的形式确定。其中，容量电价是在目前还没有发电辅助服务市场和分时上网电价政策的背景下，对于气电调峰和备用容量价值的一定体现。2016年1月的浙江气电上网电价中容量电价平均为360元/千瓦，电量电价平均为0.54元/(千瓦·时)，统一折算为度电上网电价则为0.684元/(千瓦·时)，能够保证燃气电厂取得较大的发电收益。

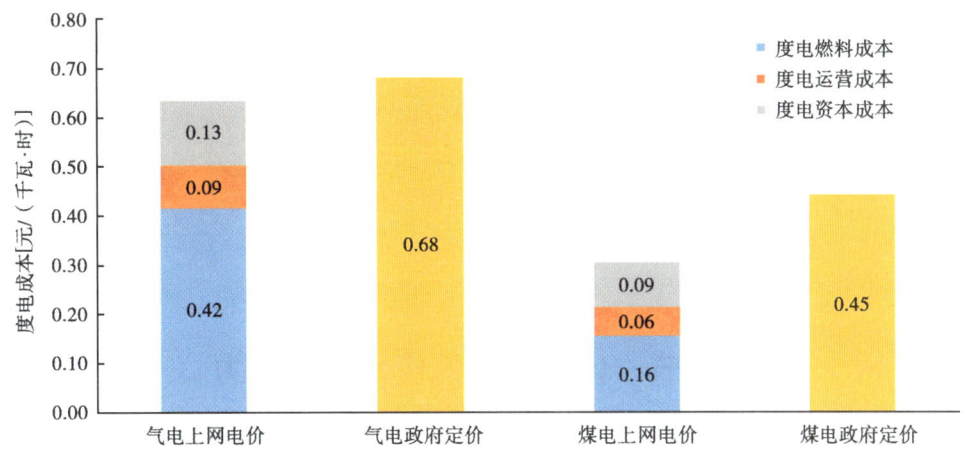

图 6-6　气电和煤电经济性比较——以浙江 2016 年 1 月为例
资料来源：本书课题组测算

三、气电替代煤电的发展前景总结

从总体上看，天然气发电的竞争性主要取决于各项成本的综合比较。本书课题组选取一种对于气电来讲最为理想化的模式：气电按照基荷满发 5000 小时与煤电基荷满发 5000 小时进行比较；天然气用于发电的价格按照 2015 年 11 月调整到位门站价测算，约为 1.48 元/米^3，而电煤价格确定在相对较高的 400 元/吨；同时充分考虑煤电和气电的外部性成本，主要考虑碳排放和污染物处理，根据相关研究报告中的系数，设定煤电碳排放为 0.8 千克/（千瓦·时），气电碳排放为 0.37 千克/（千瓦·时），碳价格按照深圳碳交易所开盘以来的 2013 年 10 月 18 日的最高价 143.99 元/吨来测算，而污染物处理成本，气电可以忽略；煤电则随着环保标准的日趋严格，增加污染物处理成本 0.02 元/（千瓦·时）。测算结果如图 6-7 所示。

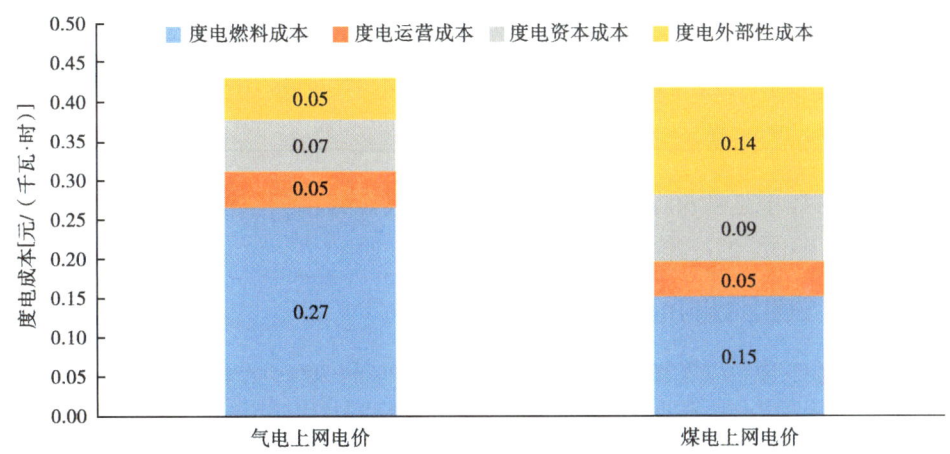

图 6-7　理想条件下气电和煤电经济性比较
资料来源：本书课题组测算

由图 6-7 可以看出，在分别保证 9% 投资回报率的前提下，气电基荷的发电上网价格应为 0.431 元/（千瓦·时），而煤电基荷的发电上网价格应为 0.418 元/（千瓦·时），气电相比煤电的经济性仍然较差。

因此，气电在中国的发展前景，不仅有赖于全球天然气市场和煤炭市场的变化，还需要实施一系列更大力度的政策措施，包括重大科技攻关、燃机设备的国产化、争夺国际天然气定价权、理顺天然气和电力行业的体制、形成气价和电价的市场化形成机制、将外部性成本内部化（并且需要较高的环保标准和碳排放价格），以及一段时期内的政府补贴，才能够使气电得到可观的增长。

第六节 化工用气的价格承受能力

天然气化工是指以天然气主要成分甲烷作为原料的生产和加工过程，其产品主要分为合成氨、甲醇和氢。

一、天然气制合成氨的价格承受能力分析

中国合成氨工业的产能和产量均跃居世界第一，原料以煤和天然气为主，分别占 76% 和 22%，其最终产品尿素的价格基本由煤为原料的生产成本主导，因此从行业发展的角度看，天然气制合成氨与煤制合成氨存在替代竞争关系。

按尿素产品全成本相等的原则测算，当煤价为 800 元/吨时，天然气制合成氨的价格承受能力为 1.77 元/米^3；当煤价为 400 元/吨时，天然气制合成氨的价格承受能力为 1.07 元/米^3（表 6-13）。

表 6-13 天然气制合成氨替代煤制合成氨的价格承受能力

煤			尿素全成本（元/吨）	天然气		
价格（元/吨）	耗量（千克/吨）	转换成本（元/吨）		转换成本（元/吨）	耗量（立方米/吨）	可承受价格（元/米^3）
800			1738			1.77
600	1080	1000	1554	800	600	1.42
400			1369			1.07

若按照 2016 年 1 月的 5000 大卡动力煤价格指数（含税）约为 330 元/吨测算，则可承受气价仅为 0.93 元/米^3，价格承受能力很弱。

二、天然气制甲醇的价格承受能力分析

中国甲醇工业的原料以煤和天然气为主，分别占 63% 和 28%，产品的价格基本由以煤为原料的生产成本主导，因此从行业发展角度看，天然气制甲醇与煤制甲醇存在替代竞争关系。

按产品全成本相等原则测算，当煤价为 800 元/吨时，天然气制甲醇的价格承受能力为 2.02 元/米^3；当煤价为 400 元/吨时，天然气制甲醇的价格承受能力为 1.40 元/米^3（表 6-14）。

表 6-14　天然气制甲醇替代煤制甲醇的价格承受能力

煤			甲醇全成本 (元/吨)	天然气		
价格 (元/吨)	耗量 (千克/吨)	转换成本 (元/吨)		转换成本 (元/吨)	耗量 (立方米/吨)	可承受价格 (元/m³)
800			2457			2.02
600	1400	1500	2218	900	870	1.71
400			1979			1.40

若按照 2016 年 1 月的 5000 大卡动力煤价格指数（含税）约为 330 元/吨测算，则可承受气价仅为 1.22 元/米³，价格承受能力很弱。

三、天然气制氢的价格承受能力分析

天然气中的甲烷含量高，作为制氢的原料，不仅产氢率高，还能降低燃料消耗，是大规模制氢最理想的原料。世界上大部分氢气是以天然气为原料生产的，但在国内专业制氢的主要原料是煤，而石化企业制氢主要是石脑油，天然气制氢主要用于石化企业替代石脑油。按产品全成本相等的原则测算天然气替代石脑油的价格承受能力，当国际原油价格为 100 美元/桶时，天然气制氢的价格承受能力为 7.43 元/米³；而当国际原油价格为 60 美元/桶时，则为 4.48 元/米³（表 6-15）。

表 6-15　天然气制氢替代石脑油制氢的价格承受能力

国际原油价格 (美元/桶)	石脑油			制氢全成本 (元/吨)	天然气		
	价格 (元/千克)	耗量 (千克/吨)	转换成本 (元/吨)		转换成本 (元/吨)	耗量 (立方米/吨)	可承受价格 (元/米³)
100	10.64			33731			7.43
80	8.51	3600	1000	27185	650	5200	5.96
60	6.38			20638			4.48

若以 2016 年 1 月的国际油价 31.11 美元/桶来测算，则石脑油价格约为 5.22 元/千克，相应的天然气制氢价格承受能力为 2.35 元/米³，甚至低于同期全国工业气价最低的西北地区的 2.63 元/米³，因此天然气制氢的价格承受能力较弱。

第七章　中国天然气供应、需求、基础设施现状和前景

中国天然气勘探处于初级阶段，资源潜力较大，具备天然气快速发展的资源基础。未来国产天然气发展将是以常规天然气为重点，积极发展页岩气、煤层气，天然气水合物技术储备也在加快；中长期中国天然气进口量将快速增长，形成管道气和 LNG 两种资源进口，中亚、中缅、中俄、海上 LNG 四种进口通道的多元化进口格局。2030 年前，中国天然气市场需求都将处于快速发展期，符合发达国家天然气快速发展期平均为 30 年的国际经验，发电用气和车用气占比将扩大。基础设施将围绕需求不断完善。

第一节　中国天然气的供给现状及前景

一、国内天然气供给能力分析

1. 中国天然气资源潜力

总体上看，中国天然气资源潜力大，具备快速发展的资源基础。据国土资源部 2015 年对全国常规油气资源潜力评价结果：全国常规天然气地质资源量 68 万亿立方米，可采资源量 40 万亿立方米；页岩气地质资源量 134 万亿立方米，可采资源量 25 万亿立方米；煤层气地质资源量 36.8 万亿立方米，可采资源量 10.9 万亿立方米。

2. 中国天然气探明储量

截至 2014 年底，全国累计探明天然气地质储量 12.34 万亿立方米，累计采出天然气 1.57 亿立方米，剩余天然气技术可采储量 4.95 万亿立方米。2014 年，天然气新增探明地质储量 9438 亿立方米，连续第 12 年超过 5000 亿立方米，新增探明地质储量超过千亿立方米的气田 5 个，分别为中国石油长庆神木气田、中国石油塔里木克拉苏气田、陕西延长延安气田、中国海油湛江陵水 17-2 气田和中国海油宁波 22-1 气田。

煤层气：截至 2014 年底，全国煤层气累计钻井超过 1.3 万口（其中 2014 年新增超过 1000 口，进尺 122.2 万米）。2014 年，全国新增探明地质储量 602 亿立方米，累计探明地质储量 6266 亿立方米。

页岩气：截至 2015 年底，中国页岩气累计投资近 300 亿元，钻探页岩气井 700 余口，其中水平井近 400 口，投入生产井 280 口，累计建成页岩气产能 75 亿立方米/年，探明页岩气地质储量 5441.29 亿立方米。

3. 中国天然气产量

自 1995 年以来，中国天然气产业快速发展。天然气产量由 1995 年的 174 亿立方米增

长至 2005 年的 500 亿立方米产量，年增幅在 32 亿立方米左右；在 2005 年达到 500 亿立方米以后，年均增幅为 80 亿立方米，到 2012 年达到 1072 亿立方米，2013 年达到 1170 亿立方米，2014 年达到 1280 亿立方米，净增 9.4%；2015 年，中国天然气产量为 1350 亿立方米，同比增长 5.6%。

煤层气：中国煤层气地面勘探工作始于 20 世纪 80 年代末，经过 20 多年的发展已初具规模。2011 年，中国煤层气地面抽采量为 23 亿立方米；2012 年，煤层气产量为 25.7 亿立方米；到 2013 年煤层气产量达到 29.3 亿立方米，较之上年增长了 13.7%；2014 年，地面抽采的煤层气产量为 36 亿立方米，增幅较大；2015 年，全国煤层气产量到达 44 亿立方米，同比增长 17%。

页岩气：中国页岩气勘探开发自 2011 年获得工业性突破以来，在政府和石油公司的支持和努力下，取得了快速的发展。2013 年，中国页岩气产量为 2 亿立方米，2014 年增加为 12.47 亿立方米，2015 年页岩气产量为 44.6 亿立方米，发展势头较之煤层气要好。中国页岩气绝大部分产量来自于四川盆地涪陵气田、威远—长宁、昭通北、富顺—永川等页岩气田，产层为志留系龙马溪组页岩。

截至 2014 年底，中国投产及核准在建煤制气项目共计 5 个，总规模为 224 亿立方米，已发路条项目 23 个，总规模为 994 亿立方米。中国现阶段重点煤制甲烷项目，主要包括新疆庆华、大唐克旗、伊犁新天、内蒙古汇能以及大唐阜新煤制甲烷项目。中国目前已投产煤制气项目为大唐克旗和新疆庆华，投产规模 31.05 亿立方米，2014 年煤制气产量 7.6 亿立方米，开工率不足 25%，煤制气项目每年需要检修，生产运行不稳定。煤制气产业在中国刚刚起步，想要真正地实现产业化发展，还需要克服投资大、经济效益差、管网设施不足及环保要求高等方面的困难。

二、国内天然气供给能力前景

1. 常规天然气

中国天然气勘探处于初级阶段，资源潜力较大，具备天然气快速发展的资源基础。

结合全国中期、远期天然气资源勘探领域、勘探潜力分析和近年来天然气储量增长趋势，利用龚帕兹、翁氏、哈伯特和灰色—哈伯特预测方法，预测期间全国天然气资源量以国土资源部公布的 2013 年底资源情况为基础，资源的可探明储量参照世界和天然气发展成熟国家的天然气探明程度，资源探明率取 60%，依据历史数据及其影响因素的权重值分析增长趋势，预测储量增长趋势及其高峰期储量。探明地质储量乘以采收率（取 0.55），就可得到未来可采储量变化趋势。

预计 2013—2020 年，全国天然气年均探明可采储量翁氏法为 3600 亿立方米，龚帕兹法为 3600 亿立方米，哈伯特法为 3400 亿立方米，灰色—哈伯特法为 3300 亿立方米，综合推荐值为 3400 亿立方米。预计 2021—2030 年，全国天然气年均探明可采储量翁氏法为 2300 亿立方米，龚帕兹法为 2300 亿立方米，哈伯特法为 2100 亿立方米，灰色—哈伯特法为 2100 亿立方米，综合推荐值为 2200 亿立方米（表 7-1）。

预计目前到 2020 年，全国可新增天然气可采储量 2.38 万亿立方米，2021—2030 年可新增天然气可采储量 2.2 万亿立方米。

表 7-1　不同方法预测年均探明可采储量　　　　单位：亿立方米

时间	年均探明可采储量				
	翁氏法	龚帕兹法	哈伯特法	灰色—哈伯特法	综合推荐值
2013—2020 年	3600	3600	3400	3300	3400
2021—2030 年	2300	2300	2100	2100	2200
2013—2030 年合计	48200	48200	44800	44100	45800

资料来源：本书课题组根据公开资料分析、整理。

结合全国天然气资源量和近年来中国天然气产量增长趋势，利用龚帕兹、翁氏、哈伯特和灰色—哈伯特等方法预测 2030 年全国天然气产量，预测期间全国控制可采储量为 9.25 万亿立方米，在未来 20 年内，由于国内天然气市场需求的快速增长，常规天然气产量也在消费的驱动下处于快速增长期。

预计国内常规天然气产量将在 2020 年、2030 年和 2050 年分别达到约 2000 亿立方米、2500 亿立方米和 2900 亿立方米。

2. 非常规天然气

页岩气：以南方海相页岩气为重点，落实页岩气核心开发区，探索海陆过渡相和陆相页岩气勘探开发潜力；通过先导试验区建设，积极探索陆相和海陆过渡相页岩气开发技术，全面突破南方海相页岩气效益开发制约因素，形成先进适用的勘探开发配套技术与装备；在此基础上，加大产能建设力度，促进页岩气跨越式发展；2020 年、2030 年和 2050 年中国页岩气产量分别达到 250 亿立方米、600 亿立方米和 700 亿立方米。

煤层气：全面评价华北地区石炭系—二叠系和华南地区二叠系煤盆地、西部侏罗系含煤泛盆沉积和东北部侏罗系含煤断陷煤层气勘探开发潜力；以鄂尔多斯盆地东缘和沁水盆地的沁水区带为勘探开发重点，加强鄂尔多斯盆地的南缘、川南黔北盆地群的松藻、宁武盆地的宁武、太行山东麓的安阳—鹤壁等勘探开发力度；2020 年、2030 年和 2050 年中国煤层气地面抽采量分别达到 100 亿立方米、400 亿立方米和 400 亿立方米。

煤制气：由于受环保以及政策的影响，结合地区差异性、经济性等因素，仅考虑投产、在建和与管道捆绑的部分煤制气项目。2025 年后的煤制气的生产量基本维持，主要是庆华、汇能、克旗、新粤浙、鄂安沧、蒙西管道等相关资源的配置，550 亿立方米基本可实现，后续不再增加。预计 2020 年、2030 年和 2050 年煤制气产量分别达到 100 亿立方米、550 亿立方米和 550 亿立方米。

天然气水合物：大力支持水合物调查研究，逐步摸清中国海、陆域水合物资源家底，优选富矿区。同时，积极研发水合物调查评价及开发技术，鼓励国际合作和先导试验选区，努力通过先导试验开采，创新发展技术并探索可行的开发方式；通过国际合作，交流经验，共享知识和技术进展，加快中国水合物的开发利用，力争在 2020 年前后突破开发技术与装备，完成天然气水合物开发的工业化起步，2030 年产量达到 100 亿立方米，2050 年产量达到 300 亿立方米。

综上所述，未来国产天然气发展将以常规天然气为重点，积极发展页岩气、煤层气，加快天然气水合物技术储备，建设鄂尔多斯、四川、塔里木和海域四大天然气生产基地，2020 年全国天然气产量有望达到 2450 亿立方米，2030 年达到 4050 亿立方米，2050 年达到 4550 亿立方米，并保持长期稳产。

三、中国天然气进口量现状及前景

1. 中国天然气进口现状

中国天然气进口主要有进口管道气和进口 LNG 两种方式。2015 年，受天然气需求增速大幅减缓的影响，中国天然气进口增速大幅放缓，LNG 进口甚至出现负增长。全年天然气进口 624 亿立方米，同比增长 4.7%，比 2014 年大幅下降 8.6 个百分点，对外依存度升至 32.7%。其中，管道气占进口总量的 56.7%，占比略有上升；LNG 占进口总量的 43.3%。

2015 年，随着中亚 C 线逐步达产，中缅管道进口气量快速增长，中国管道气进口量稳定增加，全年管道气进口量为 354 亿立方米，同比增长 10.6%，比 2014 年降低 4.1 个百分点（图 7-1）。中国进口管道气主要来自土库曼斯坦、缅甸、乌兹别克斯坦和哈萨克斯坦（图 7-2）。

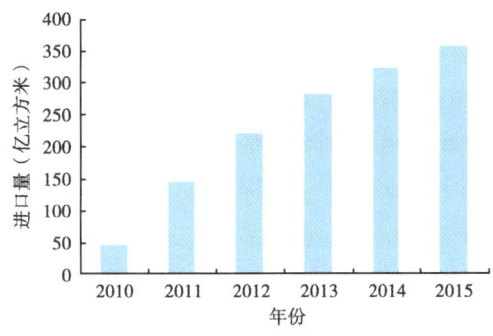

图 7-1　2010—2015 年管道气进口量
资料来源：海关总署

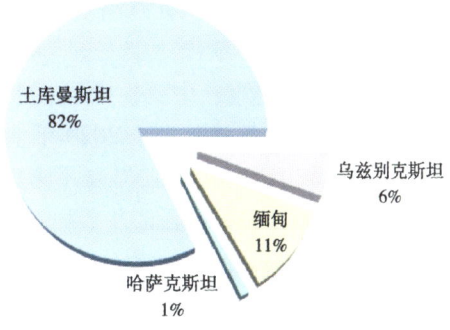

图 7-2　2015 年中国管道气进口来源
资料来源：海关总署

中国 LNG 供应能力稳步提升。2015 年，中海油与 BG、中石化 APLNG 合同进入窗口期，合同增量达到 930 万吨，国内 LNG 资源供应能力大幅提升。

受需求疲软影响，中国长贸 LNG 基本按照合同低限进口，现货进口大幅减少，LNG 进口总量同比下降，全年 LNG 进口量为 1945 万吨（约合 270 亿立方米），同比下降 2.0%，中国进口 LNG 以来首次出现负增长。中国进口 LNG 以长期合同气为主，主要来自卡塔尔、澳大利亚、印度尼西亚、马来西亚和巴布亚新几内亚等国。现货进口主要来自也门、阿尔及利亚等国。广东是中国 LNG 进口量最大的省份（表 7-2）。

表 7-2　中国分省 LNG 进口情况

进口海关	LNG 接收站	2014 年进口量（万吨）	2015 年 1—11 月进口量（万吨）	2015 年占比（%）
北京海关	河北曹妃甸	21.66	45.34	2.58
河北海关		161.24	129.18	7.36
辽宁海关	辽宁大连	143.77	117.58	6.70

续表

进口海关	LNG 接收站	2014 年进口量（万吨）	2015 年 1—11 月进口量（万吨）	2015 年占比（%）
上海海关	上海洋山	294.09	239.95	13.67
江苏海关	江苏如东	212.03	123.36	7.03
浙江海关	浙江宁波	164.03	118.86	6.77
福建海关	福建莆田	349.28	260.87	14.86
广东海关	广东大鹏和珠海	599.86	556.21	31.69
海南海关	海南洋浦	18.09	21.21	1.21
山东海关	山东青岛	20.72	142.40	8.11
合计		1984.77	1754.96	100

资料来源：海关总署。

2. 中国天然气进口前景

根据中国未来天然气资源消费需求和国产资源预测结果，充分结合各资源国的获取潜力和地缘政治形势，预计"十三五"及中长期中国天然气进口量将快速增长，形成管道气和 LNG 两种资源进口，中亚、中缅、中俄、海上 LNG 四种进口通道的多元化进口格局。

预计进口管道气将分别于 2020 年、2030 年和 2050 年达到 800 亿立方米、1300 亿立方米和 1580 亿立方米，进口 LNG（不考虑 LNG 现货）将分别于 2020 年、2030 年和 2050 年达到 700 亿立方米、900 亿立方米和 1200 亿立方米。

综合国内外的天然气资源供给前景分析，预计未来中国天然气供给总量和结构见表 7-3。

表 7-3 未来中国天然气进口总量及结构 单位：亿立方米

资源类型			2020 年	2025 年	2030 年	2040 年	2050 年
国产气	常规气		2000	2300	2500	2700	2900
	非常规气	页岩气	250	300	600	6700	700
		煤层气	100	200	400	400	400
	煤制气		100	450	550	550	550
	小计		2450	3250	4050	4350	4550
进口气	进口 LNG		700	800	900	1100	1200
	进口管道气		800	1200	1300	1400	1580
	小计		1500	2000	2200	2500	2780
其他（可燃冰及生物质燃气）			—	—	100	200	300
总计			3950	5250	6350	7050	7630

资料来源：本书课题组预测。

第二节　中国天然气的需求前景

预测中国"十三五"及中长期的天然气需求需要通过采用情景分析的方法，而从天然气需求的主要驱动因素来看，主要包括宏观经济社会和天然气市场政策两大方面。若以宏观经济社会因素和天然气市场政策两个维度来进行情景设置，并且每个维度常规意义上采取3个情景，这样就会产生9个情景结果，并不便于比较和指导政策设计。

因此，本书课题组在宏观经济社会因素方面，只考虑1种情景，即充分考虑中国经济新常态下增速放缓、结构调整、动力转换和产业升级的未来发展趋势，以2020年全面建成小康社会和2050年建设成为世界中等发达国家和实现中国梦为目标导向，对经济社会因素指标进行展望。而对国内天然气市场政策则选取2种情景（后文会解释不同情景的政策内涵），一种是维持现有政策情景（低情景），在该情景下未来天然气需求水平增长较慢，绝对规模也较低，在工业燃料、北方城镇集中供暖领域煤改气推动不力，天然气车船和发电等重点利用领域气化率较低，天然气基础设施推进速度较缓；另一种是天然气快速发展政策情景（基准情景），在该情景下未来天然气需求水平增长较快，绝对规模也较高，在工业燃料、北方城镇集中供暖领域的煤改气工作进展较顺利，天然气车船和发电等重点领域的气化率较高，天然气基础设施的建设和布局较快。

本书课题组将对两种情景进行比较，并重点介绍高情景下的需求预测结果。本书课题组认为低情景是一种风险情景，政策维持现状的可能性几乎没有，而高情景则是随着未来能源环保约束的加剧以及天然气、电力、供热体制改革的有序推进，实现的概率更大。

一、宏观经济社会的发展趋势

1. 中国经济全面进入新常态

过去30多年的改革开放，中国经济以"出口导向、工业优先、投资驱动"的模式取得了持续高速的增长，创造了世界经济史上的奇迹，使中国在政治、经济和社会层面都发生了深刻的变化，整体实力大幅提升。自1978年到2014年，中国经济增速年均达9.8%，比全球同期平均增速高6.9个百分点；GDP总量由1978年的3645亿元增长到2014年的64.6万亿元，增长了20多倍；人均GDP也由1978年的381元增加到2014年的近4.7万元，按照购买力平价，则由220GK国际元上升到10412GK国际元。以汇率法计算，中国GDP总量分别在2005年、2006年、2007年和2010年相继超越法国、英国、德国和日本，成为目前世界第二大经济体和亚洲第一大经济体。

但高速增长并不能永远持续，受国内外环境、发展阶段和国际经济格局变化影响，中国经济增长已经自2012年起就开始呈现出不同于以往的特征：

（1）经济增长率由高速向中高速转换。受上一轮改革红利衰减、全球化红利大幅下滑以及人口红利趋势性逆转的影响，中国经济已由平均10%左右的两位数增速下降到7%左右，降幅近30%。

（2）工业化进入后期，诸多大宗制成品产量已经或即将达到峰值。中国经济的高速增长得益于快速的工业化进程，然而从近些年人均收入和经济结构的变化来看，中国已经逐步进入后工业化时期，并且中国许多大宗制成品的产量正在或者即将达到峰值。这些都意味着依靠工业化带动需求和投资的空间将越来越有限，很难再继续推行工业优先发展的增长模式。

（3）城市化发展的空间虽然很大，但速度将不断趋缓。自20世纪90年代逐步破除计划经济对人口流动的限制以来，中国启动城市化进程，而21世纪以来，城市化的速度进一步加快，年均超过1个百分点，到2014年城镇化率已经达到54.77%。但是以可比较人均GDP来衡量，当前中国的城市化水平与历史上处于同一发展水平的美国、德国、日本和韩国相比，仍然偏低。中国城镇化正处在一个绝对速度快但加速度为负的阶段，这一阶段将持续到2022年左右，届时城镇化将达到65%左右的水平，之后进入年均增长1个百分点以下的慢速推进期。

（4）距离技术前沿越来越近，亟待从引进到创新的转型。经过30多年的改革开放，中国逐步形成了以外国直接投资为主、各种途径并用的技术引进模式，技术进步的速度要远快于发达国家，这种技术进步的后发优势战略极大地促进了经济持续稳定的高速增长。然而作为后发国家的中国，随着经济的快速发展，其与技术前沿距离也越来越近，未来中国技术进步的后发优势也将减弱，使得在未来通过直接的学习和引进先进技术的步伐放慢，技术进步的速度也会下降，需要开始向更多依赖自主创新的模式转变。

诸多迹象表明，中国经济已在"十二五"末期全面进入增速下台阶、动力转换、结构调整的新常态，各种矛盾、风险、困难高度集中（譬如，重化工业的产能过剩、金融地产和地方财政的连带风险等），以改革破解深层次矛盾和结构性难题的必要性、紧迫性空前，同时，新的发展范式和战略机遇也在孕育之中。

2. 中国经济未来发展趋势（2016—2050年）

（1）"十三五"及2030年、2050年中国经济潜在增速将逐步过渡到中速、低速阶段，经济增长的动力模式将出现较大改变。

从DRCCGE模拟结果来看，"十三五"期间中国经济的潜在增长速度将进一步放缓，由近年来的7%~8%下降至6%~7%；2020—2030年经济潜在增速将下降至5%左右；2030—2050年、进一步下降至3.5%左右。整体来看，未来的5~15年中国经济将由过去年均10%左右的高速增长阶段转而进入平均5%~7%的中速增长阶段，并在未来15~35年下降到平均3%~4%的低速增长阶段。潜在增长速度的下滑背后是经济增长的动力机制在发生变化。过去30多年，中国经济增长的动力主要依赖"高出口、高投资和高工业"的"三高"模式。未来5~35年，这一增长动力模式将发生重大改变。

首先，"高出口"的局面将难以重现。未来5~35年，全球经济增长的前景不容乐观，人口老龄化程度的快速提升和重大结构性改革的止步不前将成为拖累发达国家经济恢复之前繁荣的重要因素；能够促使全球经济恢复繁荣的革命性的技术进步目前尚未明朗；慢增长将可能持续相对较长的一段时期。同时考虑国内要素成本的不断攀升、汇率的不断升值等因素，将促使出口竞争力进一步下降。综合这些因素，"十三五"期间出口需求不大可能恢复之前10%以上的增速，将可能维持6%~8%的增速；2020—2030年出口增速将进一步降至5%左右；2030—2050年则降至3%左右。

其次，消费将逐渐超越投资成为经济增长最主要的拉动力量。随着城市化率的不断提升、城市人口增长速度不断放缓，城市基础设施投资的空间将日趋变窄；随着过去十来年居民住房投资的快速增长和人口年龄结构的转变，城镇居民新建住房的投资需求的增长也将有所放缓；随着汽车保有量的增长，新增汽车需求的增速将逐步放缓。另外，考虑出口需求增速的回落，未来5~35年房地产开发投资、制造业投资以及基建投资增速都将回落，而且这一趋势在近几年已经显现。预计"十三五"期间固定资产投资的增速将下滑至15%左右，2020—2030年将进一步下滑至10%左右，2030—2050年下滑至4%左右，投资需求增长对经济增长的拉动作用明显减弱。与投资不同的是，虽然随着收入增速的下降，消费增速也将不断下滑，但是变化将比投资更加平缓。消费对GDP增长的拉动作用将由过去5个百分点左右下降至"十三五"期间的4个百分点左右，以及2020—2050年的3个百分点左右。消费对经济增长的贡献率却由50%左右不断上升至70%以上，将超过投资成为GDP增长的最主要动力。

再次，尽管技术进步的速度在不断下降，但其对经济增长的贡献越来越大，且越来越接近资本。除了需求角度的经济增长的动力机制将发生变化外，未来10年供给角度的经济增长的动力源泉也在发生变化。从模拟结果来看，随着人口年龄结构的变化，劳动力的供给正在经历转折性变化，因此劳动力数量的变化对经济增长的贡献正在逐渐减弱，进而转变为负的贡献。对资本来说，资本的积累仍将是经济增长最主要的动力。不过随着投资增长速度的下降，资本积累的速度也将逐步回落，其对经济增长的贡献率也有所下降。而对技术进步（TFP增长）而言，尽管随着挤压式增长空间的缩小，技术进步的速度将有所下降，但是由于其他要素的增长速度下降幅度更大，其对经济增长的贡献率也将不断上升。预计到"十三五"，技术进步对经济增长的贡献率将由过去的平均30%左右上升至40%左右，到2030年将接近50%，2050年则超过60%。

最后，服务业将逐渐取代第二产业成为经济增长的第一大贡献产业。随着工业化趋于完成，许多大宗工业品产量峰值已经或者正在接近显现，出口增速下滑将拉低可贸易部门的增速，与技术前沿的接近也将降低工业部门技术进步的速度，未来工业部门的增速将不断放缓，其经济增长的贡献也将不断下降。同时随着服务业比重的不断提高，其对经济增长的贡献率也随之不断提升，未来5~15年服务业对经济增长的贡献率将赶超第二产业。

从前面对未来经济增长的动力模式的分析可以看出，"十三五"乃至2050年期间，过去几十年依靠"高投资、高出口、高工业"的增长模式将逐渐转变为"更多地依靠消费、更多地依靠服务业、更多地依靠技术进步"的增长模式。

（2）未来中国经济将延续近年来的结构变化趋势。

①投资率将继续回落，消费率不断攀升。

从前面的分析中可以看到，尽管受不同因素的影响，未来消费和投资的增长速度都会有所下滑，但是两者下滑的态势不同。其中，消费需求的增长变化相对更加平衡、平稳，下降的幅度要明显低于投资需求，未来5~35年其增长速度将超过投资需求的增长速度。因此，表现出来的结果就是未来5~35年延续最近两到三年表现的投资率不断下降、消费率不断上升的趋势。从模拟结果来看，投资率将由2011年的峰值48.3%下降至"十三五"末的40%左右,到2050年将进一步下滑至20%左右。与之相对的是,消费率将由2010年的历史最低值48.2%上升至2020年的57%,到2050年将进一步上升至70%以上。

具体来讲,消费率和投资率这种趋势性变化是多方面因素综合作用的结果。其一,前面提到的多种因素促使投资需求增长速度较大幅度的下降;其二,从供给和收入的角度来看,随着劳动力供给总量很快达到峰值并转为不断下降,人口抚养比由下降过渡到上升趋势以及农业可转移劳动力的逐渐减少,也就是随着人口红利的逐渐式微以及"刘易斯拐点"的临近,劳动力工资将较快上升,因此与资本的回报相比,劳动者报酬和居民的可支配收入的增长速度将快于资本回报,从模型模拟的结果来看,劳动者报酬上涨的速度要比资本回报年均高1个百分点以上;其三,随着人口老龄化程度的加剧以及收入水平的提高,政府社会保障等公共服务支出增长速度也在加快,根据模拟结果,政府消费占GDP的比重也有所提升;其四,随着劳动力成本的快速上升,服务价格的上涨要明显快于资本品和一般消费品,这使得消费价格的上涨要明显快于投资价格。

②农业比重继续下降,服务业比重将快速上升。

从供给侧来看,经济结构的变化表现为产业结构的变化。首先,农业比重将延续过去30多年不断下降的趋势,由2013年的10%左右不断下降至2020年的7.5%左右,到2050年进一步下降至3%左右。农业比重的下降从需求角度来看主要是恩格尔定律的作用。未来5~35年,居民消费的恩格尔系数将下降25个百分点左右。恩格尔系数的下降表明,对于食品消费需求的增长要明显慢于其他消费需求的增长,进而对于农产品消费需求的增长也慢于其他产品和服务。

其次,第二产业将继续下滑,服务业的比重与农业和第二产业的变化趋势正好相反,未来5~35年将继续过去30多年不断上升的趋势。第二产业比重将由2013年的43.9%左右下降至2020年的40%左右,到2050年将进一步下降至30%左右;与之相对的,服务业将由2013年的46%左右不断上升至2020年的53%左右,到2050年服务业占比将达到66%左右,相当于第二产业的2倍。对于第二产业和服务业比重"此消彼长"的变化,主要是由于,投资需求增长速度的下滑导致了投资品和中间投入品生产部门增速放缓,出口需求的持续低迷抑制了贸易部门的持续高速增长;消费结构的升级将促使服务需求仍将保持较快增长;内部实际汇率的升值将推动服务业价格以更快的速度上涨。

(3) 农业劳动力将继续向非农业产业转移,一半以上的劳动力将从事服务业。

伴随着产业结构的调整以及城市化进程的不断推进,就业结构也相应出现很大的变化,主要表现为未来5~35年农业劳动力将继续向非农产业转移,越来越多的人将从事服务业。具体从模型模拟的结果来看,农业劳动力所占的比重将从目前的30%左右下降至2020年的20%左右,到2050年将进一步下降至5%左右;由于技术的快速进步和资本的深化,同时由于增长速度的放缓,第二产业吸纳新增就业的能力将十分有限,就业比重将不断下降;受需求的拉动,服务业仍将保持相对较快的增长速度,加之许多服务业属于劳动力密集型的行业,如生活服务业等。服务业的就业比重将由目前的40%左右上升至2020年的50%左右,到2030年将进一步上升至75%左右。

3. 主要宏观预测指标

主要宏观预测指标见表7-4和表7-6。

第七章 中国天然气供应、需求、基础设施现状和前景

表 7-4 未来经济增速及增长动力　　　　　　　　　　　　　　单位:%

年份	2016—2020	2021—2025	2026—2030	2031—2040	2040—2050
GDP 增速	6.7	6.3	5.4	4.4	3.5
劳动力增速	-0.2	-0.3	-0.5	-0.7	-0.4
资本存量增速	9.3	7.7	6.5	4.8	3.2

表 7-5 未来产业机构　　　　　　　　　　　　　　单位:%

年份	2020	2025	2030	2035	2040	2045	2050
第一产业	7.5	6.2	5.1	4.3	3.7	3.2	2.8
第二产业	39.2	37	35.4	34.1	32.8	32	31.2
第三产业	53.3	56.8	59.5	61.6	63.6	64.8	66

表 7-6 未来人口总量及结构

年份	2020	2030	2050
人口总量（亿人）	14.03	14.16	13.48
城镇化率（%）	60	66	76
人口抚养比（%）	43	50	65

二、分情景需求总量及结构预测

1. 情景设置

若前所述，本书课题组根据天然气市场政策分设两个情景，分别是维持现有政策情景（低情景）和天然气快速发展政策情景（基准情景）。

1）低情景

（1）能源体制改革：天然气和电力体制改革推进速度较慢，对于提高市场效率和形成有效竞争结构效果有限；虽然改革行政性垄断环节态度坚决、措施果断，但自然垄断环节的网运分开和第三方准入推进不力，竞争性环节的市场定价落实较缓；自然垄断环节的价格近中期尚未有效监管，终端交叉补贴也存在。

（2）环保标准及执行：落实大气污染行动计划不力，城市空气质量未能按时达标；对能源开发利用的污染物排放和碳排放定价以及外部性税收实行较晚，或是水平较低；对内河和沿海的环保标准提升缓慢。

（3）能源比价关系：煤炭价格长期走低，天然气与煤炭比价继续升高；车用气价格较燃油不具经济优势（CNG 与汽油比价普遍高于 80%，LNG 与柴油比价高于 70%）。

（4）散煤替代：国家及地方政府已出台的有关散煤替代的环保政策存在时间延迟及落实不到位情况。

（5）天然气发电：燃机国产化水平稳步推进，"十三五"期间燃机投资、维修成本有所下降；天然气发电政策基本维持现状，天然气集中式发电和分布式能源受投资、上网和电价等因素制约，发展缓慢。

（6）天然气基础设施：管网设施建设因项目审批、征地、资金及模糊的政策预期等问题，滞后于市场需求；加气站建设规模滞后于天然气车、船发展速度。

2）基准情景

（1）能源体制改革：天然气和电力体制改革推进速度较快，对于提高市场效率和形成有效竞争结构效果显著；改革行政性垄断环节态度坚决、措施果断，同时自然垄断环节的网运分开和第三方准入进展顺利，竞争性环节的市场定价落实较快；对自然垄断环节的价格进行有效监管，消除终端价格交叉补贴。

（2）环保标准及执行：顺利落实大气污染行动计划，城市空气质量按时达标；对能源开发利用的污染物排放和碳排放定价以及外部性税收实行较早，水平也较高；对内河和沿海的环保标准提升速度快。

（3）能源比价关系：煤炭价格缓慢回升，天然气与煤炭比价维持稳定；车用气价格较燃油具有经济优势（CNG与汽油比价普遍低于80%，LNG与柴油比价低于70%）。

（4）散煤替代：国家及地方政府已出台的有关散煤替代的环保政策严格落实到位。

（5）天然气发电：燃机国产化水平稳步推进，近中期燃机投资、维修成本显著下降；天然气发电政策调整和补贴到位，天然气集中式发电和分布式能源并网和受电、供热问题有效解决，项目发展较为迅速。

（6）天然气基础设施：管网、储运等基础设施建设和布局速度较快，有效服务于市场需求；加气站建设规模与天然气车船发展速度相匹配。

2. 分情景下的需求总量及结构对比

根据本书课题组所建立的中国天然气需求预测模型，得到两种情景下的天然气市场需求总量及增速，见图7-3和表7-7。

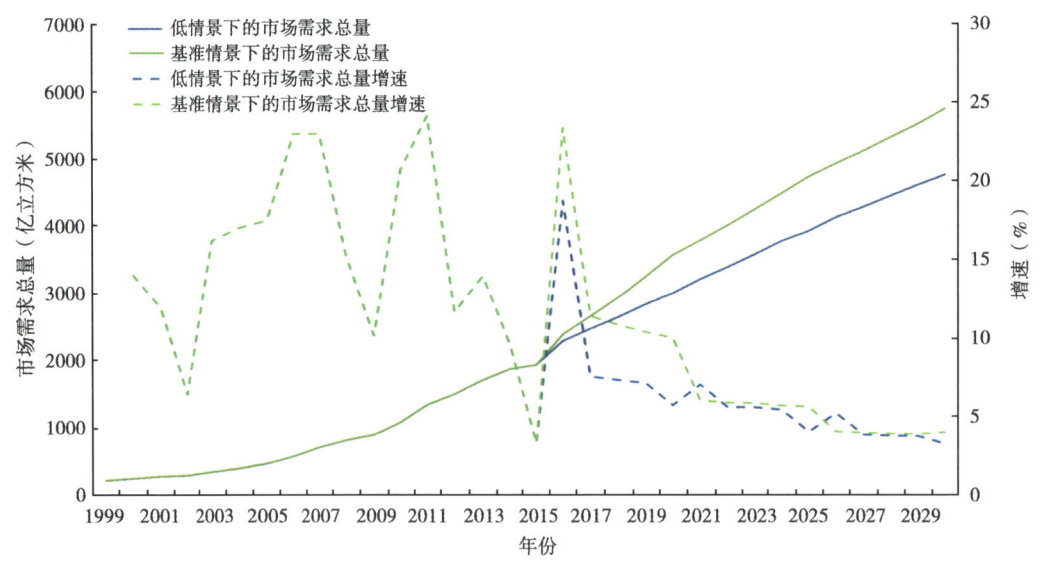

图7-3 不同情景下中国天然气市场需求总量及增速

表 7-7　不同情景下中国天然气市场需求总量及 5 年平均增速

年份	低情景		基准情景	
	市场需求总量（亿立方米）	5 年平均增速（%）	市场需求总量（亿立方米）	5 年平均增速（%）
2015	1931	12.3	1931	12.3
2020	3000	9.2	3600	13.3
2025	3920	5.5	4750	5.7
2030	4760	3.9	5740	3.9

分析结果显示，无论哪种情景下，2030 年前中国天然气市场需求都将处于快速发展期，符合前文所述发达国家天然气快速发展期平均为 30 年的国际经验。但不同情景下的天然气需求总量和增速存在较大差别：基准情景下天然气市场需求总量将分别于 2020 年、2025 年和 2030 年达到 3600 亿立方米、4731 亿立方米和 5741 亿立方米，相比低情景下同时段的天然气市场需求总量预测结果均高约 20%；基准情景下，"十三五""十四五"和"十五五"时期的天然气市场需求总量平均增速分别为 13.3%、5.7% 和 3.9%，明显高于低情景的 9.2%、5.5% 和 3.9%，增速差别主要体现在"十三五"和"十四五"时期，这也是政策影响的关键期。

分行业来看，2015—2030 年，各天然气需求主要行业在基准情景下的需求量都高于低情景，但天然气需求总量的差别主要是由天然气发电、交通用气和工业燃料用气所引起的（图 7-4、图 7-5）。

三、现有政策情景下天然气需求预测结果

考虑到经济新常态、工业产能过剩以及天然气经济性较替代能源较差，本书课题组预计实现天然气快速发展的基准情景难度比较大，故采用较为保守的现有政策情景结果。现有政策情景下，天然气的需求也将有较快增长，到 2020 年接近 3000 亿立方米，"十三五"期间年均增速为 9.2%，占一次能源总量的 8.3%（2020 年一次能源消费总量按 48 亿吨标准煤计算），未能达到《国家能源发展战略行动计划（2014—2020 年）》所提出的到 2020 年中国天然气占一次能源的比例在 10% 以上的目标。

2025 年，天然气需求将达到 3921 亿立方米，"十四五"时期平均增速为 5.7%；2030 年将达到 4760 亿立方米，"十五五"时期平均增速约为 3.8%（图 7-6）。

1. 分行业细分需求

从行业细分需求来看，城镇燃气在城镇化和城镇气化率双重提高的背景下稳步增长，并且由于北方集中供暖的煤改气，在"十三五"时期增速较高，使其占天然气需求总量的比重上升，预测结果显示，2020 年、2025 年和 2030 年需求分别为 740 亿立方米、961 亿立方米和 1152 亿立方米，占比分别为 24.7%、24.5% 和 24.2%；车用气保持快速增长，2020 年、2025 年和 2030 年分别为 292 亿立方米、428 亿立方米和 533 亿立方米，占比保持提升，分别为 9.7%、10.9% 和 11.2%；船用气由于基数很低，因此未来增长迅速，

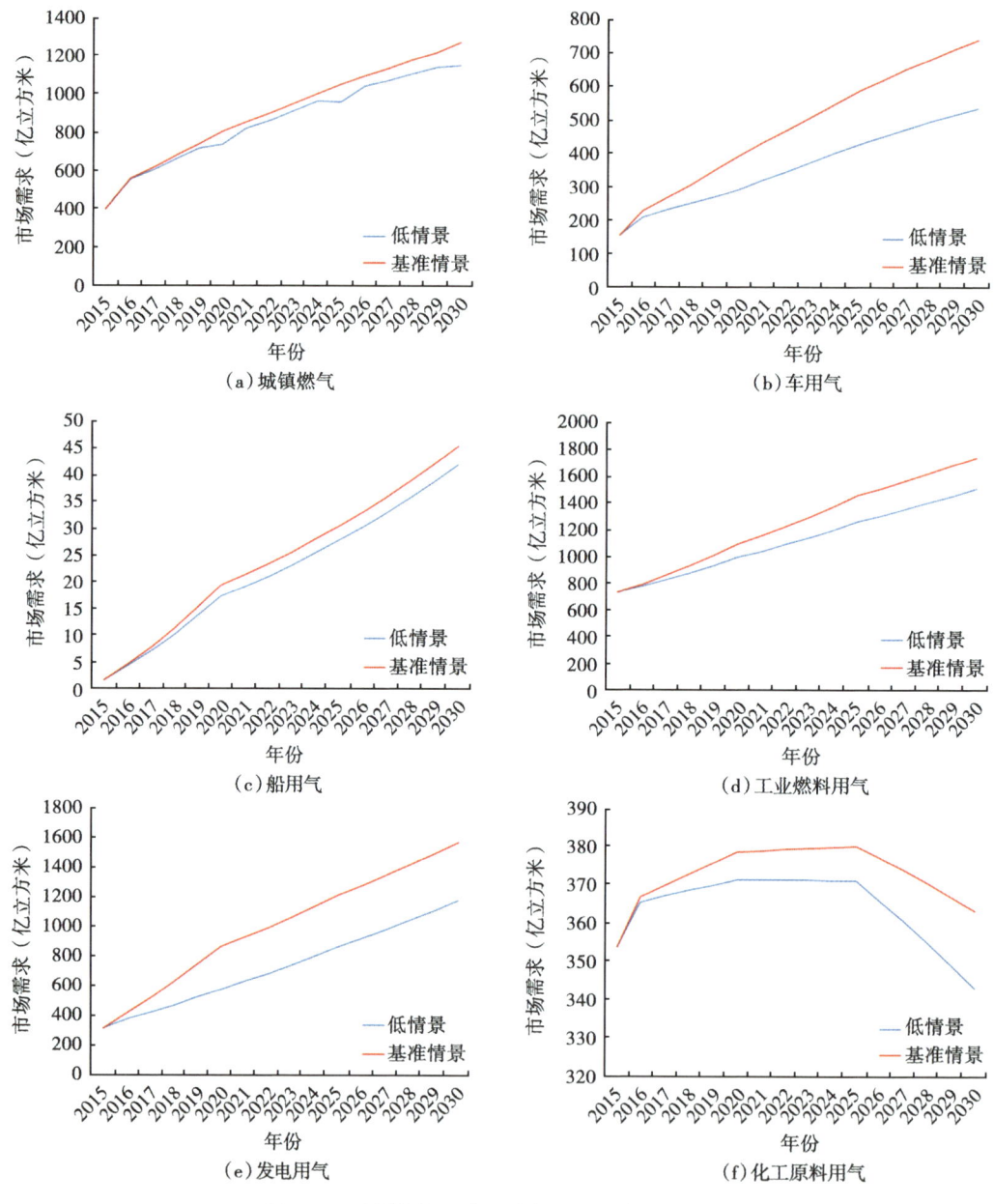

图 7-4 不同情景下中国分行业天然气市场需求

2020年、2025年和2030年分别达到17亿立方米、28亿立方米和42亿立方米,但占比始终极低,分别为0.6%、0.7%和0.9%;工业燃料用气在工业锅炉和工业窑炉煤改气扎实推进背景下保持稳定增长,2020年、2025年和2030年分别达到995亿立方米、1263亿立方米和1509亿立方米,占比基本稳步下降,分别为33.2%、32.2%和31.7%;发电用气是未来天然气需求增长的主要驱动力,2020年、2025年和2030年分别达到583亿立方米、870亿立方米和1182亿立方米,占比提高较快,分别达19.4%、22.2%和24.8%;化

第七章 中国天然气供应、需求、基础设施现状和前景

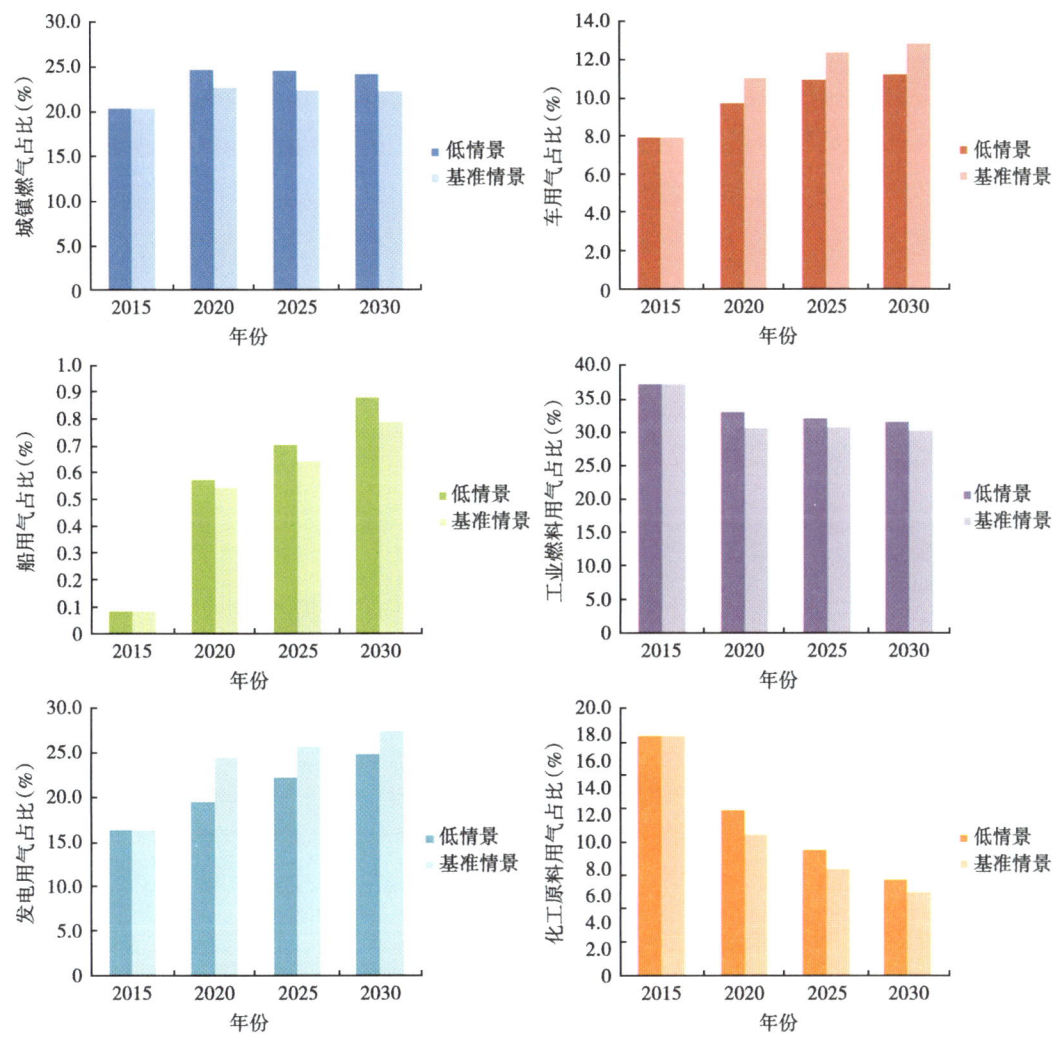

图 7-5 不同情景下中国分行业天然气市场需求占比

工用气增长空间有限，未来先增后降，2020年、2025年和2030年分别达到372亿立方米、371亿立方米和343亿立方米，占比不断下降，分别为12.4%、9.5%和7.2%（图7-7、图7-8）。

2. 分省份需求细分

从天然气消费的地域分布来看，沿海经济发达省份的天然气消费需求较高，几个沿海省份到2030年天然气需求占比将超过50%（表7-8），这一方面是由于经济发达地区人口稠密，城镇化率高，天然气普及率也高，居民生活和商业服务用气的强度水平较高，另一方面是由于这些地区往往有更为严格的大气污染治理和环保、能源结构转型的要求，同时地方财政具有更高的补贴和支付能力。此外，四川省与新疆维吾尔自治区两个天然气主要资源区依然保持着天然气消费大省的地位。

国内外车用天然气市场展望

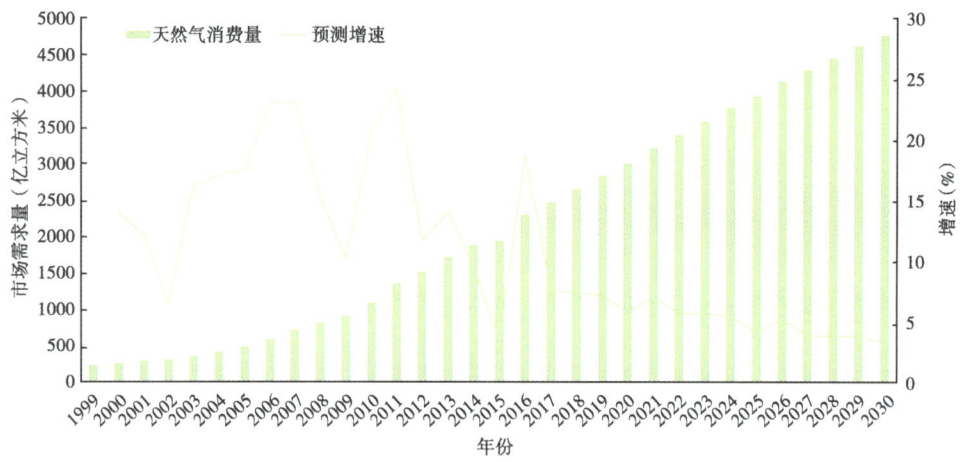

图 7-6 现有政策情景下中国天然气市场需求量及增速

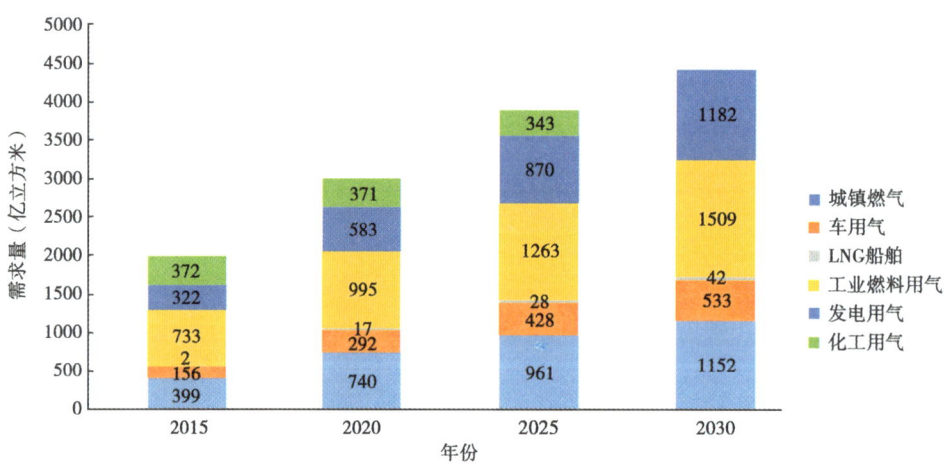

图 7-7 现有政策情景下中国天然气分行业需求量

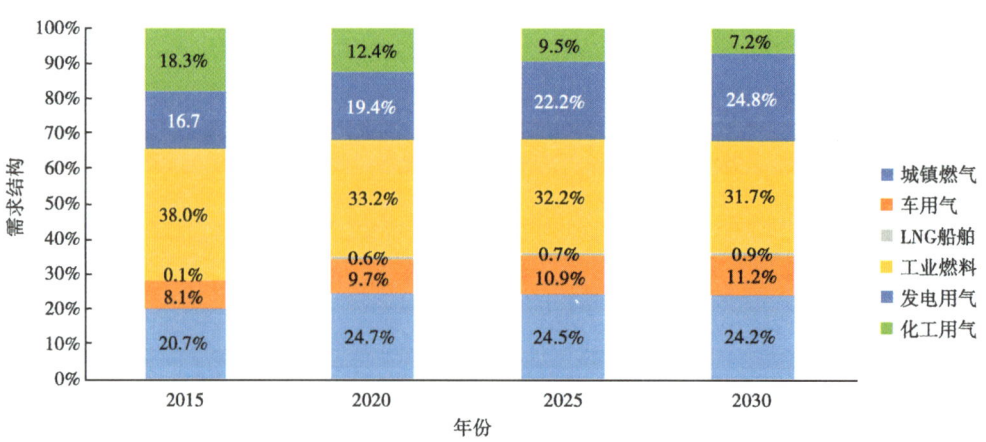

图 7-8 现有政策情景下中国天然气分行业需求结构

第七章 中国天然气供应、需求、基础设施现状和前景

表 7-8 现有政策情景下天然气分省份需求预测结果

地区	天然气消费量（亿立方米）		天然气消费占比（%）	
	2020 年	2030 年	2020 年	2030 年
北京市	135	147	4.50	3.08
天津市	105	222	3.50	4.66
河北省	150	367	5.00	7.71
山西省	90	147	3.00	3.09
内蒙古自治区	60	74	2.00	1.55
辽宁省	120	157	4.00	3.29
吉林省	30	36	1.00	0.77
黑龙江省	45	52	1.50	1.10
上海市	60	45	2.00	0.96
江苏省	240	413	8.00	8.67
浙江省	162	307	5.40	6.45
安徽省	60	96	2.00	2.01
福建省	96	168	3.20	3.52
江西省	30	54	1.00	1.14
山东省	141	243	4.70	5.10
河南省	135	217	4.50	4.56
湖北省	90	184	3.00	3.87
湖南省	48	86	1.60	1.81
广东省	255	444	8.50	9.34
广西壮族自治区	24	64	0.80	1.34
海南省	63	79	2.10	1.66
重庆市	120	160	4.00	3.37
四川省	240	319	8.00	6.70
贵州省	12	12	0.40	0.26
云南省	9	16	0.30	0.34
西藏自治区	0	0	0	0
陕西省	108	144	3.60	3.02
甘肃省	30	33	1.00	0.69
青海省	54	66	1.80	1.38
宁夏回族自治区	18	17	0.60	0.35
新疆维吾尔自治区	270	392	9.00	8.25

资料来源：本书课题组预测。

3. 车用气需求细分

未来天然气汽车将快速发展，是天然气需求的重要增长领域，但不同车型的发展潜力并不一致：天然气公交车和出租车在国家对新能源汽车的大力支持下，将受到明显影响，未来保有量的增长空间有限；私家车总量则由于中国汽车还处于普及期会保持快速增长，但天然气私家车会由于驾驶体验、便利性以及新能源汽车的快速发展替代，未来气化率提升空间有限，虽然保有量（算上改装车）会有快速增长，但使用强度低，耗气总量依然很小；LNG重卡和城际客车则是未来的重点发展领域，具有显著的经济效益和社会效益。

表7-9 基准情景下天然气汽车保有量预测结果

车型	天然气汽车保有量（万辆）		
	2020年	2025年	2030年
公交车	22.4	26.6	29.2
出租车	45.2	50.6	54.4
LNG重卡	29.5	48.0	66.5
私家车	315.0	628.7	786.3
合计（不含私家车）	97.1	125.2	150.1

注：私家车数据不确定。

表7-10 基准情景下天然气汽车需求预测结果

车型	天然气汽车需求					
	亿立方米			万吨[①]		
	2020年	2025年	2030年	2020年	2025年	2030年
公交车	49.8	57.2	60.9	356	409	435
出租车	32.8	35.4	36.8	234	253	263
LNG重卡	176.6	273.0	360.0	1261	1950	2571
私家车	33.6	62.9	76.0	240.0	449.3	542.9
合计（不含私家车）	259.2	365.6	457.7	1851	2612	3269

① 按LNG 1400立方米/吨气化率换算。
注：私家车数据不确定。

天然气公交车保有量将分别于2020年、2025年和2030年达到22.4万辆、26.6万辆和29.2万辆的规模，气化率分别为40%、43%和45%，耗气量分别为49.8亿立方米、57.2亿立方米和60.9亿立方米；天然气出租车保有量将分别于2020年、2025年和2030年达到45.2万辆、50.6万辆和54.4万辆的规模，气化率分别为40%、43%和45%，耗气量分别为32.8亿立方米、35.4亿立方米和36.8亿立方米；LNG重卡保有量将分别于2020年、2025年和2030年达到29.5万辆、48.0万辆和66.5万辆的规模，气化率分别为4%、6%和8%，耗气量分别为176.6亿立方米、273.0亿立方米和360.0亿立方米；天然气私家车保有量将分别于2020年、2025年和2030年达到315万辆、628.7万辆和786.3万辆的规模，气化率分别为1.5%、2%和2%，耗气量分别为33.6亿立方米、62.9亿立方米和76.0亿立方米（表7-9、表7-10）。

第三节　中国天然气基础设施匹配程度

截至2014年底，中国国内已建成天然气管道长度8.2万千米，其中国家基干管道2.33万千米，国家支干管道1.65万千米，省级干线管道1.38万千米，在城镇燃气管网方面也取得了巨大进展。此外，已建成LNG接收站11座，总接收能力3940万吨/年，获核准正在建设的LNG项目有7个，规模合计2100万吨/年，获得国家发改委同意开展工程前期工作待核准的LNG项目有4个，规模合计1160万吨/年；已建成地下储气库19座，总库容452亿立方米，实际工作气量151亿立方米，有效工作气量42亿立方米，调峰气量为28亿立方米。中国已初步形成西气东输、海气登陆、就近供应的管网输配格局，覆盖除西藏外的所有省份；形成管道气、LNG两种进口资源途径，打通中亚管道气、中缅管道气、海上LNG进口通道；形成地下储气库、LNG接收站两大主力调峰方式，覆盖沿海地区、产气区和环渤海地区。

随着中国天然气消费需求的大幅提升，目前管网建设能力依然不足，难以满足未来天然气市场的发展需要，地下储气库调峰气量更是不到天然气消费量的3%，调峰能力严重不足。为保障市场运行的安全平稳，中国天然气基础设施发展需进一步提速，形成覆盖大陆所有省份、绝大多数地级市的全国一张网。

一、天然气基础设施发展目标

1. 管道建设发展预测

预测经过30~40年的发展，未来中国天然气管道系统建设形成以西气东输系统、陕京输气系统、川气东送系统、进口天然气管道和沿海天然气管道为主轴的纵横交错、横跨多个目标市场区域的统一的供气管网系统，实现"区内成网、区域连通、气源多元、调运灵活、保安有力、供应稳定"的供气格局。

2020年以前，干线管道发展重点围绕进口中亚天然气、东部俄罗斯天然气的引进以及LNG接收站的建设，完善西北管网、东北管网和陕京输气系统，配套建设区域性管网，形成"西气东输、北气南下、海气登陆、就近供应"的输送格局，加大地下储气库建设，构建横跨东西、贯穿南北、覆盖全国的天然气管道网络。至2020年，中国天然气管道干线及支干线长度达到12万千米，总输气能力达3900亿立方米/年。

支线管道发展处于全国干线管网建设高峰阶段，统筹考虑资源、市场、管网、资金以及制造和建设力量等因素，在保障干线管网建设的前提下，积极建设区域支线管网，重点建设干线周边地级城市供气管线，并向用气量较大的县级城市延伸，实现全国地级城市管网覆盖率达到90%以上，县级城市管网覆盖率达到60%以上，乡镇管网覆盖率达到30%以上的目标。2020年，支线管网总长6.5万千米，总输气能力4600亿立方米/年。

2020年以后，干线管道发展重点关注非常规天然气生产和西部俄罗斯天然气引进，考虑东部俄罗斯天然气和中缅天然气增量，进一步完善国家骨干管道；依次落实建设支干线及区域之间联络管道，形成资源多元化、供应多样化、调配灵活化的管网系统，满足国产气和进口气向市场供应的要求。2030年建成天然气管道长度20万千米，一次管道运输能力 5300 亿立方米/年；2050 年管道长度 30 万千米，一次管道运输能力 6600 亿立方米/年。

2020—2030 年，支线管道发展在完善各区域市、县级城市供气管线基础上，建设重心逐步向乡镇转移，重点建设乡镇级城市供气管线，并向乡村辐射，到 2030 年全国地级城市管网覆盖率达到 100%，县级城市管网覆盖率达到 80% 以上，乡镇管网覆盖率达到 50% 以上。天然气区域管网总长度达到 8.5 万千米，总输气能力达到 5500 亿立方米/年。2030—2050 年，全国地级和县级城市管网覆盖率均达到 100%，乡镇管网覆盖率达到 60% 以上。天然气区域管网总长度达到 13.5 万千米，总输气能力达到 7000 亿立方米/年（表 7-11）。

表 7-11 2020 年、2030 年、2050 年天然气管道发展预测

年份	干线、支干线		区域管网	
	长度（万千米）	管道运输能力（亿立方米/年）	长度（万千米）	管道运输能力（亿立方米/年）
2020	12	3900	6.5	4600
2030	20	5300	8.5	5500
2050	30	6600	13.5	7000

资料来源：本书课题组预测。

2. 储气调峰能力发展预测

目前，国内储气调峰的方式主要包括地下储气库、气田、LNG 和可中断用户。其中，涉及储备设施建设的主要为储气库和 LNG 接收站。这些储气设施除了具备调峰功能外，还具备应急供气的功能。但通常应急供气量低于调峰量，因此储气库设计时通常只考虑满足调峰需求。LNG 接收站与陆上气源互为补充和备用，形成多气源供气格局；作为辅助调峰、应急供气手段保障安全、平稳供气。

（1）调峰方式：未来中国将采取多种方式相结合的调峰方案，总体上以储气库调峰为主，气田调峰和 LNG 调峰为辅。原则上，气田周边用户的调峰由气田自身消化解决；LNG 供气用户的调峰由 LNG 自身消化解决；干线管道供气用户的调峰首选储气库调峰，其次为气田调峰和 LNG 调峰，且气田调峰应以不损害气田后续生产能力为前提；若仍有调峰缺口，则采取用户调峰方式。

（2）调峰构成：随着储气设施建设力度的逐渐加大，未来将能够满足调峰需求。根据国外市场运行经验，若天然气市场运行风险维持在较低程度，则储消比（储消比是指天然气调峰量与天然气需求量的比值）应达到 15%。2020 年，调峰需求 535 亿立方米，其中储气库参与调峰 321 亿立方米，占比 60%；LNG 参与调峰 108 亿立方米，占比 20%；气田参与调峰 106 亿立方米，占比约 20%。2030 年，调峰需求 861 亿立方米，其中储气库参与调峰 627 亿立方米，占比 73%；LNG 参与调峰 72 亿立方米，占比 8%；气田参与调峰 162 亿立方米，占比 19%。2050 年，调峰需求 1042 亿立方米，其中储气库参与调峰 766 亿立方米，占比 74%；LNG 参与调峰 117 亿立方米，占比 11%；气田参与调峰 159 亿立方米，占比 15%（表 7-12）。

表 7-12　2020—2050 年天然气储气调峰构成　　　　　单位：亿立方米

项目		2020 年	2030 年	2050 年
调峰需求		535	861	1042
调峰气	气田	106	162	159
	储气库	321	627	766
	LNG	108	72	117

资料来源：本书课题组预测。

二、天然气基础设施发展战略

首先，国家长输基干管道通过枢纽站与联络线形成互联互通。根据目前中国天然气基础设施发展现状及未来基础设施发展规划，将在宁夏中卫、河北永清、湖北、上海和广东形成中心枢纽，将中国西部、华北和中南部地区与天然气市场中心连通。在联络线方面，中国未来的重点是建设沿海大动脉，管道由辽宁大连 LNG 接收站建设到广西北海 LNG 接收站，中间连接各 LNG 接收站、海气上岸管道及所经国家基干管道。

其次，省级干线管道通过分输枢纽形成自由调配。目前中国各省级天然气基础设施建设主体多元化，既有国有企业也有民营企业，各建设主体之间各自为战，相互之间没有业务沟通，致使资源不能优化配置。为达到省内管道统一规划、省级干线自由调配的目的，各省份积极成立省级天然气公司，由省天然气公司统一经营管理，经营模式采用省级干线统一规划、分步实施、资源统销统购的方式，对全省天然气基础设施进行统一规划，资源采购也由省天然气公司统一采购并销售，价格由省内用户直接与省燃气公司商谈；也可采用省级干线统一规划、分步实施，采用代输业务，允许下游用户直接与上游供气方协商价格，然后供气方将天然气交由省天然气公司输送，后者收取管输费。

再次，地下储气库和 LNG 接收站连接国家长输基干管道。地下储气库和 LNG 接收站是目前中国两种主要大型调峰设施，地下储气库的调峰原则是调节长输管道和就近调节，LNG 接收站则是就近调节和液体调节。2020 年以后，中国将形成以地下储气库调峰为主、LNG 接收站为辅的局面，未来中国新建地下储气库主要依靠枯竭油气藏，在 2030 年形成中原、华北、东北、长庆、西北和西南六大储气库群，并分别与中国长输基干管道相连；LNG 接收站则通过沿海大动脉进行连接，对沿海地区的天然气市场进行调峰和资源互补，通过槽车外输向城镇燃气和企业自备 LNG 储气罐供气进行调峰。

最后，相邻省市市场形成区域性网络。由于行政区划和审批手续等原因，除长输管道和联络线跨省之外，区域性管网主要集中在省份之内，造成相邻省份或经济相近省份天然气消费相差较大，未来通过政府主导和支持建设省份之间省级干线的联络线，进行资源互补，将充分带动区域性天然气市场发展，完善区域性管网系统。

第八章　中国天然气发展战略定位

中国天然气在能源系统中的发展战略和目标定位是"将天然气培育成中国主体能源"。中国能源供给革命迫切需要加快发展天然气清洁能源，促进天然气在城镇居民生活、发电及交通领域的使用，并进一步加速替代煤炭和石油，既能有效缓解能源安全、环境保护、减少排放等多重压力，同时也能培育新的经济增长点，应当成为中国能源战略的重要选择。要将天然气发展成为主力能源，要多措并举扩大天然气消费。依靠科技创新提升行业技术水平，积极推进天然气价格改革。天然气改革的推进需要多维度政策措施与保障支撑，不断完善的法制、体制与政策机制。

第一节　中国天然气在能源系统中的定位

20 世纪 70 年代以来，人类开始了提高能源效率、减少污染排放、确保能源安全等能源革命的探索，全球气候变化控制目标更进一步对能源消费结构提出了新要求，进而对能源生产和消费模式产生了很大影响。近年来，全球能源结构和技术正酝酿着重大变革，如大规模应用页岩气开采技术、加快发展太阳能和风能等可再生能源、加快发展新兴核电技术等，以期提高低碳能源在消费中的比重。

推动能源供给革命是加快能源转型、积极应对全球气候变化、提高能效、保障国家能源安全的重大举措。能源供给革命是指在满足能源需求的前提下改变能源结构，发展清洁能源，形成多元化的能源供应体系，保障国家能源安全，形成能源供给的低碳化、清洁化、多元化、稳定化和智能化。当前中国能源消费结构仍以煤炭为主，占比超过 60%。2014 年，中国能源消费总量达 42.6 亿吨标准煤，天然气消费量为 1761 亿立方米，仅占一次能源消费总量的 5.4%（全球平均为 23.8%）。从全球能源消费来看，煤炭、石油、天然气等主要一次能源的消费比例较为均衡，而低碳、清洁的天然气在中国并未得到充分的利用。此外，中国部分城市深受雾霾困扰，提升天然气消费比重也是治理雾霾的有效手段。

中国能源供给革命迫切需要加快发展天然气这种清洁能源。日益严峻的能源安全形势、逐渐加剧的资源和环境约束、不断上升的温室气体减排的国际压力将在今后较长一个时期持续存在，提高能源效率、调整能源结构、发展清洁能源是中国经济社会发展的必然选择。坚持发展非化石能源与化石能源高效清洁利用并举，逐步降低煤炭消费比重，提高天然气等气体清洁能源消费比重，加快发展包括常规天然气、页岩气、煤层气、煤制甲烷、可燃冰、氢能、生物质气等在内的气体清洁能源，促进天然气在城镇居民生活、发电及交通领域的使用，并进一步加速替代煤炭和石油，既能有效缓解能源安全、环境保护、减少排放等多重压力，同时也能培育新的经济增长点，应当成为中国能源战略的重要选择。

第二节　中国天然气产业发展的目标

一、引导和培育天然气终端消费市场

首先，要将天然气发展成为主力能源，必须多措并举扩大天然气消费。首先是加强环境监管，强势推进天然气替代分散用煤，包括城乡商业、居民采暖、炊事用煤和纺织、造纸等轻工业热力用煤等领域，这将对减少雾霾和改善环境起到至关重要的作用。其次，发展天然气燃料交通，重点是在公路客运和水路货运方面，通过加大基础设施建设、完善相关技术标准等方式，推进天然气对石油的替代。第三是在发电和重工业领域，依托能源市场化和绿色财税制度改革，将天然气节能减排、调峰备用等环境效益和经济效益外部化，提高天然气发电调峰、冷热电三联供、天然气化工等经济效益和竞争力。

二、依靠科技创新提升行业技术水平

大力推进天然气勘探开发、传输配送、转化利用等各环节的科技创新与新技术应用，通过技术革命引领天然气产业链各环节的技术效率和经济效率。首先，提早开展天然气生产和转化领域重大技术的战略布局，对页岩气、深海气、煤层气、可燃冰开发、燃气发动机、联合循环发电设备等进行重点攻关，加大资金和人才资源投入，激活技术创新的体制机制。其次，探索成套技术体系和解决方案的研发和应用，关注装备系统集成化、成本节约化、环境友好和绿色化发展。力争到2020年，行业技术装备水平明显提升，在页岩气勘探开发、海上天然气开发等领域的技术自主化和国产化上实现重大突破；行业运行生产经营效率明显提升。到2030年，行业技术水平和生产运行效率达到国际先进水平，自主创新能力得到大幅提升。

三、积极推进天然气价格改革

根据不同地区天然气市场和基础设施成熟度，分批次推进天然气定价市场化改革，逐步减少政府对价格的直接干预，积极完善价格机制和市场环境，最终实现天然气价格市场化。对上海、广东、浙江等东南沿海地区，充分发挥多元化进口渠道和成熟的天然气基础设施优势，率先推进上游天然气市场多元化，取消天然气门站价格管制，推行上游市场价格自主定价。在此基础上，推进中下游管道运输和销售业务分离，实施天然气管网输配的第三方准入，放开大用户直供模式，逐步推进终端天然气市场的自主化。对条件尚不成熟的中西部省份，实行基准门站价，进一步完善天然气输配和终端市场价格机制，增大调价频率。合理制定管网输配价格和储气价格，并完善季节性差价、峰谷差价、可终端气价等实施办法。待2020年时机成熟后，通过管网第三方准入等方式，逐步推进跨区域价格并轨，并最终实现天然气价格市场化。

四、积极发展混合所有制，建设统一的天然气市场保障体系

首先，发展多元天然气经营主体，提高市场效率。为保障天然气安全供应并提高天然

气占一次能源消费总量的比重，中国应当积极发展混合所有制，允许更多投资主体进入天然气市场，在2020年前后形成由三大石油公司相对主导的，多家省属国有企业或非油企业独立经营、非公有制企业和外资企业积极资本运作或独立经营的天然气市场格局，到2030年形成法制完备、统一开放、竞争有序的现代能源市场体系。

其次，完善天然气基础设施，建设统一的天然气供应系统。力争在2020年实现"西气东输、海气登陆、就近供应"四大天然气供应格局，构筑"海上、西北、西南、东北"四大天然气进口战略通道，形成以西气东输系统、陕京线系统、煤制气管道、中俄天然气管道、川气东送管道等为主的基干管道，连接四大进口战略通道、主要生产区、消费地和储气库的全国性"一张网"，真正实现气源多元化、管道网络化、气库配套化、管理自动化、调度统一化。

再次，逐步形成"十区域"多层次的天然气市场体系。由于天然气资源分布、管网布局、经济社会发展条件等多方面因素的作用，中国有望实现进口资源与市场、产区与市场、现货与期货市场等之间的无缝链接，在2020年前后形成环渤海、长江三角洲、珠江三角洲、川渝、滇黔桂、中南部、鲁豫皖、中西部、西北和东北地区的十大区域性市场。

第三节 中国天然气产业发展的保障措施

天然气改革的推进需要多维度政策措施与保障支撑，不断完善的法制、体制与政策机制将构成天然气的基础制度体系。法制方面，将不断推进能源法与天然气专门法规的立改废，完善标准，强化执行。管理体制方面，将理顺现行体制，逐步过渡到高层级、集中的能源管理体制。监管体系方面，将建立完善统一、独立、专业的监管体系。政策方面，将落实推动中国能源生产和消费革命的总体要求，推进天然气市场化发展，并确保改革的积极高效与平稳过渡。

一、依法治气，加快天然气领域立法建设

中国目前缺乏综合性的涵盖油气行业中下游的《石油天然气法》，在天然气管网、终端消费环节以及环境保护等方面，地方政府和相关企业的责任划分依然不够明确，现代化的天然气行业技术规范与标准急需完善。为此，必须尽快建立健全以《石油天然气法》为核心，以天然气专项法为支撑的完整法律框架。提高法律法规的可操作性，使其更适应天然气勘探、生产、输送、储配和利用的特点，并完善相关的实施细则和配套法规，以保障油气基本法和天然气专门法的贯彻实施。在气体清洁能源专项法方面，应加快修订《矿产资源法》，制定《天然气（常规天然气、页岩气、煤层气、可燃冰）矿业权管理条例》《天然气中下游管理条例》《天然气开采环境保护条例》等法律法规，修订《矿产资源勘查区块登记管理办法》等部门规章，重点完善以下天然气领域的法律制度：资源产权制度，勘探开发合同制度，基础设施建设和运营管理制度，储备制度，销售和利用制度，安全预警与应急制度，安全生产和生态效益补偿制度，跨国投资和进出口贸易制度等。同时通过司法解释等途径，处理好《石油天然气管道保护法》与其他法律之间的冲突。

二、管监并重，建立适合产业特点的管理体制

加快建立全国统一的能源管理体制，尽早谋划筹建国家能源部，统筹包括天然气在内的能源发展战略和规划管理。形成统一制定国家能源发展战略、规划以及政策，实现跨能源部门、从中央到地方的分级负责的能源管理体制。通过立法明确能源主管部门的权责安排，协调处理好其与国家发改委、国土资源等部门之间的关系。建立统一、独立、专业的监管体系。加强目前能源主管部门内设的监管部门能力建设，在政监合一的体制基础上逐步加强独立性，并与发展战略和规划管理体系一道成为国家天然气治理体系的两翼。能源监管部门主要负责经济性监管，加强社会性监管，确保以管网为核心的网络型基础设施等自然垄断领域的公平竞争。分步实施，力争在"十四五"中期建立独立、统一、专业的能源监管体系。

三、加强竞争，鼓励各类资本参与上中下游建设

上游环节市场规则改革应包括：

第一，扩大市场准入。建立具体、公开、透明的准入标准和准入程序，完善环境标准、技术标准、产品标准、设备能力标准等行业规制，在标准面前，各种所有制、各种投资者一律平等，使符合条件的企业均能进入天然气勘探开发领域；开放中小盆地勘探市场，制定民营资本、中央和地方国有资本等以独资、参股、合作、提供专业服务等方式参与天然气勘探开发的具体办法。

第二，完善矿业权管理制度。扩大天然气矿业权招投标试点范围，减少对探矿权的直接授予。处理好天然气矿业权与煤炭等其他矿业权重叠的问题，切实保护矿业权人的合法权益。完善矿业权退出机制，加大对勘查面积的退还力度，对拥有矿业权但在规定期限内达不到投入或产出要求的，应强制退出。

第三，加强天然气矿业权流转市场管理。为防止过度炒作矿业权，对天然气矿业权流转应制定必要的规则，例如，应满足一定期限和达到一定投资量后才能流转。加大对矿业权市场的培育力度；进一步加强对有形和无形市场交易载体的监管，规范交易秩序。另外，尽快将可燃冰列为中国新发现矿种，明确由中央一级管理以及矿业权通过市场竞价、有偿取得。

在中游环节市场规则改革方面，政府应公开建设规划，鼓励对管网等基础设施建设的投资；建立完善市场准入制度，制定民营资本、中央和地方国有资本等以独资、参股、合作等方式参与天然气管网、LNG接收站、储气库等基础设施建设投资的具体办法；建立完善天然气管网、LNG接收站、储气库等相关的标准和技术规范。

下游环节市场规则改革应从开放、完善和规范市场入手，制定市场规则，允许具备资质条件的企业自行进口天然气（管道气和LNG）以及自主选择天然气进口商，同时应将安全、质量、环保、技术等指标作为市场准入的主要标准并制定具体的准入办法。尽快完善天然气利用政策。调整天然气利用领域及优先序，重点满足城市民用和商用燃气消费，鼓励城市工业锅炉、窑炉天然气替代油、煤，在交通和发电等领域进行天然气代油，适度发展天然气发电项目以及化工项目。

四、改革管网，建设管网多元、独立、公平接入的竞争性管道等

首先，尽快建立完善管网运营和服务环节的市场准入政策，对运营资格实行准入制度，确保运营主体承担责任的能力，将具有独立法人资格、实行独立核算作为运营主体的基本条件。推进提供基础设施服务业务的分离，考虑到中国实际情况，分离可从长输管网和LNG接收站开始，分离方式可先由财务和法律分离做起，推进范围可先在气源多元化和市场竞争格局已基本形成，且输气管网密度较高的东部地区试点，然后在全国范围内推广。同时，探索将储气服务与输配气管网的财务和法律分离，并鼓励各类资本参与储气库建设，允许独立的储气商参与天然气市场并通过市场的峰谷价格赚取利润。

其次，尽快实施管网互联互通及向第三方提供接入服务，加强对接入条款、服务价格和服务质量的监管，以确保运营主体提供非歧视性服务，为培育竞争性市场创造条件。从输气和LNG接收站方面，应逐步推行长输管网和LNG接收站的"第三方准入"以及许可证管理制度，允许任何有资质经营天然气业务的企业与管网和LNG接收站经营者签订运输或代储合同，确保在输配系统有闲置的运输能力时，运输管网和LNG接收站经营者能够向任何有要求的天然气供应商或用户提供服务，在公平费率基础上提供无歧视准入。在操作顺序上，可以视基础设施的发展状况以及服务和销售业务的分离程度，逐步采取协商和强制的第三方准入。同时，以年度天然气消费量为依据，率先放开大用户直接选择自己的天然气供应商。从储气和城市配气方面，应逐步引入对不同消费规模用户的第三方准入机制，先从年消费量较大的非居民用户做起，列出时间表并设定年消费规模，按照时间表和执行情况，规定不同年消费规模的非居民用户可自主选择供气商，或者完全绕开城市配气管网，或者城市配气管网仅承担政府监管价格下的配气服务。

五、创新发展，鼓励科技进步与商业模式创新

第一，加大国家对天然气开发利用技术的投入。着眼于关键技术突破，加大对非常规天然气开采、LNG储运设施等领域关键共性技术研发的投入力度。尽快对页岩气开采、可燃冰开采、煤制甲烷、燃气汽车（船舶）发动机制造、联合循环燃气轮机发电机组、碳俘获与存储六大领域关键技术的研究开发进行战略规划布局，在着眼于关键技术突破的同时，对相关领域的基础研究提早部署。

第二，改革现有科技投入管理机制。由国家能源主管部门牵头，组织协调科技、国土资源、工信、财政、环保、标准等主管部门，明确各部门对天然气技术创新支持的任务和权责，由国务院按照共性技术的特点制定统一的扶持政策。

第三，健全天然气技术创新的支撑体系。建立国家非常规天然气重大技术实验室，集中人力、物力、财力对关键重大技术进行重点攻关突破；建立国家天然气资源基础资料库，实现资源共享。

第四，支持企业自主创新，增强产业技术能力。支持气体清洁能源企业转型升级，通过技术改造投资等提高生产效率。扶持掌握核心技术的骨干企业，进一步提升技术能力并建立核心竞争力。加强产学研结合，支持关键共性技术研发，实施自主化依托工程推进气体清洁能源装备的自主化、国产化，全面提升本土化气体清洁能源设备技术水平。加大人

才培养力度，支持建立企业技术研发中心与博士后科研流动站。

第五，进行天然气利用商业模式探索，迎接互联网能源时代。探索天然气在多能互补的综合能源供需系统中的定位与商业模式，发挥天然气同时作为一次能源供给与终端能源消费且基于网络平台的优势和调节作用。

六、重视气电，保障天然气发电健康发展

随着天然气价格改革的推进，天然气发电已成为中国电力供应不可或缺的一块，为保证天然气发电的平稳快速增长，应做到以下五点：

第一，建立完善天然气发电价格政策。现行天然气发电价格的制定，各地采取的方法不尽相同，既有采用单一制定价的，也有采用两部制定价的。为此，必须完善天然气发电价格定价机制，由国家层面尽快出台具有指导性的文件，为各地制定天然气发电价格政策提供依据，并且由地方政府提供一定的上网电价补贴。同时建立并完善天然气发电辅助服务市场机制，为天然气发电提供调峰等辅助服务的市场交易平台。

第二，健全天然气发电运行技术标准，推进系统设计与运行技术标准体系建设。兼顾电网和热（冷）用户需求，针对不同用户、规模研究制定天然气发电系统设计与运行技术标准。加快电源并网标准体系建设。加快智能电网和电表系统的改造和建设，突破联网技术瓶颈，制定更明确的技术标准和规范、条件和运行调度规则，推进天然气发电顺利实现联网。

第三，建立电网调度新机制，实现合理调度。如此不仅可减少天然气机组调峰深度和次数，保证燃机高负荷、高效率正常运行，而且可直接减少燃机因多次启停发生故障的可能性，降低维护成本，这对于燃料成本、维护成本相对较高的天然气发电机组来说是非常必要的。应尽快完善电力管理体制，改善并网接入管理，进一步明确电网企业在天然气发展上的责任和义务。

第四，尽快推进天然气发电设备国产化。加大投入力度，加快研发具有自主知识产权的重型燃气轮机，掌握E级和F级燃气轮机核心部件的制造技术，燃中低热值合成气的F级气轮燃机改造设计技术，以及燃中低热值合成气的E级和F级燃气轮机制造技术；掌握适合分布式供能的兆瓦级微小燃气轮机发电机组设计、试验、系统集成及配套的关键技术。

第五，建立和完善天然气分布式能源发展的鼓励政策。对已出台的各种政策和法规，应尽快增加具体的可操作的实施细则、技术标准和配套政策；对分布式能源系统应进行统一规划，主要是对分布式能源的规划与管网、电网规划以及整个城市发展规划的关系进行统筹协调；进一步简化分布式能源系统的行政审批手续。

第九章　中国车用天然气发展机遇和挑战

对中国来说，发展天然气在交通运输领域的应用潜力巨大，且意义非凡，能够实现能源结构优化、节能减排、挖掘新经济增长点以及保障石油安全等多重效应。经过多年的发展，中国天然气汽车产业已取得了长足的发展，但依然存在着一系列的政策障碍成为交通运输领域大规模利用天然气的制约。

第一节　中国车用天然气发展的基本形势

在国家发布的《中华人民共和国大气污染防治法》（以下简称《大气污染防治法》）、《中华人民共和国节约能源法》（以下简称《节约能源法》）《中华人民共和国环境保护法》（以下简称《环境保护法》）《节能与新能源汽车产业发展规划》（国发〔2012〕22号）、《节能减排"十二五"规划》（国发〔2012〕40号）和《天然气利用政策》（发改委令第15号）等一系列法规和政策中，都明确要求并鼓励交通运输工具使用天然气等清洁能源。此后，2014年国务院办公厅发布的《能源发展战略行动计划（2014—2020年）》（国办发〔2014〕31号），又进一步明确提出"积极发展交通燃油替代，实行绿色交通行动计划，稳步发展天然气交通运输。结合国家天然气发展规划布局，制定天然气交通发展中长期规划，加快天然气加气站设施建设，以城市出租车、公交车为重点，积极有序发展LNG汽车和压缩天然气汽车，稳妥发展天然气家庭轿车、城际客车、重型卡车和轮船。"这些政策为交通运输行业推广应用天然气汽车指明了方向，定下了基调，设计了路径，描绘了愿景。

交通运输部自2011年起开展了"城际道路运输推广使用天然气车辆试点"工作，将支持"天然气车辆在道路运输中的应用"纳入了财政部、交通运输部联合组织开展的低碳交通试点中央补助资金补助范畴。2014年，交通运输部组织制定了《关于交通运输行业贯彻落实<2014—2015年节能减排低碳发展行动方案>的实施意见》（交办法〔2014〕110号），明确提出"推广应用绿色交通运输装备，继续推进天然气汽车在道路运输和城市公交中的应用。"与此同时，将"天然气营运车船主题性项目"确定为交通运输节能减排资金优先支持范围和领域，以上政策文件对于天然气汽车推广应用发挥了积极的引导作用。

随着天然气行业的发展和推广天然气汽车工作的深入开展，交通运输业推广应用天然气汽车的成效总体明显。交通运输行业使用天然气汽车的范围逐步扩大。一是应用地域逐步扩展。随着西气东输管道和沿海LNG接收站等天然气基础设施的发展，过去受制于气源不足影响的地区，随着天然气供给状况的改善，天然气运输装备持续发展。二是应用领域不断扩大，天然气汽车继续在城市公交车和出租车领域广泛应用的同时，在公路客货运、城市物流配送以及港口货物的集疏运领域也加快发展。三是保有量不断增长，截至

2014年底，中国CNG车辆总数超过230万辆，其中以出租车（56万辆）、公交车（10.6万辆）及私家车为主。LNG车辆总数达18.4万辆，其中公交车占5.5万辆，重型卡车约占10万辆。四是配套基础设施不断完善，气源较为丰富地区车用气供应网络初成，截至2014年底，全国已投入运行的车用LNG加气站约2500座，已投入运行的车用CNG加气站约4006座。

第二节　中国车用天然气发展面临的机遇

一、气源供应保障充分

截至2014年，中国已经形成国产常规天然气、非常规天然气、煤制气、进口LNG、进口管道气的多元化供应格局。2014年，全国天然气（包含非常规气）总产量1316亿立方米，净增长113亿立方米，同比增长9.4%。其中，常规气产量1258亿立方米，同比增长7.4%；煤层气产量37亿立方米，同比增长23%；页岩气产量13亿立方米，同比增长5.5倍；煤制气产量8亿立方米，同比增长25.7倍。2014年，中国管道进口气330亿立方米，较2013年增长15.4%。随着未来国产常规气产量稳定提高，页岩气等非常规天然气开发不断突破，进口资源逐步提升，未来天然气供应格局呈现宽松状态，天然气市场出现供大于求，车用天然气资源有充分保障。

基础设施方面，中国天然气管道正处于快速建设期，管网覆盖不断扩大，全国性"一张网"初步形成，加气站数量迅速增长。LNG接收站也在快速推进，沿海省市基本实现全覆盖，国内小型LNG工厂快速发展，为天然气汽车的继续快速发展提供了有利条件。

天然气价格方面，受国际市场、供需环境以及基础设施建设等多方面因素影响，中国天然气价格将处于较低水平。从近年来国际市场天然气价格趋势看，世界三大天然气市场价格均呈现下降态势，价格保持低位。而中国宽松的天然气供应格局，以及随着天然气进口逐步放开，有利于低价现货的引进，也促使天然气价格低位运行。此外，随着天然气行业体制的改革不断深入，逐渐实现天然气管道运输环节的公平准入，也可以降低天然气管道运输成本。

二、环保形势日趋严峻，天然气汽车环境优势凸显

中国面临着日益严峻的环保形势，而交通运输业又是主要的空气污染源之一。2014年，全国开展空气质量新标准监测的161个城市中，仅有16个城市空气质量年均值达标，145个城市空气质量超标，达标城市不足10%。2014年，全国废气中氮氧化物排放量2078.0万吨，其中机动车氮氧化物排放量为627.8万吨，占比30.21%。全国废气中烟（粉）尘排放量1740.8万吨，其中机动车烟（粉）尘排放量为57.4万吨，占比3.3%。

碳排放也是中国环境压力的重要方面。根据自身国情、发展阶段、可持续发展战略和国际责任担当，中国确定了到2030年的自主行动目标：二氧化碳排放在2030年左右达到峰值并争取尽早达峰；单位国内生产总值二氧化碳排放比2005年下降60%~65%。根据《国家应对气候变化规划（2014—2020年）》，到2020年单位国内生产总值二氧化碳排放

比 2005 年下降 40%~45%，其中公路交通运输领域单位客运周转量二氧化碳排放比 2010 年降低 5%，单位货运周转量二氧化碳排放比 2010 年降低 13%。

天然气车辆的低碳环保优势明显。根据陕西重型汽车有限公司提供的测算结果看，以 336 马力[1]的天然气重卡、柴油重卡相比较，天然气车 CO_2 百千米减排 5.5 千克，减排率达 5.45%，按照商用车每年运行约 15 万千米计，天然气车每车每年减排 CO_2 可达 8.25 吨。除碳减排外，天然气车的污染物排放量也较传统燃油汽车更低，336 马力的天然气重卡按照每年运行约 15 万千米计，与柴油车相比排放的污染物中 CO 的排放量减少 215.1 千克/年，NOx 的排放量减少 628.4 千克/年，PM 排放量（微粒物排放量）减少 20.9 千克/年。

在环保与低碳减排的压力下，从长期看，关于碳税、环境税等税种的征收已形成共识，碳交易市场在全国层面开展也是必然趋势，污染物排放的成本必然升高，而天然气汽车的低碳环保优势则有利于形成经济优势。

三、石油安全形势严峻

1993 年，中国成为石油净进口国。自 2009 年至今，中国原油进口依存度连续 6 年超过国际公认的 50% 的"警戒线"，2014 年达到 59.6%，石油安全形势不容乐观。《中国统计年鉴（2014）》显示，2012 年交通运输、仓储和邮政业领域成品油消费占全社会消费总量的 57.41%，交通运输行业是消耗成品油的主要力量。天然气是一种优质、高效、清洁的低碳能源。在交通领域推广使用天然气、替代成品油，有利于减少成品油消费、缓解供需紧张局面，对调整和优化能源结构、实现能源供应多元化、提高石油供应安全具有重要意义。

四、技术水平不断提高，保障天然气汽车推广

天然气汽车技术水平不断提高。一是产品类型不断丰富。目前国内已有 60 多家企业累计推出了 400 余款天然气车型，产品覆盖城市公交、城市出租、长途客运、物流重卡等领域；近 20 家企业推出逾百款天然气发动机型，功率范围覆盖 64~480 千瓦，气瓶、减压器、天然气喷嘴等装置已大规模产业化应用。二是研制能力不断增强。通过引进、消化、创新的方式，国内天然气汽车技术不断提高，单车耗气水平持续降低。目前已基本掌握整车集成、发动机研制、第三代电控喷射 CNG、底盘设计、供气系统设计等多项关键技术，部分零部件制造及应用已达到国际先进水平。

第三节　中国车用天然气发展面临挑战

一、天然气汽车推广及配套设施布局缺少国家总体规划

中国天然气汽车的发展缺少国家层面的总体规划和扶持政策。目前来看，针对天然气汽车，国家尚未形成对总量规模、加气（注）站建设规划等方面的具体政策。

---

[1] 1 马力 = 745.6999 瓦。

二、天然气汽车供气配套基础设施建设滞后

天然气汽车供气配套基础设施网络远未形成，车用天然气供气站布局不均衡。车用加气站主要集中在气源比较丰富的地区，部分气源不足地区加气困难。车用天然气加气站主要集中在主城区，建设时缺乏与主管交通部门的沟通，选址不合理，导致偏远线路车辆存在加气的空驶行程过长的问题。

加气站建设缓慢，且分布不均衡，制约了市场的发展，主要有以下几点原因。第一，国家缺乏总体的规划和扶持政策。目前国家层面缺乏总体性的车用天然气加气站的建设规划，对于加气站建设也没有具体的扶持政策，而一些地方性的规划也存在不健全的问题，导致加气站建设的土地批复和选址难度大，行业发展的预期也不强。第二，加气站建设审批程序繁琐。加气站从地方立项到正式运营，仅审批流程就要至少盖 26 个章，这不仅需要大量的人力、物力和时间，而且企业为此投入的检测及认证等成本也大幅增加，无形中为加气站建设增加了沉重负担，让企业的积极性严重受挫。第三，较高的用地价格影响了建站的经济性。加气站建设用地必须为国有土地，同时其土地用途为建设用地中的商业服务业设施用地，因此较高的出让价格影响了企业建站的积极性。

三、天然气汽车经济性优势不足，且存在地域差异

按照目前的技术水平，天然气替代 1 升汽油要用 1~1.05 立方米，替代 1 升柴油则需要 1.2~1.4 立方米。2010 年 5 月，《国家发展改革委关于提高国产陆上天然气出厂基准价格的通知》要求"各地要按照与 90 号汽油最高零售价格不低于 0.75:1 的比价关系，理顺车用天然气价格，保持车用气的合理比价。"对于公路交通行业而言，因车辆购置成本与引擎能耗的不同，通常天然气与柴油价格比（气柴比）在 0.7:1 水平以下时，LNG 燃料才开始显露经济性优势。国内柴油零售价格自 2014 年中旬至今跌幅接近 30%，但车用 LNG 终端零售价几乎无变动，导致 LNG 燃料经济性下降，严重影响了消费市场的需求。以 LNG 重卡行业为例，公开数据显示 2015 年上半年 LNG 重卡销售量低于 7000 辆，同比下降超过 50%。

此外，天然气气价的地域差异也将使天然气汽车的推广面临不同的市场环境。在内蒙古、陕西等距离气源地较近的内陆地区，由于运距成本较低，天然气气价主要受气源地开采成本影响。但在经济发达的沿海地区，陆上 LNG 运距成本加成较高，车用气将大量依赖国际 LNG 贸易，气柴比能否降至 0.7:1 以下在很大程度上取决于当地燃气市场价格传导是否顺畅。

四、支持政策缺乏系统性考量，支持力度不足

虽然国家和地区层面针对天然气汽车制定了一些财政支持政策，但是存在政策导向不够直接、有效，补贴额度低以及地方性政策难落实的问题。

1. 支持政策的导向不够直接、有效

在国家发布的《大气污染防治法》《节约能源法》《环境保护法》《节能与新能源汽车产业发展规划》《节能减排"十二五"规划》和《天然气利用政策》等一系列法规和政策

中，都明确要求并鼓励交通运输工具使用天然气等清洁能源，并且 2014 年国务院办公厅发布的《能源发展战略行动计划（2014—2020 年）》，又进一步明确提出要积极发展交通燃油替代，实行绿色交通行动计划，稳步发展天然气交通运输。但这些规定只是原则性和方向性的内容，缺乏具体、直接、有效的政策。此外，国家在燃油领域具有对公益性行业的价格补贴政策（财建〔2009〕1 号），但是相比之下，没有对天然气公交车、出租车、环卫车等公益性行业的燃气价格扶持引导政策。

2. 补贴的额度低，力度不够

发展至今，国内天然气汽车的规模巨大，保守分析，截至 2014 年，全国 CNG 车辆总数超过 235 万辆，LNG 车辆总数超过 14 万辆，但获取的财政补贴仅限于"节能减排专项资金"，补贴金额也十分有限。2011—2014 年，中央财政拨付的节能减排专项资金总额约为 20 亿元，分配到天然气汽车领域的不足 7 亿元。相比之下，同期的新能源汽车保有量不足 12 万辆，却是在备受中央及地方的广泛、高度重视下，在持续、强有力的优惠政策刺激下产生的。自"十五"时期以来就一直有相关的规划，并自 2009 年先后启动了两轮次的示范推广工作，而且特别自 2014 年以来密集性地出台了多项制度和办法，包含了购置补贴、税收优惠、充电设施奖励和政府采购等政策措施，涵盖了研发、消费和配套设施建设等相关环节。这些政策力度大，涵盖面也广，但实施效果在受市场检验后并不尽如人意。

第十章　中国车用天然气发展相关政策

自 1999 年国家实施"空气净化工程—清洁汽车行动"以来，天然气汽车的推广得到越来越多的重视，相关的政策法规、标准体系陆续出台。国家已先后出台天然气汽车相关政策、标准、规范，不断完善政策体系，从能源供应、管道建设、财政减免、定价机制等多方面促进绿色循环交通运输发展。国务院办公厅 2014 年 11 月发布的《能源发展战略行动计划（2014—2020 年）》提出"要加快发展天然气汽车和船舶，扩大交通燃油替代规模"，"结合国家天然气发展规划布局，制定天然气交通发展中长期规划，加快天然气加气站设施建设，以城市出租车、公交车为重点，积极有序发展液化天然气汽车和压缩天然气汽车，稳妥发展天然气家庭轿车、城际客车、重型卡车和轮船"。同时，有些地方政府因地制宜出台了一些配套政策和法规。

第一节　形成较为完整的宏观政策体系

中国的天然气作为车用燃料的发展政策，相对于其他替代燃料而言，无论在政策方向还是政策体系、措施方面都较为具体、明确。近些年来，中国各级政府高度重视天然气汽车的发展，相继出台了一系列专项规划与政策文件，初步形成了由中央宏观政策指导和地方具体政策扶持的天然气汽车政策法规体系，这对促进天然气汽车健康、有序发展起到了重要作用。

国务院相继颁布了《国务院关于做好建设节约型社会重点工作的通知》（国发〔2005〕21 号）、《国务院关于加强节能工作的决定》（国发〔2006〕28 号）等文件，这些文件都明确提出：要"开发和推广清洁燃料汽车"，"鼓励发展节能环保型交通工具，开发和推广车用代用燃料和清洁燃料汽车"。2006 年 2 月，国务院发布的《国家中长期科学和技术发展规划纲要（2006—2020 年）》将"低能耗与新能源汽车"列入优先主题和前沿技术。2012 年 6 月，国务院发布的《节能与新能源汽车产业发展规划（2012—2020 年）》中指出，要"加快培育和发展节能与新能源汽车产业"，在《"十二五"国家战略性新兴产业发展规划》中指出，要"建立完整的新能源汽车政策框架体系，强化财税、技术、管理、金融政策的引导和支持力度，促进新能源汽车产业快速发展"。

2013 年，国务院发布的《关于加快发展节能环保产业的意见》（国发〔2013〕30 号）、《关于印发大气污染防治行动计划的通知》（国发〔2013〕37 号）中指出，"加快新能源汽车技术攻关和示范推广"，"在北京、上海、广州等城市扩大公共服务领域新能源汽车示范推广范围，每年新增或更新的公交车中新能源汽车的比例达到 60% 以上"，"公交、环卫等行业和政府机关要率先使用新能源汽车，采取直接上牌、财政补贴等措施鼓励个人购买"等。2014 年 7 月，国务院办公厅发布的《关于加快新能源汽车推广应用的指导意见》中指出，要"建立长期稳定的新能源汽车发展政策体系"，"把公共服务领域用车作为新能源汽车推广应用的突破口，扩大公共机构采购新能源汽车的规模，地方政府承担新能源汽车推广应用主体责任"，"在公共服务领域探索公交车、出租车、公务用车的新能源汽车融资租赁运营模式，在个人使用领域探索分时租赁、车辆共享、整车租赁以及按揭购买新能源汽车等模式"。

国家发改委在《汽车产业发展政策2004》中提出：国家支持研究开发醇燃料、天然气、混合燃料、氢燃料等新型车用燃料，鼓励汽车生产企业开发生产新型燃料汽车；积极开展轻型材料、可回收材料、环保材料等车用新材料的研究；国家适时制定最低再生材料利用率要求。国家发改委《产业结构调整指导目录（2007年本）》中，将压缩天然气等新能源汽车整车及关键零部件开发和制造等项目列入鼓励类。2006年底，在科技部组织启动的863计划"节能与新能源汽车重大项目"中，天然气汽车关键技术开发和示范推广等工作得到了进一步的立项支持。

国家发改委于2012年10月颁布的《天然气利用政策》（发改委令第15号），明确了天然气消费的行政监管政策，将天然气汽车列为天然气利用的优先类用户。2013年6月，国家发改委颁布《关于调整天然气价格的通知》，指出要"结合当地实际，在保持天然气竞争优势的前提下，合理安排车用天然气销售价格"，在2014年4月，国务院办公厅转发了国家发改委《关于建立保障天然气稳定供应长效机制若干意见的通知》，提出要"加快理顺车用天然气与汽柴油的比价关系"。

第二节 明确行业管理体制

从汽车产业管理角度看，天然气汽车已纳入中国机动车新产品公告管理，天然气汽车的产业化和商业化逐步规范。同时，中国对于包括天然气汽车在内的燃气汽车行业也制定了比较完善的管理体系，明确了天然气汽车的主要管理环节、制度和负责部门，详见表10-1。

表10-1 现行天然气汽车行业管理体制

	主要管理制度	主要负责部门
燃气汽车		
生产/改装	改装企业资质管理	行业主管部门
	燃气专用装置市场准入管理	质量技术监督部门
	改装企业经营规范	质量技术监督部门
落户	车辆燃料类型变更及登记注册	车辆管理部门
	燃气汽车专用标志管理	行业主管部门、车辆管理部门
运行	驾驶员安全操作管理	改装企业配合行业主管部门
	车辆定期检验制度	车辆管理部门
	维修企业资质管理及维修操作规定	行业主管部门
报废	机动车强制报废有关标准和规定、《报废汽车回收管理办法》、气瓶随燃气汽车报废制度	车辆管理部门、特种设备检测机构

续表

主要管理制度	主要负责部门
其他管理对象	
加气站	加气站建设项目审批制	行业主管部门
	加气站经营资质管理	行业主管部门
	加气站安全经营规范	行业主管部门
	加气站专用设备定期检验制度	质量技术监督部门
燃气	气源供应保障制度	相关行业主管及政府部门
	燃气价格管控制度	物价管理部门
	气质监测、公示制度	质量技术监督部门
气瓶	气瓶使用登记管理	质量技术监督部门
	气瓶检验、年审制度	质量技术监督部门
	气瓶随车强制报废制度	特种设备检验机构

注：行业主管部门因各城市（地区）的行业管理职能划分方式不同而不同。
资料来源：本书课题组根据公开资料整理。

第三节 建立行业标准体系

2015年12月，国务院办公厅发布的《国家标准化体系建设发展规划（2016—2020年）》中，将"制修订车船安全、节能、环保及新能源车船、关键系统部件等领域标准"作为工业标准化重点之一，并列入"中国标准走出去工程"。目前，中国已初步建立起天然气汽车标准体系，主要包括管理办法和技术标准两大类。其中，天然气汽车技术标准体系包括基础标准、整车标准、发动机标准、专用装置标准、储气瓶及附件标准、气质标准、加气机标准和加气站标准8个领域，见表10-2和表10-3。

表10-2 现行天然气汽车行业管理办法

管理标准
《在用车改装为天然气和液化石油气汽车管理办法》
《天然气汽车和液化气汽车认证办法》
《天然气和液化石油气年审办法》
《液化石油气和压缩天然气汽车专用装置生产企业条件》
《压缩天然气和液化石油气汽车改装企业条件》
《天然气和液化石油气汽车从业人员技术培训和资格审查》
《汽车用压缩天然气加气站管理办法》

资料来源：本书课题组根据公开资料整理。

表 10-3　现行天然气汽车行业技术标准

类别	标准代号	标准名称
气体标准	GB 18047—2000	《车用压缩天然气》
	GB/T 19204—2003	《液化天然气的一般特性》
	SN/T 2491—2010	《进口液化天然气质量评价标准》
整车标准	GB/T 17676—1999	《天然气汽车和液化石油气汽车标志》
	GB/T 17895—1999	《天然气汽车和液化石油气汽车词汇》
	GB/T 18437.1—2009	《燃气汽车改装技术要求　第1部分：压缩天然气汽车》
	GB/T 18437.2—2009	《燃气汽车改装技术要求　第2部分：液化石油气汽车》
	GB/T 23335—2009	《天然气汽车定型试验规程》
	GB/T 27876—2011	《压缩天然气汽车维护技术规范》
	GB/T 29125—2012	《压缩天然气汽车燃料消耗量试验方法》
	JT/T 512—2004	《压缩天然气汽车维护、检测技术规范》
	QC/T 257—1998	《压缩天然气汽车定型试验规程》
	QC/T 690—2002	《压缩天然气客车技术条件》
	QC/T 746—2006	《压缩天然气汽车高压管路》
	QC/T 754—2006	《液化天然气汽车定型试验规程》
发动机标准	GB/T 22069—2008	《燃气发动机驱动空调（热泵）机组》
	QC/T 694—2002	《柴油/压缩天然气双燃料发动机技术条件》
	QC/T 692—2011	《汽油/天然气两用燃料发动机技术条件》
	QC/T 691—2011	《车用天然气单燃料发动机技术条件》
专用装置部件	GB/T 18363—2001	《汽车用压缩天然气加气口》
	GB/T 19240—2003	《压缩天然气汽车专用装置的安装要求》
	GB/T 19344—2003	《在用燃气汽车燃气供给系统泄漏安全技术要求及检验方法》
	GB/T 20734—2006	《液化天然气汽车专用装置安装要求》
	GB/T 20735—2006	《汽车用压缩天然气减压调节器》
	GB/T 26780—2011	《压缩天然气汽车燃料系统碰撞安全要求》
	GB 19239—2013	《燃气汽车专用装置的安装要求》
	QC/T 671—2000	《汽车用压缩天然气减压调节器》
	QC/T 675—2000	《汽车用汽油电磁阀》
	QC/T 245—2002	《压缩天然气汽车专用装置技术条件》
	QC/T 674—2007	《汽车用压缩天然气电磁阀》
	QC/T 917—2013	《燃气汽车专用手动截止阀》
车用储气瓶	GB/T 17926—2009	《车用压缩天然气瓶阀》
	GB 19533—2004	《汽车用压缩天然气钢瓶定期检验与评定》
	GB 17926—2009	《车用压缩天然气瓶阀》
	GB 24160—2009	《车用压缩天然气钢质内胆环向缠绕气瓶》

续表

类别	标准代号	标准名称
车用储气瓶	GB 24162—2009	《汽车用压缩天然气金属内胆纤维环缠绕气瓶定期检验与评定》
	GB 24163—2009	《站用压缩天然气钢瓶定期检验与评定》
	GB 17258—2011	《汽车用压缩天然气钢瓶》
	SY/T 5853—1993	《石油工业车用压缩天然气气瓶安全管理规定》
加气站及相关标准	GB 19158—2003	《站用压缩天然气钢瓶》
	GB/T 19236—2003	《压缩天然气加气机加气枪》
	GB/T 19237—2003	《汽车用压缩天然气加气机》
	GB/T 25360—2010	《汽车加气站用往复活塞天然气压缩机》
	GB/T 25986—2010	《汽车用液化天然气加注装置》
	AQ 3001—2005	《汽车加油（气）站、轻质燃油和液化石油气汽车罐车用阻隔防爆储罐技术要求》
	CJJ 84—2000	《汽车用燃气加气站技术规范》
	JB/T 10298—2001	《汽车加气站用天然气压缩机》
	JJG 996—2012	《压缩天然气加气机检定规程》
	NB/T 1001—2011	《液化天然气（LNG）汽车加气站技术规范》
	SY 0092—1998	《汽车用压缩天然气加气站设计规范》

资料来源：本书课题组根据公开资料整理。

第四节　形成地方配套措施

从地方政策看，在天然气汽车推广应用的实践中，各示范城市结合各地的发展实际，逐步研究探索并建立了适合本地区天然气汽车发展的政策法规体系和管理体系。总体上，可以归纳为以下几个方面：

一是制定发展规划，对天然气汽车、加气站制定具体发展目标。

二是针对天然气汽车出台激励政策。包括：对天然气汽车的各种费用（包括税费、购置费、城市增容费、客运管理费、燃油车辆排污费等）给予减免；对购买或改装天然气汽车给予财政补贴；优先办理天然气汽车的相关手续等。

三是制定价格政策，保证油气合理差价。

四是针对天然气汽车加气站出台鼓励政策。包括：加气站用地给予优先和优惠政策；加气站用电给予优惠电价并充分保证；加气站设备用电各种费用给予减免；加气站用气优惠供应；新建加气站的配套费用和所得税给予减免。

五是针对天然气汽车相关企业出台鼓励政策。包括：对国家或地方定点生产天然气装置的企业，享受地方企业优惠待遇；对外商或外地天然气汽车改造或天然气装置生产企业给予招商引资待遇；对使用天然气汽车的出租车公司或公交公司、行政事业单位给予适当行政补贴。

六是为保障天然气汽车安全运营，各地也已建立起较为规范的管理制度，包括天然气安全、车辆改装安全、加气站安全，以及培训等制度。

参考文献

[1] 刘小丽. 中国天然气市场发展现状与特点 [J]. 天然气工业, 2010, 30 (7): 1-6.
[2] 中国能源战略研究组. 中国能源发展战略选择（上册）[M]. 北京：清华大学出版社, 2013 年: 266.
[3] 丁春香, 张秋辉. 英国天然气产业发展政策及启示 [J]. 天然气技术, 2009, 3 (3): 10-11.
[4] 刘廷元. 美国天然气汽车工业发展及其政策法规 [J]. 汽车工业研究, 1997 (6): 18-19.
[5] 陈彬. 中国经济增长影响能源消费 [EB/OL]. 国家信息中心预测部, 2015-7-26. http://www.globalview.cn/html/zhongguo/info_4751.html.
[6] 中国能源研究会. 中国能源展望 2030 [M]. 北京：经济管理出版社, 2016.
[7] 中国石油集团经济技术研究院. 2015 年我国天然气消费情况及未来需求结构分析 [EB/OL]. 2015-11-30. http://www.chyxx.com/industry/201511/363058.html.
[8] 王建文. 交通运输：天然气大有可为 [J]. 中国石油石化, 2015 (1): 44-45.
[9] 王中元, 罗东坤, 王刚, 等. 中国天然气利用业务的发展规律与展望 [J]. 天然气工业, 2014, 34 (10): 1-7.